Ulrich Berges
Jesaja

Biblische Gestalten

Herausgegeben von
Christfried Böttrich und Rüdiger Lux

Band 22

EVANGELISCHE VERLAGSANSTALT
Leipzig

Ulrich Berges

Jesaja

Der Prophet und das Buch

EVANGELISCHE VERLAGSANSTALT
Leipzig

Ulrich Berges, Dr. theol., Jahr-
gang 1958, studierte katholische
Theologie und Bibelwissen-
schaften in Salzburg, Rom und
Jerusalem. Nach seiner Promo-
tion 1988 übernahm er von 1989
bis 1994 eine Lehrtätigkeit in
Lima (Peru). Nach der Habilita-
tion zum Jesajabuch 1998 hatte
er Professuren an der Universität
Nimwegen und an der Universität Münster inne. Seit 2009 ist
er Professor für Altes Testament
an der Universität Bonn.

Bibliographische Information der Deutschen Nationalbibliothek
Die Deutsche Nationalbibliothek verzeichnet diese Publikation in
der Deutschen Nationalbibliographie; detaillierte bibliographische Daten sind im Internet über http://dnb.dnb.de abrufbar.

2., korr. Auflage 2014
© 2010 by Evangelische Verlagsanstalt GmbH · Leipzig
Printed in Germany · H 7361

Das Buch wurde auf alterungsbeständigem Papier gedruckt.

Cover: behnelux gestaltung, Halle/Saale
Satz: Steffi Glauche, Leipzig
Druck und Binden: Hubert & Co., Göttingen

ISBN 978-3-374-02752-1
www.eva-leipzig.de

INHALT

Den Studierenden in Nimwegen, Münster und Bonn
In memoriam Erich Zenger (5. 7. 1939 – 4. 4. 2010)

VORWORT

»Wer zum Propheten will, kommt am Buch nicht vorbei!«

So lautet das Motto der neueren Forschung zu den Propheten und ihren Büchern und sollte auch den Leserinnen und Lesern dieses Bandes in der Reihe »Biblische Gestalten« den Weg weisen. Dabei sind die Schriften des Alten Testaments keine Werke aus einer Hand, sondern mit den großen mittelalterlichen Kathedralen vergleichbar, an denen die besten Baumeister ihrer Zeit über Jahrhunderte bauten und weiterbauten. Wie bei manchen Steinen noch die Zeichen der einzelnen Steinmetze und ihrer Gilden zu sehen sind, so haben auch die literarischen Baumeister der prophetischen Schriften an vielen Stellen deutliche Spuren hinterlassen. Stein auf Stein, Wort auf Wort, die Jahrhunderte begleitend, so durchhallt das Gotteswort in Menschenworten diese literarischen Meisterwerke, die ihre Wirkung bis in unsere heutige Zeit hinein entfalten.

Jesaja und sein Buch stehen für die unermessliche Größe, die reinigende Heiligkeit und die alles Hohe und Überhebliche im Strudel der Weltgeschichte dem Untergang weihende Macht des Herrn der Heere. Jhwhs irdischer Wohnsitz liegt auf dem Zion, seine Königsstadt ist Jerusalem, und die auf ihn vertrauen, sind dort auf ewig geborgen. Ihre Tore sind für alle aus Israel und den Völkern weit geöffnet, die Recht und Gerechtigkeit suchen und danach leben. Wer lesend und hörend dieses Buch durchschreitet, wird Zeuge einer prophetischen Vision, in der Vergangenheit, Gegenwart und Zukunft wie durch ein Brennglas verschmelzen.

Mein Dank gilt dem Mitherausgeber dieser Reihe, Herrn Prof. Dr. Rüdiger Lux, für seine Geduld und Aufmunterung. Mein Team am Bonner Lehrstuhl hat mich in der Schlussphase dieses Buchprojekts bestens unterstützt: So bedanke ich mich bei Johannes Bremer, Christiane Schneider, Bernd Obermayer und Sarah Rudolph für ihre Ausdauer und Präzision. Bei der Suche nach drucktechnisch verwendbaren Bildern hat Frau Friederike Kaltofen vom Lehrstuhl von Herrn Kollegen Lux in Leipzig wertvolle Hilfe geleistet, für die ich mich auch sehr bedanken möchte.

Die Studierenden in Nimwegen (1998–2005), Münster (2005–2009) und Bonn (seit 2009) ertrugen bzw. ertragen mich mit meiner Begeisterung für Jesaja und sein Buch. Als Dank und Gruß widme ich ihnen »meinen Jesaja«.

Bonn, zu Ostern 2010

Am Ostersonntag erreicht mich die Nachricht vom plötzlichen Tod meines Freundes und Lehrers Erich Zenger: Jesaja und die Psalmen bleiben auf immer verbündet!

A. GESCHICHTLICHE HINTERGRÜNDE UND LITERARISCHES WACHSTUM

1. Jesaja und seine Jerusalemer Schülerkreise in assyrischer Zeit

Wer zum Propheten Jesaja will, der muss sich zuerst an das Buch wenden, das seinen Namen trägt. Ohne die schriftliche Bezeugung von ihm, über ihn und nach ihm kann es keine tragfähigen Erkenntnisse über diesen Propheten aus dem Jerusalem des späten 8. Jh.s v. Chr. geben. Der Name Jesaja (y^{e}ša^{c}yāhû) bedeutet »JHWH rettet« (yš^c) und ist die programmatische Zusammenfassung der gesamten Schrift, die unter diesem Namen vereint ist. Von nichts Wichtigerem handelt sie als vom Rettungswillen und von der Rettungsmacht des Gottes Israels durch alle Tiefen der Geschichte seines Volkes von der Zeit der assyrischen Bedrohung (8.–7. Jh. v. Chr.) über die babylonische Gefangenschaft (587–539) bis hin zur Restauration und Rückkehr unter persischer Herrschaft (539–333). Kein anderes prophetisches Buch des Ersten/Alten Testaments bietet eine derart ausgefeilte Geschichtstheologie, die das Gottesvolk inmitten der Völker sieht, unter Berücksichtigung seiner besonderen Herkunft und Bestimmung.

So ist es verständlich, dass Jesaja im ersten Vers, in der Buchüberschrift, nicht als schreibender Prophet oder als prophetischer Schreiber vorgestellt wird, sondern als derjenige, der die Vision (ḥ^{a}zôn) über Juda und Jerusalem schaute (ḥzh), und zwar in den Tagen des Usija (773–734?), Jotam (756–742?), Ahas (742–728) und

Hiskija (728–700), der Könige von Juda (Jes 1,1).[1] Der Prophet ist kein Autor im modernen Sinn, denn die Idee eines individuellen Verfassers war der altorientalischen und somit auch der biblischen Literatur noch unbekannt. Ihre Schriften sind nicht das Werk von individuellen Autoren und deren literarischem Genie, sondern Ausdruck lebendiger, in Worte gefasster Traditionen. Nicht die persönliche Kreativität von Verfassern steht im Mittelpunkt, sondern das Weitergeben und Weiterentwickeln von Überlieferungen mittels Schrift und Verschriftung durch kundige Tradenten.[2]

Durch die Überschrift in Jes 1,1 wird Jesaja nicht zum Autor, sondern zur Autorität hinter dieser nach ihm benannten Schrift. Alles, was sich in den 66 Kapiteln dieser Schriftrolle findet, hat mit dem Jerusalemer Gottesmann aus der zweiten Hälfte des 8. Jh.s zu tun und partizipiert an seiner unangefochtenen prophetischen Autorität. Auch ist Jesaja nicht derjenige, der die Leser durch diese Schrift führt, sondern er selbst ist eine Figur unter vielen, die in diesem Buch auftreten. Es ist der implizite Autor, hinter dem sich die anonym gebliebenen Schreiber verbergen, der die Leser durch die zum Buch gewordene Geschichtsvision lenkt (vgl. Jes 7). Sie schreiben ihr Werk dem berühmten Jerusalemer Propheten zu, denn sie wissen sich bei allen Brüchen und Neuerungen mit seinem Gedankengut verwandt.

Am Ende des fast 500-jährigen Entstehungsprozesses erhielt die so gewachsene Rolle die Überschrift »Schauung / Vision Jesajas«. Für eine Datierung der Überschrift aus der Zeit der Chronik, d. h. aus der mittleren bzw. späten persischen Periode (5.–4. Jh.), spre-

---

1   Chronologie nach Veenhof, Geschichte, 315.
2   Siehe dazu bes. Van der Toorn, Scribal Culture.

chen zwei Indizien. Zum einen findet sich die Lang-
form des Königsnamens yᵉḥizqîāhû anstelle der kür-
zeren Form ḥizqîāhû außer in 2 Kön 20,10 und Jer 15,4
nur noch in den Büchern der Chronik (u. a. 1 Chr 4,41;
2 Chr 28,12.27) und zum anderen widerspricht die
Abfolge »Juda und Jerusalem« dem jesajanischen Gebrauch, Jerusalem vor Juda zu nennen (vgl. Jes 3,1.8;
5,3; 22,21). Kurzum: Am Ende der produktiven Phase
wurde der gesamten Rolle dieser Titel verliehen, um sie
auf einen gemeinsamen jesajanischen Nenner zu bringen.[3]

Wer aber war dieser Jesaja ben Amoz? In welcher
Zeit und in welcher politischen Großwetterlage trat er
auf? Für welche religiösen und theologischen Über-
zeugungen trat er ein? Ein tieferes Verstehen dieses
Propheten, seiner Verkündigung und seines Wirkens
kann nur auf dem Hintergrund der politischen Ver-
hältnisse ab der zweiten Hälfte des 8. Jh.s v. Chr. gelingen. Dabei stellte die Machtübernahme Tiglat-Pilesers III. (745–727) in Assur ein einschneidendes Ereignis dar. Hatten die Kleinstaaten Syrien-Palästinas
hundert Jahre zuvor in der Schlacht von Qarqar im
Jahre 853 v. Chr. den Expansionsdrang nach Westen
von Salmanassar III. am Orontes noch erfolgreich ge-
stoppt – Ahab, der König von Israel, hatte zusammen
mit Ben-Hadad II., dem König von Damaskus, dabei
eine wichtige Rolle gespielt –, waren sie der Übermacht

---

3   Außer dem Propheten kennt das AT noch sieben weitere
     Personen mit dem Namen »Jesaja«, wobei alle Belege aus der
     nachexilischen Zeit stammen (1 Chr 3,21; Esr 8,7; Neh 11,7):
     Hintergrund als Tempelsänger in Esr 8,19; 1 Chr 25,3.15; leviti-
     scher Tempelschatzmeister in 1 Chr 26,25. Epigraphisch ist der
     Name »Jesaja« auf Privatsiegeln u. a. aus dem 8./7. Jh. v. Chr.
     mehrfach belegt, siehe Renz; Röllig, Epigraphik II/2, 260 ff.

Assurs ab der Thronbesteigung Tiglat-Pilesers III. nicht mehr gewachsen. Wenn sich anti-assyrische Bündnisse formierten, dann riskierten diese Staaten im Falle eines Scheiterns ihre Selbstständigkeit und sogar ihr Überleben. Durch das Aufkommen der neuen Regionalmacht Urartu (das Wort ist wohl vom Berg Ararat abgeleitet), nördlich von Assur gelegen, war die mesopotamische Großmacht bis zur Hälfte des 8. Jh.s noch gebunden, aber mit Tiglat-Pileser III. änderte sich die Lage. Bei ungefähr vierzig militärischen Operationen unter seiner Führung wird die Zahl der Deportierten aus den besiegten Völkern auf mehr als eine halbe Million Menschen geschätzt.[4] Das assyrische Reich band die eroberten Völker nicht mehr nur durch Treueide an sich, sondern zerbrach durch Vertreibung und Umsiedlung möglichen und tatsächlichen Widerstand. Das Nordreich Israel fiel 722 v. Chr. einer solchen Strafmaßnahme zum Opfer und trat für immer von der Bühne der Geschichte ab.

Wenn in dieser assyrischen Dominanz Jesaja als Prophet in Jerusalem auftrat, so muss daran erinnert werden, dass Gottesmänner nicht nur in Israel, sondern auch bei den Nachbarvölkern in politischen Kontexten bekannt waren.[5] So beschreibt Zakkur von Hamath und Lu'asch, einem Staat am Oberlauf des Orontes, wie er sich gegen den Beitritt zu einer anti-assyrischen Koalition unter Führung von Ben-Hadad III. und weiteren sechzehn Königen erfolgreich zur Wehr setzte. Von Gottesmännern wurde ihm die Unterstützung durch Be'elschemayn, dem »Herrn des Himmels«, zugesichert, was Zakkur auf einer Inschrift um 785 v. Chr. festhalten ließ: »Be'elschemayn wandte sich zu mir

---

4   Veenhof, Geschichte, 251.
5   Siehe dazu de Jong, Isaiah.

durch Seher und durch Wahrsager. Und Be'elschemayn sagte zu mir: Fürchte dich nicht; denn ich habe dich zum König gemacht, und ich werde dir beistehen, und ich werde dich befreien von all diesen Königen, die eine Belagerung gegen dich eröffnet haben.«[6] Es darf aber nicht verschwiegen werden, dass sich Zakkur auch direkt an den assyrischen König Adadnirari III. (810–783) um Hilfe wandte. Das schwächte Damaskus zwar, brachte den König von Hamath und Lu'asch aber zugleich in eine noch größere Abhängigkeit von Assur. Beispielhaft illustriert diese außerbiblische Begebenheit die äußerst prekäre Lage der syrisch-palästinischen Kleinstaaten, unter ihnen das Nordreich Israel mit der Hauptstadt Samaria und das Südreich Juda mit Jerusalem als Tempel- und Königsstadt.

Das krisenhafte Schicksal zeigt sich auch daran, an welchen Stellen im Buch und in welchen Zusammenhängen der Name Jesaja fällt. Außer dort, wo Jesaja als Visionär bezeichnet ist (1,1; 2,1; zudem 13,1 Schauung gegen Babel), wird sein Name immer dann genannt, wenn es um große außenpolitische Konflikte geht: bei der Begegnung mit Ahas (Jes 7,3) während des syrisch-ephraimitischen Krieges (734–732), bei der Zeichenhandlung (Jes 20,2f.) zur Zeit der philistäischen Aufstände (713–711) und beim Feldzug des assyrischen Großkönigs Sanherib gegen die judäische Hauptstadt und die Folgen für Hiskija (701–700) (Jes 37,2.5f.21; 38,1.4.21; 39,3.5.8; vgl. die Parallelen in 2 Kön 18–20).

Damit ergibt sich eine viergeteilte Wirkungsperiode Jesajas: I. in der Frühphase ab ca. 740 v. Chr., II. beim syrisch-ephraimitischen Krieg, III. vor und während der philistäischen Aufstände und IV. bei der Bedrohung

---

6   TUAT I, 627 [übersetzt von W. Delsman].

durch Sanherib. Dabei sind diese historischen Eckpunkte des prophetischen Wirkens so über die Kapitel 1–39 verteilt (Jes 7; 20; 36–39), dass die große Masse der übrigen Worte des Buches wie in einem Fachwerk darin eingelassen sind. Es sind diese biographisch inszenierten Haftpunkte, die den Kapiteln 1–39 ihr Grundgerüst verleihen.

I. Jesajas Wirken in der Frühphase der Verkündigung

Über Person und Persönlichkeit Jesajas ist zwar nicht vieles, aber doch einiges im Buch gesagt. So wird im Titelvers sein Vater namentlich mit »Amoz« angegeben, nicht zu verwechseln mit dem Propheten »Amos«. Nach rabbinischer Auslegung wird der Vatername eines Propheten nur dann von der Tradition festgehalten, wenn auch dieser ein Prophet war (bMeg 15a; LevR 6,6), so dass hier ein gewisses familiäres Kontinuum sichtbar wird. Weiterhin hält die Tradition »Amoz« für einen Bruder des Königs Amazja (796–781), dem Vater des Usija, und damit Jesaja für einen Neffen dieses judäischen Königs, in dessen Todesjahr er seine Sendung zum Propheten empfing (bMeg 10b). Für eine solche Nähe zum Königshaus spricht, dass Jesaja unmittelbaren Zugang zum König, zum Hofstaat (7,3ff.) und auch zum Innersten des Tempels hatte (6,1ff.), dessen oberster Herr in vorexilischer Zeit der König selbst war.

Wenn die Vision von Gottes Herrlichkeit im Jerusalemer Heiligtum, die Reinigung und Sendung des Propheten in das Todesjahr Usijas fallen, dann ist damit bei aller Unsicherheit der verschiedenen Chronologien ungefähr das Jahr 734 v. Chr. erreicht. Für die Auslegung ist dies nicht nur ein geschichtliches Datum, sondern auch ein strukturell wichtiges Element, denn die Sendung des Propheten findet anders als z. B. bei Jeremia und Ezechiel nicht bereits zu Beginn des Buches, sondern erst nach dem Vorspann der Kapitel 1–5 statt. Somit folgt der Verstockungsauftrag in 6,9ff. in der Textchronologie den ersten Kapiteln nach, in denen der Prophet seinen Zuhörern die Alternative »Gericht oder Heil« in aller Deutlichkeit vor Augen geführt hatte. Der Auftrag an den Gottesmann, das Herz des Volkes zu verhärten, trifft die Adressaten also weder unschuldig noch unvorbereitet.

Die Platzierung der Sendungserzählung in Jes 6 und die geschichtliche Datierung ins Todesjahr Usijas machen deutlich, dass es eine Frühphase der prophetischen Aktivität Jesajas gegeben haben muss, die von ca. 740 bis 734 v. Chr. anzusetzen ist. Einen Einblick in die ersten Jahre bieten Jes 1,2f.10–26; 2,6–22; 3,1–9; 3,12–4,1; 5,1–7.8–24. Von Anfang an lag Jesaja die Zukunft Jerusalems als Zentrum des politischen und religiösen Lebens Judas am Herzen, die er durch soziale und kultische Missstände zutiefst gefährdet sah. Mit scharfer Zunge kritisiert er die gesellschaftliche Führungsriege als »Herrscher Sodoms« und die Bevölkerung als »Volk von Gomorra« (1,10). Einigen rabbinischen Auslegern war diese Grenzüberschreitung im Ton und in der Sache ein Indiz für die harte und unsympathische Art des Propheten (Pesiqta de Rav Kahana 14,4). In den Anfangsjahren scheint Jesaja sich eher mit der Innenpolitik beschäftigt zu haben, wobei er Heil in Aussicht stellte, aber nur unter der Bedingung einer tatsächlichen Verhaltensänderung: »Wenn ihr willig seid und hinhört, werdet ihr das Beste des Landes essen. Wenn ihr euch aber verweigert und rebelliert, werdet ihr dem Schwert zu fressen gegeben« (1,19f.). Eine einseitige Interpretation, die Jesaja entweder nur als Gerichts- oder nur als Heilspropheten ansieht, wird der Komplexität seiner Person und seines

Auftrags nicht gerecht. Die Konditionierung des Heilsangebotes bedeutet kein diplomatisches Lavieren, sondern das Ernstnehmen der gesellschaftlichen Verantwortung, die sich aus dem Verhältnis Jhwhs zu seinem Volk ergibt. Nur als Stadt der Gerechtigkeit und Treue (1,26) ist eine heilvolle Zukunft für Jerusalem von Gott her möglich, und keine kultische Aktivität kann von gelebter Solidarität dispensieren (1,10–18). Dem Propheten Jesaja, selbst aus hohem Haus, ist jede Art von Überheblichkeit ein Ärgernis, dem er mit aller Kraft entgegentritt: »Ja, ein Tag für Jhwh Zebaot kommt über alles Stolze und Hohe, über alles Erhobene – es wird erniedrigt!« (2,12). Diese Thematik durchzieht die Kap. 1–39 wie ein roter Faden und gehört zu den Grundpfeilern seiner Verkündigung und deren Fortschreibung.[7] Obschon Jesaja nicht mit harscher Kritik an der Jerusalemer Oberschicht spart (vgl. auch Jes 10,1–4; 28,7–22; 29,9–16; 30,8–17), bleibt er von Repressalien der Ordnungshüter verschont. Seine Verwurzelung in der Jerusalemer Aristokratie scheint ihn davor geschützt zu haben. Schnell hat sich bei ihm die Gewissheit durchgesetzt, das Gericht sei unabwendbar geworden. In einer an ein Straßentheater erinnernden Aufführung besingt er Jhwhs tiefe Enttäuschung über die ergebnislose Fürsorge für seinen geliebten Weinberg (5,1–7). Auch wenn einige Details wie der Schluss in V. 7 aus einiger zeitlicher Distanz hinzugefügt worden sein dürften, so besteht doch kein Grund, das Gedicht insgesamt dem Propheten abzusprechen.

---

7   Vgl. Jes 2,12–17; 3,16–24; 5,15; 9,8; 10,12.33; 13,11.19; 14,11.13; 16,6; 23,9; 25,11; 28,1.3; 37,23.

II. Jesajas Auftreten beim
syrisch-ephraimitischen Krieg

Die zweite Phase des jesajanischen Wirkens ist durch die Ereignisse des so genannten syrisch-ephraimitischen Krieges gekennzeichnet. Wenn Jes 6,1 nach der Überschrift in Jes 1,1 zum zweiten Mal eine chronologische Notiz bietet und die Tempelvision im Todesjahr des Königs Usija stattfinden lässt, ist dies eine deutliche Markierung. Zeitgeschichtlich ist mit dem Tod Usijas ungefähr das Jahr 734 v. Chr. erreicht. Neben der 55-jährigen Regierungszeit Manasses (697–642) war die Herrschaft Usijas (773–734?) die zweitlängste aller Könige in Juda und Israel. Aufgrund einer Hautkrankheit war dieser König in den letzten 20 Jahren seiner Amtszeit nicht mehr voll dienstfähig und so übernahmen zuerst sein Sohn Jotam, danach sein Enkel Ahas die Regentschaft. Nach der erbaulichen Erzählung in 2 Chr 26 ereilte Usija die Hautkrankheit als Strafe Gottes am Rauchopferaltar, weil er sich das priesterliche Recht der Opferdarbringung anzueignen versucht hatte (V. 19). Möglicherweise ist der Reinigungsakt durch den Seraphen, der eine glühende Kohle vom (Rauch-)Opferaltar nimmt und damit die Lippen Jesajas berührt (Jes 6,6f.), auch als Gegenbild zur Verunreinigung des Königs gemeint. Der Targum hat dies aufgegriffen und führt zu Jes 6,1 aus: »Im Jahre, da König Usija mit Aussatz geschlagen wurde.«[8]

Die Historizität der diplomatisch-militärischen Krise der Jahre 734–732 v. Chr. wird in der jüngeren Forschung mehr und mehr in Zweifel gezogen, was aber der Tatsache keinen Abbruch tut, dass die Jesaja-Tra-

---

8 Siehe dazu Beuken, Jes 1–12, 167 f.

denten ihrem Meister für diese Jahre eine besondere Rolle zuweisen. Die biblische Historiographie lässt Rezin, den König von Aram, d. h. Damaskus, und Pekach, den König von Israel, d. h. des Nordreichs, gegen Jerusalem ziehen:»Sie schlossen Ahas ein, konnten ihn aber nicht zum Kampf zwingen … Ahas aber sandte Boten an Tiglat-Pileser, den König von Assur, und ließ ihm sagen: Ich bin dein Knecht und dein Sohn; zieh herauf und rette mich aus der Hand des Königs von Aram und des Königs von Israel, die mich bedrohen. Zugleich nahm Ahas das Silber und Gold, das sich im Haus des Herrn und in den Schatzkammern des königlichen Palastes befand, und sandte es als Huldigungsgeschenk an den König von Assur. Dieser hörte auf ihn, zog gegen Damaskus, nahm es ein und verschleppte seine Bewohner nach Kir; Rezin aber ließ er hinrichten« (2 Kön 16,5–9; vgl. 2 Chr 28,16ff.). Möglicherweise hat es nur einen gescheiterten Angriff vonseiten Arams auf Juda gegeben, an dem Samaria gar nicht beteiligt war, so dass die Krise für das Südreich und Jerusalem unter Ahas viel weniger folgenreich gewesen wäre. So kommt der Assyriologe W. Mayer zu dem Schluss:»Tiglatpileser bedurfte für seine Handlungen kaum der Aufforderung durch Ahaz von Juda, ihm gegen Pekah von Israel und Rezin von Damaskus zu Hilfe zu kommen. Der aus 2. Kg. 16,5–9 erschlossene ›Syro-ephraimitische Krieg‹ dürfte somit in den Bereich später Legenden gehören. Es darf wohl mit einiger Berechtigung angenommen werden, daß sich auch die Zeitgenossen darüber im klaren waren, daß nach Nordsyrien, Medien und Urartu nun Damaskus der nächste Gegner sein würde. Es ist trotz der alten Feindschaft zwischen Juda, Israel und Damaskus wenig wahrscheinlich, daß man ausgerechnet in Erwartung eines assyrischen Auftauchens mit einem solchen, angesichts der politischen Gesamtlage selbstmörderischen Krieg begonnen hat.«[9]

Die zahlreichen historisierenden Verse in der Denk- bzw. Immanuelschrift in Jes 6,1–8,18 (7,4b.5b.8b.17b; 8,6b.7b), die vorangestellte Datierung und die retrospektive Gesamtanlage deuten darauf hin, dass diese Komposition in einiger zeitlicher Distanz zu den Ereignissen ihre jetzige Form gefunden hat. Dass diese drei Kapitel bereits in der Phase der Schriftwerdung als besondere Einheit angesehen wurden, beweist die dreifache Rahmung, die sich um sie legt (»Weherufe« 5,8–24; 10,1–4; »Gedicht von der ausgestreckten Hand Gottes« 5,25–29; 9,7–20; »bedrohliches Dunkel« 5,30; 8,22). Als Entstehungszeit kommen am ehesten die lange Zeit unter Manasse (697–642) oder die Jahrzehnte unter Joschija (639–609) in Frage. Bedenkt man aber zum einen, dass sowohl in der Komposition selbst als auch im Rahmen die assyrische Bedrohung noch als sehr real dargestellt wird, und zum anderen, dass sich das Ende Assurs erst seit dem Verlust Ägyptens (ab 656), dem fast vierjährigen Bruderkrieg Assurbanipals mit Shamash-shum-ukin (652–648) und den anschließenden Araberkriegen abzuzeichnen begann[10], dann wird die Abfassung von Jes 6–8 doch eher in die Zeit Manasses fallen. Diese Überlegungen passen zur geschichtlichen Beurteilung der judäischen Könige in der Sargonidenzeit durch H. Spieckermann: »Wer weiß, ob nicht der angebliche Jesajamörder Manasse die Botschaft des Propheten vom ›Stillesein‹ (Jes 7,4; 30,15), gegen die sein Großvater Ahas sich taub stellte und der sein dtr gut zensierter Vater Hiskia zuwiderhandelte, auf seine Weise zu verstehen und zu beherzigen suchte!

---

9   Mayer, Politik, 308.
10 Siehe dazu Mayer, Politik, 398–412.

Das Fehlen prophetischer Stimmen in der Manassezeit muß jedenfalls kein Indiz für die Mordlust des Königs, sondern kann lediglich ein Zeichen dafür sein, daß die durch seine (Außen-)Politik erreichte Stabilität keinen Anlaß zur prophetischen Kritik gab.«[11]

Sind bei aller geschichtlichen Distanz noch weitere Hinweise auf das Leben und die soziale Stellung Jesajas erhalten geblieben? Das ist möglicherweise der Fall, denn als er sich zwei Zeugen nimmt (Jes 8,2), denen er den symbolischen Namen seines Sohnes Maher-Schalal-Hasch-Bas (Schnelle-Beute-Rascher-Raub) bekannt gibt, fällt seine Wahl auf den Oberpriester Urija, der von Ahas den Befehl erhalten hatte, die Altäre nach assyrischem Stil neu aufzurichten (2 Kön 16,10–18), sowie auf Secharja, den Schwiegervater eben dieses Königs (2 Kön 18,2; 2 Chr 29,1). Jesaja nimmt sich also zwei hohe Vertreter des öffentlichen Lebens als Zeugen. Wenn die Frau, mit der er den zweiten Sohn zeugt, »die Prophetin« (hann^{e}bî'â) (Jes 8,3) heißt, deutet das auf eine prophetische Familiengeschichte hin, in der Jesaja lebt und sich bewegt. Dass Frauen prophetische Aufgaben übernehmen, ist im AT eher selten, aber nicht singulär (Ex 15,20; Ri 4,4; 2 Kön 22,14; Neh 6,14). So spricht einiges dafür, dass auch Jesajas Frau als Prophetin aufgetreten ist. Damit ergibt sich ein institutioneller Kontrast zwischen König Ahas und seiner jungen Frau als Eltern des zukünftigen Kindes mit dem Heilsnamen »Immanuel« (7,14), und dem Propheten Jesaja mit seiner Frau als Eltern des Sohnes mit dem Unheilsnamen »Schnelle-Beute-Rascher-Raub« (Jes 8,3). Der parallele Ausdruck »noch bevor der Knabe versteht« in Jes 7,16 und 8,4 bestätigt die be-

---

11   Spieckermann, Juda, 376.

wusste Gegenüberstellung nicht nur der Kinder, sondern auch der Eltern. Ein dynastischer Zug lässt sich nicht leugnen, denn wie Immanuel zum Thron bestimmt ist, so liegt es nahe, dass auch Jesajas Kinder an das prophetische Amt herangeführt werden sollen (vgl. Jes 8,16–18).

III. Jesajas Auftreten vor und während der philistäischen Aufstände

Wie politisch engagiert Jesaja seine prophetische Sendung verstand, lässt sich an der Zeichenhandlung ablesen, die er während der Aufstände der philistäischen Städte unter Leitung Aschdods 713–711 v. Chr. ausführte (Jes 20,1–6). Es waren diese drei Jahre, in denen der bekannte, aus höchstem Hause stammende Jesaja nackt und barfuß, d. h. wie ein Kriegsgefangener, umherging, und zwar als Zeichen und Mahnmal (ʾôṯ ûmôp̄ēṯ) gegen die vermeintlichen Partner aus Ägypten und Kusch (Jes 20,3). Der gleiche Ausdruck im Plural findet sich in Jes 8,18: Mit seinen Kindern ist Jesaja derjenige, der den Gotteswillen in Zeiten der Krise provokativ zum Ausdruck bringt. Die Berichte über das öffentliche Auftreten Jesajas, die mit dem Todesjahr Usijas beginnen (ca. 734) und besonders die Regierungszeit des Ahas betreffen, setzen sich für die Zeit seines Nachfolgers Hiskija fort. Die Todesnotiz über Ahas in Jes 14,28 leitet zu Hiskija über, dem letzten der vier in der Überschrift genannten Könige Judas (728–700). Wenn Ahas nicht wie nach der älteren Chronologie 716/715, sondern wie nach der jüngeren Forschung 728/727 verstarb, so passt das gut zur anschließenden Mahnung in Jes 14,29 bezüglich der Philister, sie sollten sich nicht über den zerbrochenen Stock freuen, denn aus der Schlange werde wie aus einer

Wurzel eine Natter hervorgehen. Mit diesem Bildwort ist auf den Tod Tiglat-Pilesers III. angespielt, der ebenfalls im Jahre 727 verstarb und dessen Nachfolger Salmanassar V. (727–722) war. Demnach hatte Jesaja befürchtet, der Tod Tiglat-Pilesers III. würde in den assyrischen Provinzen Aufstände auslösen, die auch Juda erfassen könnten. In dieser Lage betont der Prophet, Salmanassar V. sei nicht zu unterschätzen, womit er Recht behalten sollte. Darauf spielt auch der Spruch über Damaskus und Ephraim in Jes 17,1–3 an, in dem Jesaja ankündigt, der Tod Tiglat-Pilesers III. werde beide Staaten nicht vor der endgültigen Zerstörung bewahren. Wenn in V. 3 vom »Rest Arams« die Rede ist, so trifft das die historische Lage, denn Tiglat-Pileser III. hatte Damaskus 733/732 zwar isoliert, aber noch nicht eingenommen. Das geschah durch Salmanassar V. und so bewies Jesaja erneut sein politisches Gespür in schwierigen Zeiten.

Der Untergang der politischen Entitäten Damaskus und Samaria führte geradewegs zur nächsten politischen Krise: zu den philistäischen Aufständen 713–711 v. Chr. Die dreijährige Nacktheit des Propheten (Jes 20) diente als Warnung vor einem Paktieren mit Ägypten und Kusch gegen Assur. Diese Einschätzung sollte sich einmal mehr als richtig erweisen, denn der aufständische Fürst Aschdods wurde nach seiner Flucht nach Ägypten vom Äthiopierkönig Schabako (712–698) an die Assyrer ausgeliefert. Auf militärpolitischer Ebene hatte Sargon II. (722–705) die *pax assyrica* schnell und souverän wiederhergestellt. Jesajas Worte und seine Zeichenhandlung lassen nichts an Deutlichkeit zu wünschen übrig. Ein Vertrauen, das sich nicht auf Jhwh, sondern auf Ägypten und Kusch stützt, wird im Fiasko enden – wie es auch für Aschdod in der Katastrophe endete.

Ein letzter »biographischer« Baustein für diese Jahre liegt in Jes 22 vor. Dort verurteilt der Prophet scharf den voreiligen Jubel der Jerusalemer Bevölkerung. Dies lässt sich am besten auf das Ende des aufständischen Aschdods 711 v. Chr. beziehen. König Hiskija, der sich noch gerade rechtzeitig von der Rebellion seiner Nachbarn distanzierte, rettete sich und Jerusalem in letzter Minute. Wenn der Prophet auch nicht die Macht gehabt haben dürfte, in Hiskijas Personalpolitik eigenhändig einzugreifen, so ist das Orakel über den Verwalter Schebna in Jes 22,15–18 doch sehr gut im Zusammenhang mit der noch einmal abgewendeten Katastrophe zu verstehen. Schebna musste seine Position als zweiter Mann im Staat einem gewissen Eljakim überlassen, blieb aber als Staatsschreiber an dritter Stelle. Dieses Amt hatte er während der Belagerung durch Sanherib im Jahre 701 weiter inne (Jes 36,3.22; 37,2). Gerade die Tatsache, dass sich das Orakel gegen Schebna nicht erfüllte, er werde keinesfalls in seinem prächtigen Steingrab beigesetzt, sondern wie ein Stoffknäuel ins weite Land geschleudert und dort sterben (Jes 22,17 f.), spricht für seine Authentizität. Wie immer so stand Jesaja auch hier für eine Politik des Stillehaltens, für ein Nicht-Paktieren gegenüber Assur, das theologisch als Vertrauen auf Jhwh gedeutet wird.

IV. Jesajas Auftreten während der Belagerung Sanheribs

Die Notizen über die öffentliche Tätigkeit Jesajas kulminieren in den Berichten über sein Auftreten während der Belagerung Sanheribs gegen Jerusalem 701 v. Chr. Der Soldatentod Sargons II. im Jahre 705, der auf einem Feldzug gegen Tabal dem Überraschungsangriff eines möglicherweise kaukasischen Fürsten

25

zum Opfer fiel, so dass nicht einmal sein Leichnam geborgen werden konnte, veranlasste seinen Nachfolger Sanherib (705–681), die Götter zu befragen, welcher Sünde sich Sargon II. schuldig gemacht habe, dass ihn ein solch unehrenwerter Tod habe ereilen können.[12] Wie so oft löste die Nachricht vom Tod des assyrischen Herrschers bei den unterworfenen Völkern Aufstandsbewegungen aus, die im Westen erneut mit pro-ägyptischen Sympathien einhergingen und auch Juda unter König Hiskija erfassten. Aber wie zuvor, beim Tod Tiglat-Pilesers 727 v. Chr., unterschätzen die Rebellen erneut die Durchschlagskraft des neuen assyrischen Großkönigs, stand doch Sanherib seinem Vater an Entschlossenheit in nichts nach. Seine eiserne Hand bekam als erster der aufständische Babylonier Mardukapla-iddina (Merodach-Baladan) zu spüren, der mit Hilfe Elams 703 v. Chr. die Herrschaft über Babylon für neun Monate an sich reißen konnte. Dieses Datum ist von besonderer Bedeutung, da 2 Kön 20,12–19; par. Jes 39 von einer Gesandtschaft Merodach-Baladans in Jerusalem berichtet. Dafür gibt es zwar keine außerbiblischen Belege, aber es entspricht der politischen Lage jener Jahre, dass sich die Babylonier auch im Westen Verbündete suchten. Als Hiskija den Abgesandten aus Babel seine Reichtümer und Kriegswaffen zeigte, so geschah das, falls überhaupt historisch, nicht aus Fahrlässigkeit oder Ignoranz, sondern im stolzen Bewusstsein, sich als wertvoller Partner im Kampf gegen Assur zu präsentieren. Hiskijas Politik der religiösen Propaganda im ehemaligen Nordreich (2 Chr 30,1–12), seine Kultreform in Juda (2 Kön 18,4), die Expansionsversuche zur philistäischen Küste hin (2 Kön 18,8),

---

12   Veenhof, Geschichte, 258f; vgl. Jes 14,4ff.

seine strategischen Vorbereitungen der Mauerbefestigung und Wasserversorgung durch den Schiloach-Tunnel (2 Chr 32,2–8) sowie seine militärisch-diplomatischen Beziehungen mit Ägypten hatten nur ein Ziel: sich gegen das assyrische Joch zu stemmen und es womöglich abzuwerfen. Historisch gesehen kann die babylonische Gesandtschaft jedoch nicht nach dem Abbruch der Belagerung 701 v. Chr. stattgefunden haben, sondern – wenn überhaupt – einige Jahre zuvor, womöglich im Zusammenhang der philistäischen Aufstände (713–711). Wie dem auch sei, Sanheribs schnelles Eingreifen gegen Merodach-Baladan in Südbabylonien 703 v. Chr. und sein zweiter Feldzug ein Jahr später in die östlichen Bergregionen hätten Hiskija eigentlich klar vor Augen führen müssen, wie gefährlich eine Rebellion gegen das übermächtige Assur war. An den Folgen des dritten Feldzugs Sanheribs ist abzulesen, wer sich Hiskija angeschlossen bzw. wer sich nicht in diese Allianz gegen Assur hatte einbinden lassen. Neben Padi von Ekron, der aus der Zwangsverwahrung in Jerusalem befreit wurde, profitierten Aschdod (wenige Jahre zuvor noch auf der Seite der Aufständischen) und Gaza auf Kosten des aufständischen Juda von ihrer Vasallentreue gegenüber Sanherib.

Wenn die biblische Überlieferung von einem Anmarsch des Äthiopiers Tirhaka spricht, woraufhin Sanherib zeitweilig von Jerusalem abgerückt sei (Jes 37,9; 2 Kön 19,9), dann liegt hier eine Mischung aus geschichtlichem Faktum, Halbwahrheit und Unwahrheit vor. Wahr ist, dass es zu einer Schlacht zwischen assyrischen Kräften und dem Hilfskontingent aus Ägypten bei Elteke gekommen ist. Unwahr ist, dass Tirhaka bereits den Königstitel trug, denn 701 v. Chr. war noch sein Bruder Schebitku (Schabataka) an der Macht. Dem geschichtlichen Faktum entsprechend kann Tirhaka aber durchaus als ungefähr 20-jähriger am Kampf mit den Assyrern teilgenommen haben. Nach der Schlacht von Elteke schlug Sanherib sein Hauptlager in Lachisch auf und belagerte diese wichtige Stadt auf dem Weg nach Jerusalem. Die Situation Jerusalems hatte sich so verschlechtert, dass die assyrischen Annalen davon sprechen, 46 Städte in Juda seien erobert, 205 105 Gefangene weggeführt und Hiskija sei wie ein Vogel im Käfig eingeschlossen. Dem Aufständischen blieb nichts anderes übrig, als sich dem Großkönig zu beugen und die Tributlast von 810 kg Gold und 8100 kg Silber auf sich zu nehmen. Dass Sanherib weder einen Pfeil in die Stadt schoss, noch einen Wall gegen sie aufschüttete, machen die biblischen Verfasser in 2 Kön 19,32; par. Jes 37,33 *post factum* zum Zeichen für den göttlichen Schutz in größter Gefahr. Die Tatsache, dass Sanherib auch nach 701 sehr aktiv blieb und keineswegs an militärischer Kraft eingebüßt hatte, verweist den Tod von 185 000 Assyrern vor den Toren Jerusalems durch Jhwhs Boten ins Reich der Legende (2 Kön 19,35–37; Jes 37,36–38; 2 Chr 32,21 f.). Wenn noch Flavius Josephus ein Gebiet im Nordwesten Jerusalems als »Heerlager der Assyrer« kennt, wo auch Titus 70 n. Chr. sein Lager aufgeschlagen habe, spricht das nicht für die Historizität des Massensterbens der Assyrer vor den Toren Jerusalems, sondern für die Langlebigkeit und Popularität dieser biblischen Fiktion (vgl. 1 Makk 7,41; 2 Makk 8,19; 15,22; Sir 48,21).

Eine wichtige geschichtliche Frage, die der Abzug Sanheribs offen lässt, ist die nach der ungewöhnlich milden Behandlung des aufständischen Hiskija selbst. Warum ist er nicht zusammen mit der königlichen Familie und den pro-ägyptischen Beratern nach Assur deportiert worden, wie es Sanherib für Sidqa von

Aschkelon angeordnet hatte? Wieso ließ er die Rebellen nicht zur Abschreckung hinrichten, wie er diejenigen aus Ekron exekutieren ließ, die den vasallentreuen König Padi an Hiskija ausgeliefert hatten? Wieso wandelte der Großkönig Juda und Jerusalem nicht zur assyrischen Provinz um und begnügte sich statt dessen mit einer tributpflichtigen Vasallität, jedoch mit der Zwangsabtrennung und Übergabe der westlichen Gebiete an Aschdod, Ekron und Gaza, so dass Hiskija gänzlich auf das ertragsarme Bergland mit Jerusalem beschränkt war? Zum Ersten waren Juda und Jerusalem durch die enorme Tributzahlung wirtschaftlich so ausgeblutet, dass sich eine militärische Plünderung erübrigte. Zum Zweiten war durch die zwangsweise Gebietsabtrennung zugunsten der nicht aufständischen Nachbarn die Gefahr einer erneuten Rebellion Hiskijas nahezu ausgeschlossen. Zum Dritten mag Sanherib gewusst haben, dass es nicht leicht gewesen wäre, in Jerusalem einen Nicht-Davididen als Nachfolger des aufständischen Hiskija zu installieren, zumal es nicht im Interesse Assurs war, die südwestliche Grenze zum Erzrivalen Ägypten hin zu schwächen. Auch wird den Assyrern bekannt gewesen sein, dass in Jerusalem unter Leitung des Propheten Jesaja eine anti-ägyptische Fraktion aktiv war, die mehr denn je für ein politisches Stillhalten eintreten würde. Dass die feindlichen Mächte über die politischen Strategiekämpfe in Jerusalem bestens informiert waren, zeigt sich daran, dass die Babylonier mehr als hundert Jahre später über die Position Jeremias ebenfalls gut unterrichtet waren und ihn nach der Eroberung bevorzugt behandelten (Jer 40,1–6). Das Kalkül Sanheribs gegenüber Hiskija ging auf jeden Fall auf, denn dieser verhielt sich nach der militärischen und wirtschaftlichen Niederlage des

Jahres 701 in den letzten ihm verbleibenden Jahren ruhig.

Sein Sohn und Nachfolger Manasse (697–642) hatte aus den Fehlern Hiskijas gelernt und verfolgte daher einen ausgesprochen pro-assyrischen Kurs, der ihm bei den Deuteronomisten (2 Kön 21,1–18) den Ruf einbrachte, einer der schlechtesten Könige Judas, wenn nicht gar der schlechteste Davidide überhaupt, gewesen zu sein. Das allzu helle Licht, das auf Hiskija fällt, wirft einen dunklen Schatten auf Manasse, der in der legendarischen Rezeption sogar zum Mörder des Propheten wird!

Dass Hiskija von Sanherib trotz seiner Rebellion nicht abgesetzt wurde und Jerusalem im Jahre 701 nicht gefallen war, diente als Grundlage für eine breite theologische Aufarbeitung. In der Jerusalemer Jesaja-Tradition wird die enorme Tributzahlung Hiskijas unterschlagen und seine Frömmigkeit betont. Allzu gern hätten die biblischen Geschichtsschreiber wohl auch Sanherib unter die toten Assyrer gezählt, weil er es gewagt hatte, Jerusalem und den Tempel, den irdischen Wohnort des himmlischen Weltenkönigs Jhwh anzugreifen. So stark ließ sich die Geschichte nun doch nicht umschreiben, aber es reichte, ihn im Tempel von seinen Söhnen ermorden zu lassen – direkt nach dem schändlichen Angriff auf Jerusalem. Dass Sanherib durch die Hand seiner Söhne getötet wurde, ist korrekt, aber nicht kurz nach 701, sondern erst 681 v. Chr. Die Nachfolgeregelung, die dieser zugunsten Asarhaddons (681–669) entschieden hatte, war wohl das auslösende Moment dafür, dass der übergangene Prinz Arda-Mulissi (Adrammelech) zum Vatermörder wurde. Dagegen bleibt die Identität des Zweitgenannten, Sarezer (2 Kön 19,37), bislang ungeklärt. Beim Tempel des Nisroch handelt es sich wohl um eine Verlesung für Nimrud/Ninurta, dem Stadtgott von Kalah, so dass hier der ungenannt gebliebene Ort des Attentats zu vermuten ist.[13]

Welchen Stellenwert besitzen diese Daten für die Einschätzungen über Jesaja als biblische Gestalt? Vor allem bestätigen sie den Eindruck, dass Jesajas prophetisches Wirken in höchstem Maß von der politischen Situation beeinflusst war und nur auf Grund ihrer Kenntnis angemessen beurteilt werden kann. Seine Warnungen vor anti-assyrischen und pro-ägyptischen Positionen Judas und Jerusalems setzten sich bis in die Jahre 703–701 fort. Damit stellte er sich, je länger desto stärker, gegen die Politik Hiskijas, der das Südreich bis an den Rand des Untergangs führen sollte. Dass dieses Ende überraschenderweise ausblieb, sorgte für eine Hiskija-Jesaja-Überlieferung, die den König als überaus gottesfürchtigen Davididen darstellt. Wenn Jesaja gegenüber allen politischen Bündnissen eine kompromisslose Haltung für Jhwh vertrat, so steht dabei eine idealisierende Position im Hintergrund, die aus der Rückschau nicht in erster Linie Staatsgeschichte, sondern Glaubensgeschichte schreiben will.

V. Weiterwirken der Jesaja-Tradition bis zur ersten Deportation 597 v. Chr.

Die Jerusalemer Jesaja-Tradition ist während der langen Regierungszeit Manasses (697–642) bewahrt und gepflegt worden. Die Legende vom Martyrium des Propheten unter Manasse legt davon ein indirektes Zeugnis ab. Jesajas Mahnung, Juda solle sich anti-assyrischer Koalitionen enthalten, fiel bei Hiskijas Sohn auf fruchtbaren Boden, nicht aber sein ebenso grund-

---

13   Mayer, Politik, 379.

sätzlicher Appell, sich nur auf Jhwh zu verlassen. Manasse steuerte einen realpolitischen Kurs und unterwarf sich voll und ganz Assur. Zum Zeichen seiner Vasallentreue ließ er in beiden Tempelvorhöfen »Altäre für das ganze Heer des Himmels« bauen (2 Kön 21,5). Wirtschaftlich kam es unter ihm zu einem großen Aufschwung; religionspolitisch gesehen galt dieser König als der größte Apostat. Wenn es in 2 Kön 21,10 heißt, Jhwh habe zu der Zeit Manasses durch seine Knechte, die Propheten, den Gotteswillen kundgetan und das kommende Gericht ankündigen lassen, so ist das womöglich doch mehr als nur eine deuteronomistische Sichtweise: Es ist ein Hinweis auf eine prophetische Tradition, die diesem König innenpolitischen Widerstand bot. Das theologische Problem, wie ein so schlechter König so lange regieren konnte, wird die Chronik später dadurch lösen, dass sie Manasse eine Bekehrung durchleben lässt (2 Chr 33,11ff.). Aus den Propheten, die unter diesem König für den Gotteswillen eintraten (2 Kön 21,10), werden »Seher, die im Namen Jhwhs, des Gottes Israels, zu ihm redeten« (2 Chr 33,18).

Nach dem Tod des letzten großen Königs Assurbanipal (669–627) ging das assyrische Großreich nicht zuletzt wegen des Erstarkens der Meder (Kyaxares 625–585) und der Neubabylonier (Nabopolassar 626–605) schnell dem Ende entgegen. Im Jahre 614 v. Chr. fällt die Stadt Assur und 612 die assyrische Hauptstadt Ninive durch eine Koalition der beiden aufstrebenden Mächte. In dieser Endphase des assyrischen Reichs gelang es König Joschija (639–609), die Unabhängigkeit Judas und Jerusalems wiederherzustellen. Er machte die Assimilationspolitik seines Großvaters Manasse rückgängig, führte eine tief greifende Kultreform durch und entfernte alle Symbole assyrischer Gottheiten aus dem Jerusalemer Tempel (2 Kön 22–23). In der Forschung gehen viele Exegeten davon aus, dass in diesen Jahrzehnten die Jerusalemer Jesaja-Tradition, die unter Manasse nur unterschwellig tätig sein konnte, einen großen Wachstumsschub erhielt, und zwar unter dem Eindruck der sich erfüllenden Gerichtsansage gegen das assyrische Weltreich (vgl. Jes 8,23b–9,6; 14,24–27; 17,12–14; 28,23–29; 30,27–33; 32,1–5.15–20).[14] Damit wäre ein epochaler Umbruch im östlichen Mittelmeerraum der Anlass für eine geschichtstheologische Fortschreibung gewesen, durch welche die Jerusalemer Jesaja-Überlieferung auf den Großteil der jetzigen Kapitel Jes 1–32 anwuchs. Mit Blick auf die weitere Entwicklung bis hin zur ersten Deportation im Jahre 597 wäre die Zeit Joschijas für die Jesaja-Tradenten eine Periode der Konsolidierung gewesen: die Zeit der Ruhe vor dem Sturm!

Die hoch dramatischen Jahre begannen mit dem plötzlichen Tod Joschijas 609 v. Chr., als er sich, militärstrategisch sehr gewagt, dem ägyptischen Pharao Necho II. (610–595) bei Megiddo entgegenstellte. Dieser war auf dem Weg in den Norden, zur Entscheidung um das Erbe Assurs gegen die Neubabylonier. Joschijas Aktion endete tödlich, wie 2 Kön 23,29b lapidar feststellt: »Der Pharao tötete ihn bei Megiddo, als er ihn sah« (2 Chr 35,20–24 macht daraus einen Heldentod auf dem Schlachtfeld). Möglicherweise war Joschija durch hochfliegende Erwartungen einer davidischen Restauration dazu animiert worden, die direkte Auseinandersetzung mit dem Ägypter zu suchen, um so die erst kürzlich gewonnene Unabhängigkeit von Assur zu verteidigen. Der Versuch scheiterte kläglich,

---

14   Siehe dazu immer noch grundlegend Barth, Jesaja-Worte.

doch auch die ägyptische Präsenz sollte nur von kurzer Dauer sein, denn die Truppen des Pharao konnten sich zwar bis zur Schlacht bei Karkemisch im Jahre 605 im Norden halten, wurden dann aber vom neubabylonischen Kronprinzen Nebukadnezzar am Nordlauf des Euphrat vernichtend geschlagen. Das ägyptische Intermezzo war somit beendet und das Haus David, Jerusalem und Juda gerieten in den Strudel der Ereignisse, die 597 v. Chr. zur Deportation der Königsfamilie und zehn Jahre später zur Zerstörung des Tempels, Jerusalems und zur Deportation der Oberschicht führen sollten.

Möglicherweise sind die Hiskija-Jesaja-Erzählungen, wie sie in 2 Kön 18–20; par. Jes 36–39 vorliegen, auch zu dem Zweck überarbeitet worden, die Widerstandskraft der Jerusalemer Bevölkerung während der Jahre zwischen der ersten Deportation 597 v. Chr. und der zweiten 587 v. Chr. zu stärken.[15] Die geschichtstheologische Leitidee wäre demnach: Wie der Assyrer Sanherib Jerusalem und Zion nicht hatte einnehmen können, so wird das auch dem Neubabylonier Nebukadnezzar nicht gelingen, insofern sich die Eingeschlossenen auf Jhwh und seinen Schutz verlassen. Einen Hinweis darauf könnte die Beobachtung liefern, dass in 2 Kön 20,17 f.; par. Jes 39,6 f. nur von der Plünderung des königlichen Schatzhauses und der Verschleppung der judäischen Prinzen nach Babel die Rede ist, nicht aber von der Zerstörung der Stadt, des Tempels und der Deportation der Oberschicht. So liegt es nahe, diese Notiz auf die erste Strafaktion Nebukadnezzars im Jahre 597 zu beziehen. Trifft dies zu, dann wäre die Jerusalemer Jesaja-Tradition in jenen Jahren um die Kapitel 36–39, die leicht modifiziert aus den Königs-

---

15   Siehe dazu Hardmeier, Prophetie im Streit.

büchern übernommen wurden, ergänzt worden. Das Ende der staatlichen Unabhängigkeit, die Zerstörung von Stadt und Tempel sowie die Deportation der Oberschicht 587 v. Chr. (vgl. 2 Kön 24 f.; Jer 52) haben dagegen keine Aufnahme in die Jesaja-Überlieferung gefunden. Zum einen war die historische und theologische Parallele zwischen der assyrischen und neubabylonischen Bedrohung mit der Einnahme Jerusalems zunichte gemacht und zum anderen hätte die Mitteilung von der Niederlage der Gottesstadt der Zionstheologie der Jesaja-Tradenten diametral widersprochen. Während sich die Jeremia- und Ezechiel-Tradenten mit dem Schicksal Jerusalems von 587 v. Chr. leichter taten – die Exilsereignisse waren nichts anderes als die Einlösung der Straf- und Gerichtsandrohung Jhwhs durch seine Propheten – standen die Jesaja-Schüler vor einer schwierigen Aufgabe. Eines ihrer theologischen Fundamente, der Glaube an den Schutz Jhwhs für Jerusalem und Zion, war schwer in Mitleidenschaft gezogen worden. Die Jerusalemer Jesaja-Tradition mit ihrer starken Ausrichtung auf den Zion als sicheren Gottesberg war anscheinend in eine Sackgasse geraten (im Buch Ezechiel kommt »Zion« nicht ein einziges Mal vor). Eine Lösung war nicht in Sicht und so blieb ihnen nichts anderes übrig, als den Schluss der Hiskija-Erzählungen zur Ehrenrettung Jesajas zu akzeptieren: »Das Wort Jhwhs, das du mir gesagt hast, ist gut. Und er dachte: Zu meinen Lebzeiten herrscht ja noch Friede und Sicherheit« (2 Kön 20,19; par. Jes 39,8). Für die Jesaja-Tradenten hieß das soviel wie: Unter Hiskija und Jesaja hat und hätte es solch ein nationales und religiöses Desaster nicht gegeben. Auch mögen sie an das Vorbild Jesajas zu Zeiten des Ahas gedacht haben, der die Weisung in seinen Jüngern mit den Worten verschloss: »Ich will auf Jhwh warten, der jetzt sein Angesicht vor dem Haus Jakob verhüllt, auf ihn will ich hoffen« (Jes 8,16 f.). Die Einschätzung hat somit viel für sich, die Jerusalemer Jesaja-Überlieferung habe mit Jes 39 ihren ersten Abschluss um 597 v. Chr. erhalten.[16] Nicht nur unterbleibt ein aktualisierender Nachtrag wie die Notiz in 2 Kön 25,27–30 über die Begnadigung des judäischen Königs Jojachin in Babel im Jahre 562 v. Chr., sondern die Exilsereignisse werden – außer der Ansage der Deportation der königlichen Familie – im Jesajabuch nicht eigens dargestellt. Sowohl in literaturgeschichtlicher, als auch in theologischer Hinsicht stellt dies eine wichtige Eigenart des Buches Jesaja dar. Die Zeit des babylonischen Exils wird im Grunde genommen übersprungen: Im Jesajabuch kann und darf der Zion nicht fallen!

2. Exilierte Tempelsänger in babylonischer und frühpersischer Zeit

Nachdem der Prophet Jesaja ben Amoz in der Begegnung mit Hiskija (Kap. 39) das letzte Mal aufgetreten war, ist von ihm keine Rede mehr, obschon noch viele Kapitel bis zum Ende in Jes 66 zurückzulegen sind. Das ist eine weitere Besonderheit dieses Prophetenbuchs. Bis zum Aufkommen der historisch-kritischen Exegese wurde das nicht als großes Problem gesehen, denn Jesaja aus dem 8. Jh. v. Chr. galt unisono als der Verfasser, dem Gott die Fähigkeit gegeben hatte, die Zukunft Jerusalems, Judas und der Völker vorherzusehen. Dies liegt auf der Linie der Überschrift in Jes 1,1, der Rezeption im Lob der Väter in Sir 48 sowie

---

16   Siehe dazu Feuerstein, Deuterojesaja, 132.

der neutestamentlichen, frühjüdischen und frühchristlichen Zeugnisse bis hin zum Ende der vormodernen Zeit. Als Ausnahme muss der jüdische Exeget Abraham Ibn Esra gelten, geboren 1089 in Tudela (Nordostspanien), der über Jes 40 ff. sagte, diese Kapitel bezögen sich auf das babylonische Exil und darüber hinaus auf das Exil des jüdischen Volkes.[17]

Exkurs:
Die Hintergründe der Deutero-Jesaja-Hypothese

Mit dem Aufkommen der historisch-kritischen Bibelauslegung war der »garstige Graben der Geschichte« von ca. 150 Jahren zwischen dem historischen Jesaja am Ende des 8. Jh.s und dem Ende des babylonischen Exils in der zweiten Hälfte des 6. Jh.s v. Chr. nicht mehr mit dem Hinweis auf die visionären Fähigkeiten Jesajas zu überbrücken. Es erschien Exegeten und Theologen immer problematischer, dass der Prophet nicht nur etwa in vagen Andeutungen die Zukunft angesagt, sondern sogar den Namen des persischen Herrschers Kyrus (Jes 44,28; 45,1), der erst 150 Jahre nach ihm die Weltbühne betrat, verkündet haben sollte. So standen sich am Ende des 18. Jh.s aufklärerisch-progressive und kirchlich-konservative Auslegungen unversöhnlich gegenüber. Bei der Verfasserschaft des Buches Jesaja ging es gar nicht primär um die Frage, was Jesaja ben Amoz gesagt oder nicht gesagt hatte, sondern viel grundsätzlicher um das Problem, was Propheten überhaupt glaubhaft, d. h. vor dem Forum kritischer, aufgeklärter Vernunft hätten sagen können. Im Zuge dieser Auseinandersetzung entstand die Hypothese, ein anonymer Prophet habe im babylonischen Exil die Kapi-

---

17   Siehe dazu Reventlow, Bibelauslegung Bd. II, 256 f.

tel 40 ff. verfasst. Diese Auffassung vertrat erstmalig Johann Christoph Döderlein (1746–1792), Professor an der fränkischen Universität zu Altdorf. So formulierte er 1789, in der dritten Auflage seines Jesaja-Kommentars, dass die Buchrede (»oratio«) ab Kap. 40 nicht Jesaja ben Amoz zuzuschreiben, sondern am Ende des Exils von einem anonymen bzw. homonymen, also gleichnamigen, Propheten geschrieben worden sei. Damit war der goldene Mittelweg zwischen konservativer und progressiver Exegese beschritten: Zwar habe Jesaja ben Amoz die Kapitel 40–66 nicht verfasst, aber das mache sie nicht weniger authentisch, denn sie stammten von einem echten exilischen Propheten, dessen Namen unbekannt geblieben sei. Es dauerte noch hundert Jahre bis Bernhard Duhm dieser Vorstellung in seinem großen Jesajakommentar aus dem Jahre 1892 zum Durchbruch und zu anhaltender Popularität verhalf. Duhm war es, der dem Anonymus Döderleins den (Kunst-)Namen »Deuterojesaja« gab, die Kapitel 56–66 einem weiteren, ungenannt gebliebenen Propheten, »Tritojesaja«, zuwies und die vier Gottesknechtslieder in Jes 42; 49; 50; 53 sowie die Götzenpolemiken dem exilischen Anonymus absprach. Damit verewigte sich Duhm sowohl als Namensgeber von Deuterojesaja als auch als Entdecker Tritojesajas. Kritische Stimmen, wie die von Wilhelm Caspari, der die Deuterojesaja-Hypothese für »eine Zimmerpflanze auf dem Gelehrten-Schreibtische«[18] hielt, wurden lange Zeit überhört und marginalisiert.

Wenn im gesamten Buch Jesaja nur der eine Prophet Jesaja ben Amoz auftritt – und zwar zum letzten Mal in Kap. 39 in der Begegnung mit dem wieder genesenen König Hiskija –, wie konnte dann die Hypothese

---

18   Caspari, Lieder, 244.

von einer zweiten prophetischen Figur mit dem Kunstnamen »Deuterojesaja« solch einen großen Erfolg in der neuzeitlichen Exegese feiern? Die Antwort liegt im christlich geprägten Bild der alttestamentlichen Propheten begründet, die als inspirierte Gottesmänner das Kommen der letztgültigen Offenbarung in Jesus von Nazaret ankündigten. Für die Kap. 40 ff. war dies umso notwendiger, als die Texte von der Ausweitung des Heilsangebots auf die Völker und vom Leiden des Gottesknechts für das NT und die christlichen Autoren von größter Bedeutung waren. Der kritischen Einschätzung von Joachim Becker aus dem Jahre 1968 ist auch heute beizupflichten, dass man die Kap. 40 ff. nicht der Anonymität von Schreibern und Redaktoren anheim geben wollte und daher die Kunstgestalt eines zweiten Jesaja geschaffen habe. Die Anonymität dieser Gestalt bleibt problematisch: »Gerade die Tatsache, daß wir den Verfasser nicht mit Namen kennen, spricht dafür, daß ein Bearbeiter oder Redaktor am Werk ist. Wirkliche Prophetengestalten sind nicht anonym geblieben, wohl hingegen die großen Bearbeiter der biblischen Bücher, und das aus guten Gründen.«[19]

Wie bei anderen Schriften des AT, waren auch bei den prophetischen Büchern schriftgelehrte Gruppen maßgeblich an ihrer Entstehung beteiligt. Dafür spricht die Tatsache, dass die Kapitel 40–55 durch hymnische Verse strukturiert sind, die den Text insgesamt zu einem literarischen Oratorium der Hoffnung machen. Die Nähe dieser Kapitel zur Sprach- und Vorstellungswelt der Psalmen ist seit jeher beobachtet worden, aber darüber hinaus wurde auch eine Vielzahl alttestamentlicher Traditionen aufgenommen. Dazu gehören

---

19   Becker, Isaias, 38.

die Väter- und Exodustraditionen, die prophetische Gerichtsbotschaft, einige proto-jesajanische Ausdrücke wie der »Heilige Israels«, jeremianische und ezechielische Anleihen, die deuteronomische Worttheologie, die priesterschriftliche Verknüpfung von Schöpfung und Geschichte und Jerusalemer Traditionen mit den Motiven Zion, Völker und David. Insgesamt ergibt sich eine Fokussierung nicht auf den Tempel (vgl. Ezechiel), sondern auf Zion und Jerusalem, auf den Gottesberg und die Gottesstadt mit Jhwh als König für die Gerechten aus Israel *und* den Völkern. Solch eine breite Vernetzung und innovative Ausgestaltung kann nicht auf einen einzelnen prophetischen Verfasser zurückgeführt werden, sondern setzt eine intensive Traditionspflege literarisch geschulter Kreise voraus. Des Näheren ist an deportierte Tempelsänger zu denken, die nach ihrer Heimkehr im Zuge der ersten größeren Rückkehrbewegung um 520 v. Chr. der Bevölkerung Judas und Jerusalems die Trostbotschaft verkündeten.[20] Nur so wird verständlich, dass es in Jes 40,1 nicht um den Trost für die babylonische Gola geht, sondern um den Trost und den Aufbau Jerusalems und der Städte Judas. Die Gruppe der Tröster (Jes 40,1 »Tröstet, tröstet mein Volk«) ist die Vorhut der Rückwanderer und tritt als »Freudenbote« (41,27; 52,7) auf. Die Nähe zur Welt der Tempelsänger wurde schon häufiger gesehen, aber immer in Verbindung zum exilischen Propheten Deuterojesaja. Doch wird die Hypothese einer biographischen Verfasserpersönlichkeit jetzt mehr und mehr zugunsten literarisch geschulter Kreise aufgegeben. Dass es literarisch geschulte Tempelsänger in exilischer Zeit in Jerusalem gegeben hat, beweisen die kollektiven Klagen des Psalters, deren Sitz im Leben u. a. die Fas-

---

20   Siehe dazu Berges, Farewell.

ten- und Klagefeiern gewesen sein dürften. Eine singuläre Darstellung von Leier tragenden Judäern aus ca. 700 v. Chr. beweist auch ikonographisch, dass Tempelmusik und Kultmusiker bereits lange vor dem babylonischen Exil eine bekannte Tradition in Juda besaßen.[21]

Zum Jerusalemer Entstehungsmilieu der exilisch-frühnachexilischen Volksklagen gehört auch das Buch der Klagelieder.[22] So ist es wahrscheinlich, dass analog zu den in Jerusalem verbliebenen Sängern die nach Babel deportierten Kollegen sich daran machten, ein literarisches Drama der Hoffnung zu entwerfen, das seine Vollendung erst nach der Rückkehr um 520 v. Chr. fand.[23] Dass es enge Beziehungen zwischen den Verfassern des Buches der Klagelieder und denen von Jes 40–55 gegeben hat, beweisen die Bezüge zwischen beiden Textkorpora. So besitzt der Refrain »es gibt keinen Tröster« in Klgl 1,2.9.16.17.21 sein positives Echo im Eröffnungsvers von Jes 40,1 »Tröstet, tröstet mein Volk.« Dafür spricht ebenfalls, dass sich der vorletzte Vers der ersten Sammlung von Jes 40–52, »Weichet, weichet, zieht aus von dort, Unreines berührt nicht, zieht weg aus ihrer Mitte, reinigt euch, die ihr tragt die Gefäße Jhwhs« (Jes 52,11), fast wörtlich in Klgl 4,15 wiederfindet: »Weichet, unrein … weichet, weichet, rührt ja nichts an!« Außerdem stützen die engen Bezüge von Jes 40 ff. zu den Psalmen 96 und 98, die das universelle Königtum Jhwhs besingen, die hier vorgeschlagene Tempelsänger-Hypothese.

---

21 Vgl. Keel, Jerusalem Bd. 1, 734; Abb. 497.
22 Vgl. Berges, Klagelieder.
23 Siehe dazu Berges, Jesaja 40–48.

In welcher Situation lebte der nach Babylon deportierte Teil von Jakob/Israel und die sich darunter befindenden Tempelsänger? Die Angaben über die Zahl der deportierten Judäer in den drei Wegführungen der Jahre 597 (2 Kön 24,14.16; Jer 52,28), 587 (2 Kön 25,11; Jer 52,29) und 582 v. Chr. (Jer 52,30) sind schwer auf einen gemeinsamen Nenner zu bringen, aber man rechnet mit ca. 20000 Personen, wobei die doppelte Anzahl von ca. 40000 wohl im Land verblieb.[24] Im Gegensatz zu den Assyrern zerstreuten die Babylonier die deportierten Volksgruppen nicht in ihrem Weltreich, sondern ließen sie in der Fremde beieinander wohnen, so dass eine Identitätswahrung nicht nur möglich, sondern in gewisser Weise sogar gefördert wurde. Wenn es in Ps 137 heißt, die Deportierten befänden sich an den Flüssen, d. h. an den Wasserkanälen Babels, und würden dort zum Singen von Zionsliedern aufgefordert, so deutet das zum einen auf Sängerkreise hin und gibt zum anderen einen Hinweis auf den gemeinsamen Verbleib in der Fremde, der zu einer vertieften Identitätsbestimmung führte.

Der geschichtliche Rahmen von Jes 40–55 ist viel enger gesteckt als der für Jes 1–39. Anhaltspunkte für eine Situierung liefern »Babel/Chaldäa« (43,14; 48,14.20) und »Kyrus« (44,28; 45,1). Auch die Fremdgötterpolemiken und Weissagungsbeweise lassen sich am besten aus der neubabylonischen Periode verstehen. Der Durchbruch zum reflektierten Monotheismus fand auf dem Hintergrund des innerbabylonischen Religionskonflikts zwischen den Verehrern Marduks und denen des Mondgottes Sin statt. Nach der Bezeugung des Kyrus-Zylinders war es Babels Hauptgott Marduk, der

---

24   Siehe dazu Albertz, Exilszeit, 77 ff.

den Perser zum neuen Herrscher aus der Fremde aus-
erkoren hatte:

»Alle Länder insgesamt musterte er, er hielt Um-
schau unter seinen Freunden, einen gerechten Fürsten
nach seinem Herzen faßte er mit der Hand: Kyros, den
König von Ansan, berief er, zur Herrschaft über das
ganze All nannte er seinen Namen … Er befahl ihm,
nach seiner Stadt Babel zu ziehen, und ließ ihn den
Weg nach Babel einschlagen, indem er wie ein Freund
und Genosse ihm zur Seite ging und seine zahlreichen
Truppen, die so unzählbar waren wie das Wasser eines
Stromes, waffengerüstet ihm zur Seite zogen. Ohne
Kampf und Schlacht ließ er ihn in seine Stadt Babel
einziehen, und er rettete Babel aus der Not. Nabonid,
den König, der ihn nicht verehrte, überantwortete er
ihm. Alle Einwohner von Babel, das ganze Land Sumer
und Akkad, Fürsten und Statthalter knieten vor ihm
nieder, küßten seine Füße, freuten sich über seine Herrschaft, es leuchtete ihr Antlitz.«[25]

Für die Dichter und Theologen aus der judäischen
Exilsgemeinde war nicht Marduk beim Siegeszug des
Kyrus am Werk, sondern Jhwh, der bereits Abraham
aus dem Osten berufen hatte und somit für die größt-
mögliche Kontinuität von Ansage und Erfüllung stand
(vgl. 41,1–4.25–29; 45,9–13; 46,9–11; 48,12–16). Am
29. Oktober 539 v. Chr. zog Kyrus kampflos und um-
jubelt in Babel ein, in das Nabonid, der letzte babylonische König, erst ein Jahr zuvor aus Haran zurück-
gekehrt war, nachdem er die Verehrung Marduks zugunsten des Mondgottes Sin vernachlässigt hatte und
zehn Jahre in der Wüstenoase Tema geblieben war. So
musste wegen der Abwesenheit des Königs das all-

---

25 Galling, Textbuch, 83 [übersetzt von R. Borger].

jährliche Neujahrsfest zu Ehren Marduks ausfallen, was seine Priesterschaft in Babel aufs Tiefste empörte. Diese hatte schon vor dem siegreichen Einzug mit Kyrus sympathisiert, erwarteten sie doch von ihm die Befreiung vom abtrünnigen Nabonid und die Restauration des angestammten Kultes. Die Fehleinschätzung Nabonids, der erst nach Babel zurückkehrte, als die Würfel schon für Kyrus gefallen waren, sprach ebenfalls für Jhwhs Geschichtsführung und gegen die babylonische Mantik und Zukunftsdeutung.[26] Zwar begrüßte die Gola Kyrus als Befreier, ja als Jhwhs »Gesalbten« (44,28; 45,1), doch brachte der Perser den Marduk-Kult wieder zur Blüte. Hierin trennten sich die Interessen der Exilstheologen Israels und der babylonischen Priesterschaft. Die hohen Erwartungen der Gola, die in Jes 40–48 zum Ausdruck kommen, erfüllten sich nur zum Teil, denn das neubabylonische Reich war zwar geschlagen, aber seine Götter waren alles andere als entmachtet.[27]

Entgegen der chronistischen Vorstellung vom Kyrus-Edikt in Esra 1,1–4[28], die Erlaubnis zum Wiederaufbau des Jerusalemer Heiligtums und zur Rückkehr in die judäische Heimat seien gleichzeitig 538 v. Chr. erfolgt, ist davon auszugehen, dass es zu einer Repatriierung in größerem Stil erst unter Darius I. (521–485) gekommen ist. Wahrscheinlicher Auslöser waren die babylonischen Aufstände, die nach dem Tod Kambyses II. losbrachen und von Darius I. in den Jahren 522/521 v. Chr. mit aller Härte niedergeschlagen wurden. Dies

---

26   Siehe dazu Albani, Der eine Gott.
27   So Kratz, Kyros, 170.
28   Die aramäische Vorlage in Esra 6,3–5 schweigt sich über eine Repatriierung aus.

dürfte in der Gola als Zeichen gewertet worden sein, die Rückkehr in die Heimat zu wagen.

Trifft es zu, dass es levitische Tempelsänger waren, die auf babylonischem Boden ein Oratorium der Hoffnung entwarfen (Jes 40–48*), das sie im Zuge der ersten größeren Rückwanderungsbewegung um 520 v. Chr. mit nach Jerusalem brachten – 520 v. Chr. begann auch der Wiederaufbau des Tempels (Hag 1,1; 2,1.10; vgl. Sach 1,1.7; 7,1) –, so legt es sich nahe, dass sie ihre Komposition an die ab 597 v. Chr. liegen gebliebene Jerusalemer Jesaja-Tradition (Jes 1–39*) anschlossen, um sich unter seine unangefochtene Autorität zu stellen. Dies war umso notwendiger, als die Jeremia- und Ezechiel-Tradenten ebenfalls auf prophetische Autoritäten hinter ihren Schriften verweisen konnten. Der Anschluss an die ältere Jerusalemer Jesaja-Tradition wurde durch die Zionstheologie sicherlich erleichtert. Natürlich wird den Verfassern von Jes 40 ff. der Prophet Jesaja ben Amoz immer schon bekannt gewesen sein, aber für die These, sie hätten von Anfang an seine Worte fortschreiben wollen[29], reichen die Indizien nicht aus. Auch für die Jerusalemer-Jesaja-Tradenten, die den Textbestand Jes 1–39* gepflegt hatten, brachte der Anschluss durch Jes 40 ff. einen großen Vorteil, denn so erhielt ihre Überlieferung eine Fortsetzung in die aktuelle Zeit des Nachexils hinein. Der Graben der Exilsereignisse war damit überwunden und die Orakel Jesajas ben Amoz konnten auf die Zukunft hin neu ausgelegt werden. Nachdem Jesaja als die Autorität der einen Schriftrolle galt, wurde nicht nur an ihrem Ende, sondern verstärkt auch am ersten Teil weitergearbeitet. So entwickelte sich Jesaja

---

29   So Williamson, Book, 240 ff.

ben Amoz immer mehr zum Visionär der ganzen Geschichte Israels, ja der Weltgeschichte insgesamt (vgl. Jes 24–27).

3. SCHRIFTGELEHRTE PROPHETIE IN PERSISCHER UND FRÜHHELLENISTISCHER ZEIT

Nachdem die Jerusalemer Jesaja-Tradition und die Komposition der einst deportierten Tempelsänger nach ihrer Rückkehr aus Babel zueinandergefunden hatten, wurden die Verbindungen zwischen den drei Großteilen (Jes 1–39; 40–55; 56–66) in der nachexilischen Zeit immer fester geknüpft. Für Jes 56–66 hat sich die Duhm'sche These eines weiteren anonymen Verfassers mit dem Kunstnamen »Tritojesaja« – anders als die Vorstellung von »Deuterojesaja« – nie wirklich durchsetzen können. Eine biographische Verankerung dieser Kapitel gelang noch weniger, als dies für Jes 40–55 der Fall gewesen war. So wurde die Annahme, dass es sich im dritten Hauptteil des Jesajabuches nicht um Orakel eines Einzelpropheten, sondern um schriftgelehrte Prophetie handelt, die auf der Grundlage bereits vorliegender Verschriftung (Jes 1–55*) das Gotteswort auf die neue Situation im perserzeitlichen Jerusalem und der Provinz Jehud auslegt, zum Allgemeingut der modernen Forschung. Die prophetischen Sänger, die bereits für Jes 40–55 verantwortlich zeichneten, wurden zu schriftgelehrten Bewahrern und Fortschreibern der gesamtjesajanischen Überlieferung. Von hier gingen auch die Impulse aus, die zu den letzten großen Einschreibungen in Jes 24–27 (»große Jesaja-Apokalypse«) und Jes 34–35 (»kleine Jesaja-Apokalypse«) führten. Der Rückbezug auf die Schrift wurde zum prägenden Kriterium, wie das Jes 34,16 explizit anzeigt: »Forscht nach im Buch Jhwhs und lest: Nichts von dem bleibt aus.«

Anders als in den Kapiteln 1–39 und 40–55 werden im dritten Teil keine ausländischen Könige oder inländische Anführer genannt. Von Kyrus (Jes 44,28; 45,1; vgl. Esr 1,1ff.; 2 Chr 36,22f.), Darius (Hag 1,1.15; 2,10; Sach 1,1.7; 7,1; Esr 4,5.24; 5,5ff.; 6,1.12–15; Neh 12,22), vom Oberpriester Jeschua (Hag 1,1.12.14; 2,2.4; Sach 3,1ff.; 6,11) oder vom Provinzstatthalter Serubbabel (Hag 1,1,12.14; 2,2.4.21.23; Sach 4,6–10; Esr 2,2; 3,2.8; Neh 7,7; 12,1.48) ist in Jes 56–66 keine Rede, ebenso wenig von Nehemia oder Esra. Das erschwert die historische Einordnung dieser Kapitel und Vermutungen sind nur aus dem biblischen Text heraus möglich. Als *terminus a quo* kann die Zeit des Darius I., also nach 522 v. Chr. gelten. Umstritten bleibt dagegen der *terminus ad quem* mit der Frage, ob einige Texte in die hellenistische Zeit, also nach Alexander d. Gr. (333), hineinreichen (u. a. Jes 27,7–11).

Bei allen divergierenden Meinungen über die geschichtliche Einordnung von Jes 56ff. besteht dennoch Konsens darüber, dass der Kernbestand des dritten Teils in Jes 60–62 vorliegt, und zwar aus der Zeit zwischen der Neueinweihung des Tempels im Jahre 515 v. Chr. und dem Mauerbau unter Nehemia in 445 v. Chr. Vieles spricht dafür, dass diese Kapitel auf dem Hintergrund der Restaurationsbemühungen in Jerusalem entstanden sind. Für eine Einordnung in die erste Hälfte des 5. Jh.s v. Chr. kann auch das Thema der sozialen Ungerechtigkeit angeführt werden, das Nehemia ebenfalls stark beschäftigte (vgl. Neh 5). Viele Kleinbauern der persischen Provinz Jehud waren gezwungen, ihre Söhne und Töchter, Felder, Weinberge und Häuser zu verpfänden, sogar ihre eigenen Kinder als Sklaven zu verkaufen. Die prophetische Ansage einer Freilassung aus der Schuldsklaverei (Jes 61,1), die sonst nur für das Sabbat- bzw. Jobeljahr vorgesehen war (vgl. Lev 25,10; Ez 46,17; Jer 34,8.15.17), unterstreicht die höchst prekäre Lage des jüdischen Gemeinwesens in dieser Zeit.

Die Fortschreibung in Jes 58, die zu einer Redaktionsschicht in Jes 56,9–59,21 gehört, welche die Umkehr zu gerechtem Handeln einfordert, beweist, dass die angekündigte Befreiung auch weiterhin noch ausstand. Der Schlussvers dieser »Umkehr-Redaktion« aus der zweiten Hälfte des 5. Jh.s v. Chr. verdeutlicht ihr Ziel und ihre Programmatik: Jhwh, der Go'el, d. h. der Löser und Erlöser, wird nur zu denen kommen, die sich von den Vergehen in Jakob abwenden. Nur diesen gilt sein Bund und seine Wortvermittlung (Jes 59,20 f.). Die Platzierung vor den »Licht-Kapiteln« in Jes 60–62 macht eine klare Aussage: Über einem unsozialen, die eigenen Landsleute unterdrückenden jüdischen Gemeinwesen kann das Licht Gottes nicht aufgehen.

Dass sich die sozialen und ideologischen Spannungen weiter verschärften, zeigt die letzte Fortschreibung (»Redaktion der Knechtsgemeinde«).[30] Die innerjüdische Spaltung zwischen Frommen und Frevlern, die in zunehmendem Maß auch den Psalter beeinflusst, hinterlässt in Jes 65–66 deutliche Spuren und wird im letzten Vers in aller Härte sichtbar (Jes 66,24). In Nachfolge der auszugsbereiten Gola, die um 520 v. Chr. Jerusalem erreicht hatte und den wahren Knecht Jakob/Israel konstituierte, versteht sich diese Gruppe der Frommen als Nachkommenschaft des geschundenen Knechts und der gedemütigten Frau Zion. Im Gegensatz zum deuteronomisch und priesterlich dominierten Pentateuch (vgl. auch Ezechiel) propagierte die

---

30 Siehe dazu Berges, Buch Jesaja, 481 ff.

Gruppe der »Knechte« eine Öffnung auf die Völker, die in der Aufnahme von Proselyten in den Gottesbund bereits zeichenhaft Gestalt anzunehmen begann (vgl. Jes 56,1–8).

Diese kult- und gesellschaftsutopische Vorstellung eines die Gerechten aller Völker in Jerusalem vereinigenden Gottesdienstes war in der gesellschaftlichen Wirklichkeit nicht durchzusetzen. Doch bedeutete dies keineswegs das Ende der Utopie, wie sich in den Kapiteln 24–27 zeigt. In dieser sogenannten »großen Apokalypse« wird ein Weltgericht in Szene gesetzt, das nicht alle Erdenbürger, sondern nur diejenigen trifft, welche die Weisungen übertreten, die Satzung geändert und den ewigen Bund gebrochen haben (Jes 24,5; vgl. Sir 17,11–14). Wie zur Zeit Noachs entscheidet nicht die ethnische Zugehörigkeit über Gericht und Heil, sondern das ethische Verhalten. Wie der Gerechte mit seinen Angehörigen in der Arche Zuflucht vor der großen Flut fand, so sollen sich auch die Gerechten in sichere Kammern begeben, d. h. auf dem Berg Zion den Gerichtssturm Jhwhs abwarten (Jes 26,20f.). Bei aller Zurückhaltung vor absoluten Datierungen darf und muss man davon ausgehen (vgl. die große Jesajarolle von Qumran, s. u.), dass die »Vision Jesajas ben Amoz« (Jes 1,1) um 250 v. Chr. zur Gänze vorlag.

B. DAS JESAJABUCH
ALS LITERARISCHE KOMPOSITION

Die geschichtlichen Hintergründe, die im ersten Teil skizziert worden sind, haben deutlich gemacht, dass das Jesajabuch alles andere als ein Opus aus *einer* Hand mit *einer* uniformen Herleitung ist, sondern eine komplexe, im Laufe von ca. 450 Jahren angewachsene literarische Komposition. Das neue Forschungsparadigma sieht die biblischen Schriften und so auch die prophetischen Bücher nicht mehr als ungeordnete Worthalden an, in denen man nach den ältesten und authentischsten Gottessprüchen sucht, sondern als »literarische Kathedralen«, an denen die Literaten des Alten Israels über Jahrhunderte gearbeitet haben. Wie jeder Stein im Bauwerk seine eigene Geschichte und Funktion besitzt, so auch jeder Spruch im Gesamtkunstwerk der prophetischen Schriften. Galt das Hauptaugenmerk früher den vermeintlich ältesten Einzelsprüchen, steht heute der Gesamtaufbau der prophetischen Bücher im Mittelpunkt der Forschung. Wer zum Propheten gelangen will, kommt am Buch nicht vorbei. Nur in ihm ist das Echo seiner Stimme zu vernehmen.

Das Zustandekommen dieser weitläufigen und komplexen Schriften ist ohne Tradenten nicht denkbar. Entgegen früherer Auffassungen handelt es sich nicht um bloße Sammler oder gar um einfallslose Epigonen, sondern um geschulte Literaten, die Altes und Neues, Eigenes und Überkommenes auf kreative Weise miteinander ins Gespräch brachten und so die jeweilige prophetische Tradition für ihre Zeit fortschrieben und aktualisierten. Aufs Ganze gesehen gibt das Jesajabuch in seiner Vielschichtigkeit einen Einblick in die theologische Auseinandersetzung um die Zukunft des Gottesvolkes in exilischer und nachexilischer Zeit. Darin spielt die Öffnung der Jhwh-Religion auf Menschen aus den Völkern, die Zentrierung auf Zion/Jerusalem und auf die ethische Verantwortung des Einzelnen eine große Rolle.

In einer an den literarischen Merkmalen orientierten Lesung ergibt sich folgender Aufbau dieses prophetischen Dramas:

I. Akt: Kap. 1–12 Zion und Jerusalem zwischen Gericht und Heil

II. Akt: Kap. 13–27 Von Zions Feinden und Freunden und Jhwhs Königsherrschaft

III. Akt: Kap. 28–35 Der göttliche König und die Zionsgemeinde

IV. Akt: Kap. 36–39 Die Bedrohung und Errettung Zions und Jerusalems

V. Akt: Kap. 40–48 Jakob/Israel in Babel und seine Befreiung durch Kyrus

VI. Akt: Kap. 49–55 Die Restauration Zions und Jerusalems

VII. Akt: Kap. 56–66 Die Trennung der Gemeinde in Frevler und Fromme

Wenn hier von »Akten« die Rede ist, dann sind damit literarische Kompositionseinheiten gemeint, nicht aber theatermäßige Strukturen, die eine tatsächliche Aufführungspraxis im biblischen Israel voraussetzen würden, für die es keine Anzeichen gibt.[31] Das Jesajabuch ist ein Zions-Drama, bei dem die Leser bzw. Hörer die

---

31   Anders Baltzer, Deutero-Jesaja, mit seiner Theorie einer historischen Aufführungspraxis von Jes 40–55 im nachexilischen Jerusalem.

Entwicklung Jerusalems vom Ort des Gerichts zum Ort des eschatologischen Heils für das Gottesvolk und die Völker miterleben.[32] Dabei nehmen sie eine privilegierte Position ein, denn schon ab Jes 2,1 ist ihnen der Heilswillen Jhwhs bekannt und sie können miterleben, wie sich der Plan Gottes an Israel und Völkern vollzieht. Sie haben Anteil an der »Vision Jesajas« (Jes 1,1) und eignen sich diese Schauung im Leseprozess an, falls sie dem Buch und seiner Botschaft gegenüber nicht verstockt sind (Jes 29,9–14.18.24; 32,3).

Eine Besonderheit des Jesajabuches besteht in der zentralen Stellung der Kap. 36–39, die mit kleinen, aber wichtigen Differenzen auch in 2 Kön 18–20 überliefert sind. Die Erzählung von der assyrischen Bedrohung Jerusalems durch Sanherib ist kein »biographischer« Appendix aus den Königsbüchern, weil man etwa in der Jesajarolle alle Begebenheiten dieses Propheten gesammelt wissen wollte, sondern stellt die textweltliche Mitte der gesamten Buchrolle dar. Die Errettung Zions ist die weltweit sichtbare Garantie dafür, dass Jhwh und niemand sonst seinen Geschichtsplan für Israel und die Völker durchsetzt. Alle Völker, die gegen Jerusalem anstürmen, werden am Gott Israels, der auf dem Zion wohnt, kläglich scheitern. Aber alle Völker, die sich dem Weltenkönig in Jerusalem zuwenden, werden am Zion ihr Heil finden.

---

32 Eine konsequent synchrone Auslegung bietet u. a. van Wieringen, Jesaja.

I. Akt: Kap. 1–12
Zion und Jerusalem zwischen Gericht und Heil

Nach der Überschrift, die den gesamten Textbestand dem Propheten und Visionär Jesaja ben Amoz als Autorität, als Diskursgründer, zuschreibt, folgt der erste Akt, der Zion und Jerusalem in der Spannung zwischen Gericht und Heil, zwischen sündiger Gegenwart und gottgefälliger Zukunft präsentiert.

Wie so oft im Ersten/Alten Testament sind bei der Suche nach kompositorischen Strukturen die Außen- und Innenglieder von großer Bedeutung, die sich um eine zentrale Mitte legen. Dieses Zentrum liegt bei Jes 1–12 in 5,1–8,18 vor, an das sich mit 8,19–9,9 ein Epilog anschließt. Während in der Exegese häufig von »jesajanischer Denkschrift« die Rede ist, was die Grundlegung durch den Propheten betont, bietet die Bezeichnung »Immanuelschrift« eine wichtige inhaltliche Ausrichtung. Angefangen von der Zeit des Königs Ahas beim syrisch-ephraimitischen Konflikt bis zur nachexilischen Erwartung eines endzeitlichen davidischen Thronnachfolgers bleibt das Thema des Immanuel in der literarischen und theologischen Entwicklung des Jesajabuches über Jahrhunderte hinweg virulent.[33] Diese Immanuelschrift besteht aus zwei Ich-Erzählungen (6,1–13; 8,1–18) und einem Er-Bericht im Zentrum (7,1–25), wobei dieser Wechsel in der Perspektive auf die Arbeit von Schülerkreisen hindeutet. Bestätigt wird dies durch den Schlussakzent in 8,16–18, der von der Versiegelung der Weisung in den Jüngern des Propheten berichtet. Als Prolog und Epilog umgeben das Zentrum das Weinberglied (5,1–7) und die

---

33   Dazu Schmid, Herrschererwartungen.

Ankündigung eines erneuten Davidsohnes (8,19–9,6). Nach dem Weinberglied folgt eine Serie von Wehe-Rufen (5,8–30), welche die fehlende Gerechtigkeit, auf die das Lied vom Weinberg hinauslief, exemplifiziert. Dazu wurde der letzte Teil (9,7–10,4) mit dem Refraingedicht von der »ausgestreckten Hand« (9,7–20) und dem Wehe-Ruf (10,1–4) hinter die erweiterte Immanuelschrift gestellt.

Vor diese mehrfach gerahmte Immanuelschrift ist eine doppelte Ouvertüre platziert (1,2–2,5; 2,6–4,6), die nicht den davidisch-messianischen Herrscher zum Thema hat, sondern Zion/Jerusalem als Bestimmungsort, an dem sich das endzeitliche Heil zeichenhaft für Israel und die Völker ereignen soll. Damit diese Vision Wirklichkeit werden kann, muss das Jerusalemer Gemeinwesen von kultischer Sünde und sozialen Vergehen gereinigt werden. Dann erst kann es zum Ort werden, von dem die göttliche Weisung ausgeht und zu dem sich die Völker auf den Weg machen. Die Abfolge von Völkerwallfahrt (2,1–5) und Reinigung Zions mit dem Ziel der Heiligung (4,2–6) hat sein Pendant am Ende des Buches in 66,18–23 (Völkerwallfahrt) und 66,15–17 (Gericht an allem Fleisch).

Die doppelte Ouvertüre (1,2–4,6) – Jerusalems Sünde, Reinigung und zukünftiges Heil

Nachdem die Leser das Portal der literarischen Kathedrale mit der Überschrift »Vision Jesajas, des Sohnes des Amoz, die er geschaut hat über Juda und Jerusalem in den Tagen des Usija, Jotam, Ahas und Hiskija, der Könige von Juda« (1,1) durchschritten haben, hören sie die Stimme Jhwhs, der Himmel und Erde als Zeugen im Rechtsstreit gegen sein sündiges Volk aufruft (1,2f.). Was zur Verhandlung ansteht, ist nicht die Frage, ob

Israel von ihm abgefallen sei – das ist unbestritten –, sondern ob Jhwh seine rebellischen Kinder so hart habe strafen dürfen, dass kein heiler Fleck mehr übrig sei.[34] Im Hintergrund dieser für heutige Leser skandalösen Aussage steht das im Altertum gültige und bis in die Neuzeit reichende Recht der Eltern, ihre Kinder körperlich zu züchtigen. Wie Eltern, die ihre Kinder unter Mühen großgezogen haben und von ihnen ein ehrendes Verhalten erwarten dürfen, so hat auch Jhwh als Vater seines Volkes (vgl. Jes 45,10; 63,16; 64,7) einen Anspruch auf Loyalität von Seiten Israels. Dieser ist jedoch bitter enttäuscht worden, so dass er mit Schlägen, d. h. mit militärischen Aktionen der feindlichen Mächte sein Volk bestrafte. Im Vergleich mit der mosaischen Bestimmung über den störrischen Sohn, der von der Dorfgemeinde gesteinigt werden sollte, wenn er sich der elterlichen Weisung dauerhaft verweigerte (Dtn 21,18–21), verhält sich Jhwh noch zurückhaltend, denn seine Söhne werden nicht gänzlich weggerafft, sondern ein kleiner Rest bleibt bestehen. Es ist dieser Rest, von dem aus die Zukunft Gestalt gewinnt. Die Strafe an den rebellischen Kindern entspricht nicht nur göttlicher Pädagogik, sondern kommt auch mit dem überein, was Jhwh seinem Volk im Fall des Bundesbruchs am Ende der Mose-Tora, d. h. am Schluss des Pentateuchs, angedroht hatte: eine Zerstörung gleich der von Sodom und Gomorra (Dtn 29,22; vgl. Gen 19,24f.). Bestätigt wird dieser Bezug durch den Höraufruf an Himmel und Erde (Jes 1,2), der sich in dieser Form nur noch zu Beginn des Moseliedes in Dtn 32,1 findet (mit Zeugenfunktion in Dtn 4,26; 30,19; 31,28). Wie am Ende der Mosebücher (Dtn 32,28f.) so bedauert Jhwh auch zu Beginn des Jesajabuches die fehlende

---

34 Vgl. Kustár, Krankheit und Heilung.

Einsicht auf Seiten seines Volkes (Jes 1,3). Es geht aber nicht darum, die Strafen des Pentateuchs anzudrohen (vgl. auch Lev 26,14–33), denn diese hatten Israel ja bereits getroffen, sondern die bleibende Gültigkeit des Gotteswortes zu unterstreichen (vgl. Jes 1,2.20). Wie Jesajas Gerichtsworte schmerzliche Realität geworden waren, so werden auch seine Heilsworte tröstende Erfüllung finden. Durch die Anbindung des Jesajabuches an die Fluch- und Segenssprüche des Pentateuchs machen die Überlieferer Jesaja ben Amoz zum Propheten in der Nachfolge des Mose (Dtn 18,15.18) und die prophetische Schriftrolle zur Aktualisierung der mosaischen Tora!

Die Bestrafung des Nicht-Hören-Wollens führt in Jes 1,9 nicht zur vollständigen Vernichtung, sondern zum Rest derer, die sich in der Wir-Form den Lesern vorstellen: »Hätte Jhwh Zebaot nicht einige wenige Entronnene für uns übrig gelassen, wir wären wie Sodom geworden, wir wären Gomorra gleich.« Dies ist ein wichtiges Detail, denn von Anfang an stehen die Leser vor der Frage, ob auch sie zu diesem Rest (vgl. 4,3; 7,22; 10,20–22; 11,11.16) gehören wollen, mit dem Gott die Geschichte seines Volkes fortsetzt. Nach der Vernichtung, die dem Fällen einer Eiche gleicht, deren Stumpf auch noch abgeschlagen wird, bleibt ein Spross übrig, der »heiliger Same« ist (6,13). So bekommt auch der Name des ersten Sohnes Jesajas, Schear-Jaschub, »Ein-Rest-Kehrt-Um« bzw. »Ein-Rest-Wird-Zurückkehren« (7,3) eine tiefere Bedeutung. Nur diejenigen, die von ihrer Sünde um- und zu Gott zurückkehren (vgl. 59,20), haben teil an der Restgemeinde, gehören zum Schülerkreis Jesajas und zu den Hörern des Buches.

Der Symbolname des zukünftigen davidischen Thronnachfolgers Immanuel (7,14) fügt sich nahtlos in dieses Bild ein, denn »Mit-Uns-Gott« ist der einzige

Personenname des AT, der ein kollektives Element enthält! Es verweist auf die Wir-Gruppe, die sich im Laufe des Jesajabuches konstituiert und für die Leser aller Jahrhunderte offen steht. Diese Wir-Gruppe hat nicht irgendwo in Juda oder in der Diaspora ihr Zuhause, sondern auf dem Zion, der religiösen Mitte des Gottesvolkes.

Die Kult- und Sozialkritik in Jes 1,10 ff. mit der Rüge an die Adresse kultischer Eiferer, die ihre Opfergaben dem ethischen Tun vorziehen, bleibt immer aktuell, nicht zuletzt für die Zeit der nachexilischen Restauration. Die Weisung der Wir-Gruppe im Namen Jesajas besteht nicht in einer völligen Ablehnung von Opfern, sondern im Festhalten am Primat der Ethik vor jeder kultischen Handlung. Würde Jhwh Opfergaben aus den Händen von Frevlern annehmen, so verhielte er sich wie ein Richter, der sich der Bestechlichkeit schuldig macht!

Die »Zwei-Wege-Lehre« in 1,19–20, welche die Alternative von Hören und Nicht-Hören vor Augen stellt, verweist erneut auf die Segens- und Fluchformeln in der mosaischen Tora (vgl. Lev 26; Dtn 28; 30,15–18). Auch in nachexilischer Zeit hat sich an der Entscheidung, in die Jhwh die Hörer des Wortes stellt, nichts geändert. Deutlicher als in vorexilischer Zeit, als Israel *en bloc* der prophetischen Kritik ausgesetzt war, ist nun jeder Einzelne angesprochen. Gibt es Bestrafung, dann wird sie nicht mehr das ganze Volk treffen, sondern nur die Frevler (Jes 1,29 f.). Wenn am Schluss des ersten Kapitels (V. 31) den Abtrünnigen das Feuer droht, das niemand löschen kann, dann ist das die große Brücke zum letzten Vers des Buches (66,24).

Wie dringend eine Entscheidung zum Leben nach der Weisung Jhwhs geboten ist, zeigt das Leichenlied in Jes 1,21–26, das der korrupten Stadt Jerusalem und seinen Führungskräften gilt. Die Gegner kommen nicht von außen, sondern schädigen das Gemeinwesen von innen her. Was Zukunft sichern kann, ist die Bekehrung zu Recht und Gerechtigkeit; nur so kommt es zur Erlösung, zum Loskauf Zions (1,27). Wer sich dem widersetzt und sich gegen Jhwh auflehnt, der wird umkommen (1,28). Die Trennung von Gerechten und Frevlern, welche die letzten beiden Kapitel des Jesajabuches (Jes 65 f.) dominiert, ist am Ende des ersten Kapitels bereits angelegt.

Dem Gericht, das auf die Restauration Jerusalems als »Stadt der Gerechtigkeit« hinausläuft (1,26), schließt sich das Bild der zukünftigen Völkerwallfahrt zu eben diesem Zentrum von Recht und Gerechtigkeit an (2,1–5). Durch das einleitende Wort in 2,1 ist betont, dass die Vision von der Völkerwallfahrt zum Zion, die sich fast wortgleich in Mi 4,1ff. findet, ebenfalls der jesajanischen Autorität untersteht. Wie die Mose-Tora eine Doppelüberlieferung des Dekalogs am Sinai bzw. Horeb besitzt (Ex 20; Dtn 5), so die Propheten-Tora eine zweifache Tradition der Völkerwallfahrt zum Zion (Jes 2; Mi 4). Die Hinwendung der Völker zum Berg Jhwhs und zum Haus des Gottes Jakobs, um von dort Tora zu empfangen (2,3), setzt voraus, dass Jerusalem eine Stadt der Gerechtigkeit geworden ist. Nur so ist sie attraktiv für die Nationen. Was die Völker dort suchen und finden, ist kein kultisch-religiöses Regelwerk, sondern einen Gott, der als gerechter Richter zwischen ihnen Recht spricht, so dass sie endlich vom Kriegshandwerk lassen können. Das Kontrastprogramm dazu bietet Joël 4,10: »Schmiedet eure Pflugscharen zu Schwertern und eure Winzermesser zu Speeren.« In Jes 2 und Mi 4 stellt nicht die eschatologische Entscheidungsschlacht um Jerusalem mit großem Blutvergießen das Weltfinale dar, sondern die friedliche Beilegung aller Konflikte. Die abschließende Einladung, »Haus Jakob, kommt und lasst uns gehen im Licht Jhwhs« (Jes 2,5), zeigt, wie die Restgemeinde, die Wir-Gruppe das nachexilische Gottesvolk umwirbt. Nur wenn sich Jakob von seiner Sünde ab- und Jhwh und seiner Gerechtigkeit zuwendet, kann die Heilszukunft anbrechen. Die Gabe der Tora wird als Aufgabe angenommen.

Die zweite Ouvertüre (2,6–4,6) besteht aus vier Textsegmenten: dem Gedicht vom Tag Jhwhs gegen allen Hochmut (2,6–22), zwei Gerichtsschilderungen gegen Jerusalems männliche Führungsriege (3,1–15) und deren üppig lebenden Frauen (3,16–4,1), sowie einer abschließenden Beschreibung der Reinigung Zions beim Kommen Gottes (4,2–6). Wie zuvor in 1,2–2,5 so wird auch hier der unheilvollen Gegenwart die heilvolle Zukunft gegenübergestellt. Im Blick auf die Völkerwallfahrt ist das Gericht gegen alles Hohe nur konsequent, denn jegliche Hybris steht der einzig wahren Hoheit Jhwhs entgegen. Dieses Thema durchzieht Jes 1–39 wie ein roter Faden (5,15 f.; 9,8; 10,12.33; 13,11.19; 14,11.13; 16,6; 23,9; 25,11; 28,1.3; 37,23). Zu den hohen Dingen gehören die Reichtümer und die mit ihnen erworbenen Kriegsgeräte (2,7), sowie die Fremdgötterbilder, die mit Silber und Gold überzogen den Menschen imponieren (2,8.18–20). Diesen Zeichen der Hybris sind die Führer, d. h. Krieger, Richter, Propheten, Wahrsager und Älteste an die Seite gestellt, die Gottes Weinberg geplündert haben. Sie haben den Besitz der einfachen Leute geraubt und deren Gesicht, d. h. ihr Ansehen, zermalmt (3,12–15). Unter solchen Bedingungen (vgl. Neh 5) gibt es keine Völkerwallfahrt zum Zion. Einem eschatologischen Heil, das vom göttlichen Gericht an den gesellschaftlichen Missständen und deren Verursachern absieht, wird eine klare Absage erteilt: Zion als

Heilsgelände soll ein Schutzraum der Armen und Gebeugten sein (10,2; 11,4; 14,30.32; 25,4; 26,6; 29,19; 32,7; 41,17–20; 57,1–15; 58,6ff.; 61,1ff.).[35]

Die Heilsankündigung in 4,2–6 bildet den Schlusspunkt der doppelten Ouvertüre. Aus der Vernichtung der Eliten soll ein Spross (ṣemaḥ) entstehen, der Zierde, Hoheit und wirklichen Schmuck bedeutet (4,2). Was auf den ersten Blick nur als Metapher für Wachstum erscheint, ist ein politisch aufgeladener Begriff, wie die messianischen Belege in Jer 23,5; 33,15 und auch der Name Serubbabel (= Spross Babels; vgl. Sach 6,12) zeigen. Mit Letzterem verband sich die Hoffnung auf eine Restauration der davidischen Monarchie in frühnachexilischer Zeit, die bitter enttäuscht wurde. Es ist die prophetische Restgemeinde auf dem Zion, die sich als Spross Jhwhs versteht, sie ist das kleine, noch unscheinbare Pflänzchen der gottgefälligen Restauration (vgl. Jes 37,30–32). Wer zu diesem Rest in Zion gehört, der wird heilig genannt und ist im Buch des Lebens in Jerusalem eingeschrieben (4,3). Die Bezeichnung »heilig« (qādôš) erinnert an Esr 9,2, wo beklagt wird, der heilige Same (zeraᶜ haqqōdeš) habe sich durch Mischehen verunreinigt. Anders als die nachexilischen Bürgerlisten in Esr 2,62; Neh 7,5.64; 12,22f. garantiert die Aufnahme ins Buch des Lebens das göttliche Bürgerrecht, d.h. die feststehende Gemeinschaft mit Jhwh (vgl. Ex 32,32f.; Ps 69,29; 87,6; 139,16).

Die geheiligte Restgemeinde, die für Anhänger aus den Völkern offen ist, kann sich des göttlichen Schutzes so gewiss sein wie einst die Moseschar beim Auszug aus Ägypten (Jes 4,5; vgl. Wolken- und Feuersäule in Ex 13,21; 14,19.24; 33,9f.; 40,34; Num 10,11.34; 14,14; Dtn 1,33). Wer aus den Völkern zum Zion kommt, er-

---

35   Siehe dazu Berges, Arm und Reich.

fährt dort seinen Exodus, seine Begegnung mit Jhwh wie am Sinai: »Der Zion wird hier zum Berg der Tora-Offenbarung und zum Heiligtum!«[36] Durch das Stichwort »Hütte« (sukkâ) wird auf das Laubhüttenfest angespielt, was sich mit Sach 14,16–20 deckt, wo die Völker zur alljährlichen Zionswallfahrt an Sukkot aufgerufen sind, wobei auch dort das Thema der Heiligkeit eine große Rolle spielt. Aus Zion/Jerusalem, der »Hütte« im Gurkenfeld, die zur Erntezeit nur übergangsweise bewohnt und danach verlassen wird (Jes 1,8), soll eine bleibende Sukka als Heilszeichen für Israel und die Völker werden!

Die mehrfach gerahmte Immanuelschrift (5,1–10,4)

Nach der Eingangshalle der doppelten Ouvertüre betreten die Leser das erste Hauptschiff der literarischen Kathedrale des Jesajabuches. War Jerusalem als sündiges Gemeinwesen angeklagt und seine Reinigung in Aussicht gestellt worden, wobei große Hoffnung auf die das Gericht überstandene, nachexilische Restgruppe gelegt wurde, wird nun in Szene gesetzt, wie Jesaja und seine Schüler den Grundstock für diesen Rest bilden.

Um das Zentrum in 6,1–8,18 legt sich ein dreifacher Ring: eine Reihe von Wehe-Rufen (5,8–24; 10,1–4), das Refraingedicht der »ausgestreckten Hand« (5,25–29; 9,7–20) und die Scharnierverse über das »Dunkel auf der Erde« (5,30; 8,22). Diese Komposition ist durch die Prophetie vom messianischen Kind (8,23–9,6) unterbrochen.[37] Sie führt das Thema vom davidischen Thronnachfolger in 7,10–16 fort und gibt den Anstoß

---

36 Fischer, Tora, 29.
37 So Beuken, Jes 1–12, 130.

zum dritten Tableau in 11,1–10. Die Immanuelweissagung in der Mitte der ursprünglichen Komposition 6,1–8,18 hat so stark gewirkt, dass sich daraus ein messianisches Triptychon entwickelte (Jes 7,10 ff.; 9,1 ff.; 11,11 ff.), das in der Literatur des Neuen Testaments und in der Geschichte des Christentums eine breite christologische Rezeption erfuhr (s. u.).

Die gerichtlich eingefärbte Allegorie vom Weinberg, seinem Besitzer und dessen enttäuschter Hoffnung auf gute Früchte (5,1–7) gibt mit ihrem letzten Vers (V. 7) zu erkennen, dass Israel *und* Juda unter der gerechten Strafe Jhwhs stehen. Nach den kultischen und sozialen Anklagen in der Ouvertüre (Jes 1–4) überrascht dieses Fazit nicht. Die dem Weinberglied nachfolgenden Wehe-Rufe explizieren, warum das Gottesvolk, Jhwhs Weinberg, nur schlechte Früchte, »stinkende Fäulnis« hervorbrachte. Praktizierte Gerechtigkeit hätte das Gottesvolk hervorbringen sollen, anstelle dessen erntet Jhwh die Hilfeschreie der Rechtlosen (V. 7). Ein solches Gemeinwesen kann nicht zum Licht der Völker, zum Signal einer gerechten Ordnung werden, sondern ist dem Gericht anheim gegeben, aus dem ein kleiner Spross die Saat der Zukunft in sich trägt (6,13). Von einer Übertragung an andere Winzer, die zur rechten Zeit ihre Früchte abliefern (Mt 21,33 ff.; Mk 12,1 ff.; Lk 20,9 ff.), weiß diese Allegorie allerdings nichts!

Die Reihe der sieben Wehe-Sprüche ist konzentrisch angeordnet und lässt sich als Hilfegeschrei der Entrechteten verstehen. Anders gesagt: In diesen Wehe-Rufen über die sozialen Missstände bekommen die Hilferufe ihre literarische Gestalt:

1. Wehe (5,8–10) soziales Vergehen (ungerechter Reichtum)
2. Wehe (5,11–12) Trunkenheit

3. Wehe (5,18–20) Skepsis gegenüber Jhwhs Plan
4. Wehe (5,20) Verdrehung von Gut und Böse
5. Wehe (5,21) Sich selbst für klug halten
6. Wehe (5,22) Trunkenheit
[7.] Wehe (5,23) soziale Vergehen (ungerechte Justiz)[38]

Das erste Wehe mit der drastischen Ertragsverringerung des Weinbergs (5,10) sorgt für die thematische
Anbindung an das vorausgegangene Weinberglied. Die
Wohlhabenden, die allen Grund und Boden an sich rei
ßen, bis nur sie im Land noch übrig bleiben, irren gewaltig, denn ihre Häuser werden unbewohnt sein und
das einst reiche Land wird nur noch wenig Ertrag bringen. Heftige Trinkgelage vernebeln jede Einsicht in das
drohende Gerichtshandeln Gottes und führen geradewegs in die Katastrophe, in die Exilierung, den Totalverlust des Landes (V. 11–13). Ob ihrer Vergehen ziehen
sich die Schuldigen ihre Strafe wie mit Ochsenstricken
herbei und verhöhnen den Heiligen Israels: Was dieser
plane, das solle er schnell ausführen, damit sie es sähen
(V. 18 f.). Dieser Wunsch wird schneller erfüllt als ihnen
lieb sein kann, da das Feuer des Gerichts bereits zündelt (5,24).

Der anschließende Zorn Jhwhs (5,25; vgl. 10,5;
13,3.9.13; 30,27) ist nicht so sehr eine emotionale Regung, sondern gehört primär zur Kategorie des politischen Handelns, durch die der (göttliche) Herrscher
das wuchernde Unrecht bekämpft. Der ausgestreckte
Arm dient dazu, Strafe und Gericht zu vollziehen, worunter Jesaja Assur verstand, spätere Tradenten dann
Babel. Solange dieser göttliche Arm ausgestreckt bleibt

---

38 Möglicherweise ist das »Wehe« in 5,23 ausgefallen, als die
Rahmung mit dem Wehe-Ruf in 10,1 hinzutrat, so dass die
Siebener-Zahl gewahrt blieb.

(5,25; 9,11.16.20), herrscht Dunkelheit und Finsternis (5,30; 8,22).

Mit der Zeitgabe »im Todesjahr des Königs Usija« (Jes 6,1) ist ein Bogen zum Eröffnungsvers in Jes 1,1 geschlagen, wo es hieß, Jesajas Vision habe ihren Anfang in der Regierungszeit dieses Königs genommen. Damit handelt es sich in Kap. 6 nicht um eine Initial- bzw. Berufungsvision, sondern um einen Sendungsauftrag, der mit dem Tod Usijas und dem Amtsantritt seines Enkels Ahas eigens chronologisch markiert ist. Das ist kein Zufall, sondern dieser Wechsel fällt mit dem Ausbruch der syrisch-ephraimitische Krise im Jahre 734 v. Chr. zusammen (vgl. 7,1). Dabei fällt auf, dass von den Regierungsjahren Jotams, dem Vater des Ahas, keine Rede ist (vgl. 2 Kön 15,32–38). Möglicherweise soll dadurch suggeriert werden, dass diese Thronratsvision Jesajas in eine Zeit fiel, in der Jhwh allein König in Jerusalem war. Dafür spricht, dass in Jes 6,5 in auffälliger Weise von »dem König (hammelek), Jhwh Zebaot« gesprochen ist (vgl. 24,23; 33,22; 41,21; 52,7), ebenso wie vom Sitzen auf einem hohen und erhabenen Thron (6,1). Das Königtum Jhwhs ist hier nicht herrschaftslegitimierend, sondern herrschaftskritisch gemeint, was dadurch gestützt wird, dass der messianische Thronfolger, von dem in Jes 7; 9; 11 die Rede sein wird, an keiner Stelle »König« (melek) genannt wird!

Zudem wird auch die priesterliche Macht kritisch betrachtet, denn was macht Jesaja – wenn auch nur in seiner Vision – im Innersten des Heiligtums? Diesem Nicht-Priester wird eine der unmittelbarsten Gottesbegegnungen zuteil, wenn er von sich sagt, er habe den König, Jhwh Zebaot mit eigenen Augen gesehen (6,5), was ihn in Todesangst versetzt, denn wer Gott sieht, der muss sterben (Gen 32,31; Ex 19,21; 33,20). Dieses

Sehen Gottes rückt Jesaja in die Nähe des Mose, der Jhwh wie keiner vor oder nach ihm von Angesicht zu Angesicht kannte (Dtn 34,10; Ex 33,11). Zudem vollzieht sich die Reinigung des Propheten (6,6f.) nicht durch priesterliche Sühnung, sondern ist von Jhwh selbst bewirkt. Dadurch ist der priesterliche Dienst zumindest relativiert, der in nachexilischer Zeit mit der immer stärkeren Fokussierung auf das Sühnegeschehen von größter Bedeutung war. Angesicht der absoluten Heiligkeit Jhwhs, die im dreifach »heilig« (qādôš) ihren Ausdruck findet (6,3), bekennt Jesaja seine sündige Existenz, die er mit dem Volk teilt. Sünde und Schuld werden ihm durch den himmlischen Seraphen weggebrannt, so dass er zum Fundament derer wird, die das Gericht Gottes überstehen. Zugleich wird er so für seine weitere prophetische Tätigkeit zugerüstet, die nicht zuletzt darin besteht, dem Volk die Heiligkeit Gottes vor Augen zu halten (8,12–14). Da die bisherige Gerichtspredigt (Kap. 1–4) nicht fruchtete und der Weinbergbesitzer keine guten Trauben, sondern nur verfaulte Beeren erntete (Kap. 5), stehen sich Gottes Heiligkeit und die Sündigkeit des Volkes diametral gegenüber. Wo das geschieht, steigert sich Nicht-Hören zur Verstocktheit, provoziert die Umkehrpredigt eine unlösbare Verstockung (6,8–10; 29,9f.), die erst im zukünftigen Reich der Gerechtigkeit aufgelöst werden wird (32,3). Machte Jesajas Predigt die Verstockung nur noch unabwendbarer, so dienen die Worte seines Buches den Tauben zum Hören und den Blinden zum Sehen (29,18). Nicht am Gericht vorbei, sondern erst nach vollzogener Bestrafung (6,11–13) wird sich das Trockenland wieder freuen, werden die Augen der Blinden aufgetan und die Ohren der Tauben geöffnet (35,5; vgl. 41,20), womit die Verstockung endgültig der Vergangenheit angehört.

Ausgehend von der Verkündigung Jesajas wird das prophetische Buch zum Modus der Verstockung, aber auch zum Instrument, um Augen und Ohren zu öffnen.[39]

In der Immanuelschrift (6,1–8,18) legen sich die Passagen über die beiden Prophetensöhne »Schear-Jaschub« (7,1–9) und »Maher-Schalal-Hasch-Bas« (8,1–3) als äußerer Ring um die Verheißung des davidischen Thronnachfolgers »Immanuel« (7,10–16). Jeder der drei Namen besitzt ein theologisches Profil und ergeben zusammen eine Dynamik, die weit über diese Kapitel hinausgeht. Die beiden Söhne Jesajas »Ein-Rest- Kehrt-Um« und »Eile-Beute-Schneller-Raub« stehen für den göttlichen Beistand, durch den Judas und Jerusalems Feinde, Damaskus und Ephraim, bald keine Bedrohung mehr darstellen werden (7,7–9; 8,4). Diese Zusage gilt aber nur unter der Bedingung, dass das Vertrauen des Königshauses und des Volkes ganz auf Jhwh gerichtet ist. Das hebräische Wortspiel mit der Wurzel »Amen« in 7,9, »Glaubt ihr nicht, so bleibt ihr nicht« (»Wer nicht Amen erklärt, der kein Amen erfährt«) weist bereits durch die Verneinung auf das Scheitern in der Glaubensforderung hin. Dieses Scheitern des Ahas, der sich trotz der Aufforderung des Propheten kein göttliches Zeichen erbeten will, führt zur Ansage des Immanuel (7,10ff.). Zwar überlebten Ahas und das Südreich die syrisch-ephraimitische Krise, doch die Glaubensprobe wurde nicht bestanden. Dies illustriert den Verstockungsauftrag des Propheten von 6,9ff. Auf paradoxe Weise antwortet Jhwh auf die Glaubensverweigerung mit der Verheißung eines Kindes mit dem Heilsnamen Immanuel

---

39   Siehe dazu Berges, Hören und Sehen.

»Mit-Uns-Gott« (7,14). Die schwangere Frau, auf die Jesaja Bezug nimmt, ist die Frau des Königs Ahas, wobei das hebräische Wort ᶜalmâ eine junge Frau bis einschließlich zur Geburt ihres ersten Kindes meint (vgl. Gen 24,43; Ex 2,8; Ps 68,26). Der Aspekt der Jungfrauengeburt gehört zur Wirkungsgeschichte des Textes (Mt 1,23; Lk 1,31), die sich auf die griechische (»parthenos«) und lateinische (»virgo«) Übersetzung stützt (s. u.).

Die gescheiterte Glaubensprobe führt nicht nur zur Ansage des Immanuel (7,14), sondern auch zu einer erneuten Gerichtsankündigung (7,17–25). Vor Assur, dem Schermesser in der Hand Gottes, muss sich Ahas und das davidische Haus sehr wohl fürchten, denn jeder Ort, an dem tausend Weinstöcke im Wert von tausend Silberstücken stehen, wird voller Dornen und Disteln sein (7,23.25). Damit wird die von Jhwh beschlossene Verwüstung des Weinbergs (5,6) durch die assyrische Invasion Wirklichkeit werden. Diejenigen, die in dem verwüsteten Land noch übrig sind, werden sich von Dickmilch und wildem Honig ernähren, die für eine karge Lebensweise stehen (7,21f.). Dass auch der Immanuel Dickmilch und Honig isst, bis er versteht zwischen Gut und Böse zu unterscheiden (7,15), zeigt die Wesensverwandtschaft an, die zwischen ihm und der Restgemeinde besteht. Das einzigartige kollektive Bedeutungselement in diesem Namen unterstreicht den gruppenspezifischen Aspekt dieses zukünftigen Thronfolgers.

In einer weiteren geschichtstheologischen Verdichtung wird Assur zum Vorreiter aller feindlichen Völker, die gegen die Gottesstadt und die in ihr ruhig fließenden Wasser (von Schiloach) Pläne schmieden, die aber wegen des »Immanuel« nicht zustande kommen (8,8.10; vgl. 7,7). Intertextuell ist der Bezug zu den korachitischen Tempelsängern in Ps 46–48 bedeutsam, da ihr Vertrauensruf »Jhwh-Zebaot-Mit-Uns« (Ps 46,8.12; vgl. »uns/wir« in 46,2; 47,4; 48,2.9.10.15) ebenfalls den Gruppencharakter betont.

Die Glaubens- und Vertrauensforderung gilt für alle Zeiten: Je nachdem, wie man sich dazu verhält, wird Gott sich entweder als »Heiligtum« (miqdāš) oder als »Falle« (môqēš) erweisen (Jes 8,14). Dabei dienen die Jünger und Schüler Jesajas als Vorbild, denn in ihnen versiegelt er seine prophetische Tora. Sie sind ein mahnendes Zeichen, wenn sich Jhwh vor dem Haus Jakob verhüllt und das Gericht seinen Lauf nimmt (8,16–18). Der Prophet und seine Schüler (limmûḏîm) bilden so den Grundstock der Restgemeinde (vgl. 1,9; 4,3), für die der Immanuel die Zusage Gottes verkörpert. Die in den Schülern versiegelte Tora wird zum prophetischen Buch (vgl. 30,8), das nur von denen gelesen und verstanden werden kann, deren Augen und Ohren geöffnet sind (29,18; 32,3 f.). Wer das Buch liest und es versteht, der gehört zu den Schülern des Propheten!

Die historisierende Notiz in 8,23b verarbeitet das Motiv des Dunkels (8,22.23a) zum Ausgangspunkt des nachfolgenden Königsliedes (9,1–6), das als Epilog die Denkschrift beschließt. Im Hintergrund steht die Annexion der nordöstlichen Gebiete Ephraims durch Tiglat-Pileser im Jahre 733 v. Chr. (2 Kön 15,29), zu denen auch Galiläa gehörte. Das Lied zur Geburt bzw. zur Inthronisation des königlichen Kindes unterstreicht, dass auch diese Gebiete einst wieder aus der Dunkelheit zum Licht finden werden. Die literarische Weiterentwicklung der Immanuel-Prophetie liegt auf der Hand, zumal sich der kollektive Aspekt »mit *uns* Gott« (7,14) im freudigen Ausruf »ein Kind ist *uns* geboren« (9,5) fortsetzt. An der Stelle, an der die Nennung des königlichen Hauses zu erwarten gewesen wäre (»ein

Kind ist dem Hause David geboren«), steht das programmatische »für uns« (lānû), was auf eine »Demokratisierung« der Königsvorstellung hinweist. Im Hintergrund steht die Natanweissagung aus 2 Sam 7 mit den Elementen: »Sohn-Sein« (9,5; 2 Sam 7,14), »Beständigkeit des Thrones« (9,6; 2 Sam 7,16), »Name« (9,5; 2 Sam 7,9), »Hinweis auf die Richterzeit« (9,3; 2 Sam 7,11). Dieser erhoffte Herrscher wird aber nicht »König« genannt, denn für den Trägerkreis des Jesajabuches ist Jhwh allein König (6,5; 33,22; 52,7). Die zukünftige Herrschaft soll eine andere sein als die in den Zeiten der Monarchie erlebte und erlittene. So weist der »Tag von Midian« (9,3) auf die Episode der Richterzeit hin (Ri 7f.), als Gideon die feindlichen Midianiter allein mit Gottes Hilfe schlug, worauf ihm eine dynastische Führungsposition angeboten wird: »Werde unser Herrscher, du und auch dein Sohn und dein Enkel; denn du hast uns aus der Gewalt Midians befreit« (Ri 8,22). Das lehnt dieser jedoch mit der alleinigen Herrscherstellung Jhwhs in Israel ab: »Ich will nicht über euch herrschen, und auch mein Sohn soll nicht über euch herrschen; Jhwh soll über euch herrschen« (V. 23). Das sieht Gideons Sohn mit dem symbolträchtigen Namen »Abimelech« (»Mein-Vater-Ist-König«) ganz anders: Nach einem Blutbad an seinen Brüdern wird er zum König gemacht (Ri 9,6). Der »Tag von Midian« in Jes 9,3 zielt also auf eine Rettungstat hin, die zum Königtum hätte führen können, wozu es aber unter Gideon nicht gekommen war. Das Königskind in Jes 9 wird mit derselben Kraft zur Befreiung ausgestattet, ohne aber den Königstitel zu erhalten. Dass in V. 6 der Begriff »Königreich« (mamlāḵâ) fällt, macht den zukünftigen Herrscher nicht zum König, sondern zeigt, dass er als Stellvertreter des göttlichen Königs Jhwh fungiert. Recht und Gerechtigkeit spielten auch bei den davidischen Königen ein Rolle (2 Sam 8,15; 1 Kön 10,9), aber nur bei Jhwh und seinem Weltkönigtum ist gesagt, dass sein Thron darauf ruht (Ps 89,15; 97,2).[40]

Das davidische Thema wird in Jes 11,1–16 nochmals aufgenommen, und zwar kontrastiv zum Bild der totalen Verwüstung am Ende von Kap. 10: Im Gegensatz zu den feindlichen Mächten, deren Bäume und Höhen zerschlagen sind, wird aus dem Baumstumpf Isais ein Schössling hervorgehen, der Frucht bringt (11,1). Die Geburtsankündigung Immanuels (7,14) und die Proklamation seiner Thronnamen (9,5f.) finden hier ihre Fortsetzung und Erfüllung. Die vom Herrn der Heere beschlossene Vernichtung inmitten der ganzen Erde, die sich durch seine heranflutende Gerechtigkeit vollzieht (10,22f.), bringt einen davidischen Spross hervor, dessen Herrschaft nicht durch Gewalt, sondern durch die göttlichen Geistesgaben zur Sicherung des Weltfriedens geprägt ist. Der Ort, wo dies geschieht, ist der Zion. Hier herrscht ein Friede, der alle tödlichen Feindschaften in ein einträchtiges Zusammenleben verwandelt (vgl. 65,25). Unmögliches wird so möglich, Undenkbares Wirklichkeit. Nicht Frieden und Gerechtigkeit, sondern das Böse und die Gewalttat werden zur Utopie, für die kein Platz mehr ist (11,9).

In mehrfachen Schüben (11,10–16) wird diese Herrschaftsvision über den davidischen Spross in ihren Konsequenzen für die Völkerwelt bedacht. Die überwundene Feindschaft zwischen Ephraim und Juda, die sich in gemeinsamen Beutezügen gegen ihre Nachbarn (Philister, Edom, Moab, Ammon) äußert (11,13f.), will nicht zum Friedensbild der vorherigen Verse passen. Warum denn schon wieder Krieg und Gewalt, wenn

---

40 So Beuken, Jesaja 1–12, 254.

doch der gerechte Herrscher in der Kraft Jhwhs alle Konflikte schlichtet? Nicht erst in der Rezeption, sondern schon in der produktiven Phase der Schriftwerdung hatten es Friedensvisionen nicht leicht, wenn sie auf akute und aktuelle Konflikte stießen.

Wie ein Leuchtturm steht Jes 12 am Schluss des ersten Aktes (Kap. 1–12) und blickt auf die sich anschließende Völkerspruchsammlung (13–23) hinüber. Jesaja, der Prophet des Buches, spricht dem zum Zion pilgernden Rest des Gottesvolkes dieses Danklied der Errettung vor. Das dreifache Wort »Rettung« (yᵉšûᶜâ) (V. 2f.) spielt gezielt auf den Namen »Jesaja« (yᵉšaᶜyāhû) an, der kurz darauf erneut genannt wird (13,1). Wenn Jesaja mit 12,2b, »Ja, meine Stärke und mein Lied ist JH JHWH« (Jah = Kurzform des Gottesnamens), aus dem Siegeslied des Mose zitiert (Ex 15,2a; Ps 118,14), dann ist er wie zu Beginn in Jes 1,2ff. als der legitime Nachfolger des Mose dargestellt. Wenn die aus den Völkern Geretteten singend zum Zion ziehen und dort voll Freude aus den Quellen des Heiles, d. h. der Tora, schöpfen (55,4f.; Ps 87,7), werden sie zu Verkündigern seines erhabenen Namens unter den Völkern. Das Motiv des »Trostes« (niḥam) (V. 1) schlägt die Brücke zu Jes 40,1, dem Beginn des zweiten Großteils (vgl. 49,13; 51,12; 52,9; 61,2; 66,13). Die jubelnde »Bewohnerschaft Zions« (yôšebet ṣîôn) in 12,6 stimmt mit der »Freudenbotin Zion« (mᵉbasseret ṣîôn) in 40,9 überein. Zion kann nur dann als »Evangelistin« auftreten, wenn der heilige Rest in ihr das Lied der Befreiung in alle Welt singend hinausträgt.

II. AKT: KAP. 13–27
VON ZIONS FEINDEN UND FREUNDEN UND JHWHS KÖNIGSHERRSCHAFT

Im Jesajabuch bilden die Kap. 13–27 eine gemeinsame Auslegungseinheit: Die Völkersprüche (Jes 13–23) und der eschatologische Ausblick (Jes 24–27) sind aufeinander zu beziehen. Eine für sich stehende Auslegung der Kap. 24–27 als »Jesaja-Apokalypse« entspricht weder der Gattung, noch dem Ziel, die diese Anordnung im Lesekontinuum verfolgt. Sprüche gegen bzw. über die Völker sind auch aus anderen prophetischen Büchern bekannt (vgl. Jer 46–51; Ez 25–32; Zef 2; Am 1–2; Obd; Nah 2,2 ff.). Im Hintergrund steht die Auffassung, dass Jhwhs Gerechtigkeit, die sich nicht zuletzt an seinem Gerichtshandeln an Israel und Juda zeigt, die Völkerwelt nicht unbehelligt lassen kann. Sind die Nationen zur Teilhabe am Heil aufgefordert und eingeladen (vgl. Jes 2,2–4), so kann das nicht am Maßstab des ethischen Tuns und der Hinwendung zum einzig wahren Gott vorbei geschehen. Was für das Gottesvolk zutrifft, das muss auch für die Fremdvölker gelten. Erst in dieser Perspektive klärt sich die Funktion von Jes 24–27, denn in ihnen erklingt das Lob der aus dem weltweiten Gericht erretteten Menschheit.

So wie das Danklied in Jes 12 den ersten Akt beschließt, so beenden die Lieder der Geretteten in Jes 25–27 den zweiten. Beziehen sich Jes 13–23 zum größten Teil auf Einzelvölker, so rückt ab Jes 24 die gesamte Welt in den Blick. Die Orakel gegen die Fremdvölker und das Gottesvolk erreichen ihr Ziel in der Königsproklamation Jhwhs auf dem Zion: »Denn Jhwh Zebaot herrscht als König auf dem Berg Zion« (24,23). Bevor das geschieht, müssen die Königreiche wegen ihres Hochmuts gerichtet und die Frevler, zusammen mit allen widergöttlichen Mächten, von der Erde vernichtet werden. Dann sind sowohl der Rest Israels als auch die dem Gericht Entronnenen aus den Völkern zum Festbankett auf dem Zion geladen (25,6–8). So sind die Nationen in den Völkersprüchen keine *massa damnationis*, durch deren Untergang die Rettung des Gottesvolkes umso strahlender leuchten würde. Der Fall der hochmütigen Nationen, allen voran das Ende des neubabylonischen Reiches, ist das notwendige Präludium für die finale Gottesherrschaft auf dem Zion.

Jes 13–23: Die Völkerspruchsammlung im Jesajabuch

Die deutlichste Markierung an der Textoberfläche besteht im 10-fachen Beleg von massā᾽, »Ausspruch«, wörtlich »Lastspruch« (13,1; 14,28; 15,1; 17,1; 19,1; 21,1.11.13; 22,1; 23,1). Als Bezeichnung prophetischer Worte setzt sich dieser Begriff ab dem 5. Jh. v. Chr. durch, wie die Belege in Hab 1,1; Nah 1,1; Sach 9,1; 12,1; Mal 1,1 beweisen. Durch die Überschrift, »Ausspruch über Babel, den Jesaja, der Sohn des Amoz, schaute« (Jes 13,1), ist sowohl das nachfolgende Orakel eingeleitet, als auch die Rückbindung an den ersten Akt geschaffen (vgl. 1,1; 2,1). Wie Jes 1–12, so stehen auch die Kap. 13–27 unter der prophetischen Autorität Jesajas, was durch die prophetische Zeichenhandlung in 20,1–6 im Zentrum der Völkersprüche bestätigt wird. Ihr gehen fünf Sprüche voraus (Jes 13–19) und fünf folgen ihr nach (Jes 21–23). Beide Fünferreihen werden durch Sprüche über Babel eingeleitet (13,1–14,22; 21,1–10), beide werden durch sechs Orakel abgeschlossen, die mit »an jenem Tag« (bayyôm hahû᾽) einsetzen. Der Untergang der babylonischen Weltmacht präludiert Jhwhs Herrschaft über alle Mächte und Gewalten. Dass auch noch Assur unter das Gericht gestellt wird (14,24–27), das doch durch Babel abgelöst worden war, mag verwundern, doch liegen beide Großmächte des Zweistromlandes in der Geschichtsperspektive des Jesajabuches auf einer Linie. Weil sich beide nicht als Werkzeuge in der Hand Jhwhs verstanden haben, sondern sich gottgleich wähnten (vgl. Jes 10,5ff.; 14,12ff.; 37,23f.), gehen sie gleichermaßen unter. In der Ankündigung des Tages Jhwhs gegen Babel (13,2–22) bietet Gott seine heiligen Krieger und Helden auf, die in 13,17 als Meder identifiziert werden (vgl. Jes 21,2; Jer 51,11.18; 2 Kön 17,6), worunter Perser *und* Meder gemeint sind (vgl. Est 1,3.14.18f.; 10,2; Dan 8,20). Durch das Verb ᶜwr II. (»erwecken«) im Kausativstamm (Jes 13,17) ist eine Brücke zur Erweckung des Kyrus in 41,2.25 und 45,13 geschlagen. So kommt nach den Babel-Kapiteln in Jes 13f. und 21 die Berufung des Persers für die Leser nicht mehr überraschend, sondern bestätigt Jesajas Geschichtsvision.

Das mehrfach geschichtete Orakel gegen Ägypten (Jes 19) beschließt die erste Reihe von fünf Völkersprüchen vor der Zeichenhandlung in Jes 20 und bildet in gewisser Weise das Pendant zum Völkerspruch gegen Babel/Assur (Jes 13f.). Die Großmächte an Euphrat, Tigris und am Nil bestimmen die Weltpolitik und sind mit ihren Göttern die größten Gegenspieler Jhwhs. So ist es folgerichtig, dass die Götter Ägyptens eigens genannt (19,1.3) und in ihrer Machtlosigkeit bloßgestellt sind. Daran anschließend wird die Weisheit, d. h. das durch die Götter gestützte politische Kalkül Ägyptens *ad absurdum* geführt (V. 11–15). Helfen die Götter nicht und können sich dem von Jhwh ausgegossenen Geist der Verwirrung nicht widersetzen, stehen auch die weisen Berater des Pharao auf verlorenem Posten! Am Ende stehen fünf Orakel, die jeweils mit »an jenem Tag« eingeleitet sind (V. 16.18.19.23.24). Das Gericht

Jhwhs ist auch in Bezug auf Ägypten nicht auf Vernichtung angelegt, sondern auf die Hinwendung zum Gott Israels. Als erstes wird man in Ägypten erkennen müssen, wessen Hand die Katastrophen heraufbeschwört und wessen Plan der Verwirklichung entgegenstrebt (V. 16f.). In der Sprache Kanaans (Hebräisch) und auf einem Altar in Ägypten wird Jhwh gehuldigt, so dass Ägypten insgesamt zum Volk Jhwhs wird, das seinen Schutz erfährt, wenn es sich an ihn wendet. Weder die Jhwh-Verehrung, noch die Befreiung bleiben auf Israel beschränkt, sondern weiten sich über alle Grenzen aus. Das Volk der einstigen Unterdrücker wird Jhwh um Hilfe anrufen und von ihm einen Retter, einen eigenen Mose, bekommen. Der Heilsuniversalismus ist im AT des Öfteren belegt, besonders in Jes 40–55, doch nirgends in solch einer weltpolitischen Dimension (vgl. Mal 1,11; Jona 1,16; Sach 14,16–20; Zef 3,9). Was Israel immer schon war, Volk Jhwhs, das können die Völker – nach dem Gericht über alles Unrecht und jede Hybris – auch werden. Die Idee verschiedener Völker, die zu Jhwh gehören, ist nicht ganz singulär (vgl. Sach 2,15; Ps 47,10; 82,8; 100,3), noch schmälert sie Israels Stellung, denn Jhwhs Tora geht weiterhin nur vom Zion aus (vgl. Jes 2,2–4).

In der Mitte der Völkerspruchsammlung steht der Fremdbericht von der dreijährigen Nacktheit Jesajas. Sie zeigt den Status von Kriegsgefangenen an und warnt vor einer falschen Bündnispolitik. Nach der Symbolhandlung in Jes 20 wird Jesaja erst wieder in Jes 36–39 eine Rolle spielen.

Mit Jes 21 beginnt die zweite Fünfer-Reihe der Völkersprüche, die mit Jes 23 endet. Wie zuvor beginnt auch diese Zusammenstellung mit einem Spruch über Babel (vgl. 13,1ff.). Der vom Propheten des Buches geschaute Untergang Babels durch Elamiter und Meder

(21,2) ist ein Kernpunkt dieser Geschichtsbetrachtung. Sowohl die spätere Berufung des Kyrus (41,2.25; 44,28; 45,1) als auch das Ende Babels (46 f.; Jer 50 f.) sind somit bereits vorgezeichnet. Die Stellung des Orakels gegen Jerusalem (22,1–14) und gegen zwei königliche Verwalter (22,15–25) innerhalb der Fremdvölkersprüche verwundert zunächst, doch wird somit die Lesehaltung aufgebrochen, das Unheil gegen die Völker würde *ipso facto* Heil für Israel bedeuten. Im Gegenteil: Jhwhs Gericht an Völkern und Großmächten hätte in Jerusalem nicht unzeitgemäßen Jubel auslösen dürfen, sondern zur Umkehr bewegen sollen (22,11–14). Der letzte Spruch gegen die reichen Hafenstädte Tyrus und Sidon zielt auf die Hochfinanz jener Zeit im östlichen Mittelmeerraum ab (Jes 23). Weder militärische, noch wirtschaftliche Stärke kann sich mit Jhwh messen (V. 9). Er wird die erfolgreichen Handelsnationen bis ins Mark erschüttern und entmachten. Auch wenn sich Tyrus nach 70 Jahren wieder erholt (vgl. die Exilszeit in Jer 25,11 f.; 29,10) und erneut mit den Königreichen wirtschaftlich hurt, wird ihr Dirnenlohn nicht mehr ihr selbst, sondern denen gehören, die vor Jhwh wohnen, damit sie sich endlich satt essen und gut kleiden können (Jes 23,17 f.).

Jes 24–27: Eschatologische Geschichtsschau auf Weltebene

Anders als es die gebräuchliche Bezeichnung »Jesaja-Apokalypse« suggeriert, handelt es sich bei Jes 24–27 nicht um die Enthüllung kosmischer Ereignisse, sondern um eine eschatologische Geschichtsschau auf Weltebene. Die Durchsetzung der Herrschaft Jhwhs gegenüber einzelnen Nationen wird nun auf die Welt insgesamt bezogen. Das 16-fache Vorkommen des Begriffs »Erde« in Kap. 24 und das Gericht an der namenlosen Weltstadt bilden den größtmöglichen Rahmen. Das Völkermahl auf dem Zion (25,6–12) und die Sammlung der Zerstreuten am heiligen Berg in Jerusalem (27,13) setzen die Perspektive der Völkersprüche fort: Wer sich aus Israel und den Nationen Jhwh zuwendet, wird auf dem Zion und in Jerusalem Leben und Segen finden. Dazu wird schrifttheologisch auf die Zeit vor der Spaltung der Menschheit in verschiedene Völker und Sprachen zurückgegriffen, insbesondere auf die Sintflut- (Gen 6–9) und die Turmbauerzählung (Gen 11). Wenn Jhwh in 24,1b die Bewohner der Erde zerstreut (pwṣ), so ist damit ein Kernbegriff aus Gen 11 aufgenommen (V. 4.8.9). Das Weltgericht erfolgt nicht planlos, sondern zielt auf die Vernichtung derer ab, die die Weisungen (tôrōt) übertreten und den ewigen Bund (bᵉrît ᶜôlām) gebrochen haben (Jes 24,5). Wenn dem so ist, müssen diese Weisungen für alle Menschen Gültigkeit besitzen. Damit kann es sich nur um die Gebote allgemeiner Menschlichkeit handeln, gegen die Frevler, Hochmütige und Spötter (vgl. 13,9.11) zu allen Zeiten und an allen Orten verstoßen. Das Gericht besteht in der Verfluchung und Verwüstung der Erde, dem Ende jeder Freude (24,1–12). Nach der Zeit des Weltgerichts kommt es zu einer Nachlese. Ebenso war Noach auf Grund seiner Gerechtigkeit aus der Sintflut von Jhwh errettet worden. Was am Anfang der Schöpfung galt, das gilt auch für ihre Vollendung: Nur der Gerechte wird (über-)leben! Was zur Zeit Noachs die rettende Arche war, das wird in der eschatologischen Endzeit der Zion sein.

Der Jubel der Entkommenen erschallt weltweit (24,14–16a). Der Jubelruf »Zierde dem Gerechten« (ṣᵉbî laṣṣaddîq) (V. 16a) bezieht sich wohl auf Jhwh und meint die rettende Gerechtigkeit Gottes, die die Gewalttäter zur Rechenschaft zieht und die Opfer von Gewalt (»violentia«) und Unrecht rehabilitiert. Auf dem Hintergrund der Noach-Parallele ist auch ein Lob der Gerechten auf Erden mitzuhören: Der rettende und gerechte Gott ist eine Zierde für die Gerechten aus Israel und den Völkern! Daher darf auch nur das »gerechte Volk« in die Gottesstadt einziehen (26,2).

Noch ist es nicht soweit, denn der Visionär erschaudert vor der Gewalt (»potestas«), mit der Jhwh das Endgericht wie ein weltweites Erdbeben mit Flutwellen heranbringt. Damit sind die Könige der Erde insgesamt entmachtet, sie werden als Gefangene in eine Zisterne eingesperrt und müssen sich nach vielen Tagen vor Jhwh verantworten (24,22). Keine Gewalttat der Mächtigen bleibt im Verborgenen, sondern alles wird zur Rechenschaft gezogen. Sollte sich jemand hinter Mond und Sonne als den Garanten seiner Herrschaft verstecken wollen, wird er enttäuscht, denn die himmlischen Gestirne werden ebenfalls beschämt dastehen. So wird deutlich, was Jhwh Zebaot bedeutet: Herr aller Mächte und Gewalten. »Denn Jhwh Zebaot herrscht auf dem Berg Zion und in Jerusalem, und vor seinen Ältesten ist Herrlichkeit« (24,23). Damit ist die Klimax von Kap. 24 erreicht und die Thronvision Jesajas, der Jhwh als hohen und erhabenen Weltherrscher sah (6,1.5), eingeholt. Was die Seraphen verkündeten, »Die Fülle der ganzen Erde ist seine Herrlichkeit« (6,3), hat sich durchgesetzt und ist Wirklichkeit geworden. Die Offenbarung der göttlichen Herrlichkeit vor seinen Ältesten spielt auf die Sinaiszene mit Mose und den siebzig Ältesten an (Ex 24,9 ff.). War der Sinai der Gottesberg für Israel, so ist der Zionsberg der Offenbarungsort für die Gerechten aus Israel *und* den Völkern.

Wie der gerechte Noach als Retter der Menschheit in der Arche Zuflucht vor dem göttlichen Strafgericht fand, so gilt Gleiches für die Gemeinde der Gerechten auf dem Zion. Auch sie soll für eine kleine Weile die Tür hinter sich schließen, bis der Zorn vergangen ist (Jes 26,20), was an den Vorübergang des strafenden Engels in der Pesach-Nacht erinnert (Ex 12,23). Wenn Jhwh die Bluttaten der Weltbewohner offenlegt und das begangene Böse ahndet (vgl. Gen 4,10; 9,4–6), so handelt es sich um eine analoge Situation zur Sintflut. Doch jetzt wird der Leviatan, der Inbegriff des chaotischen Bösen, nicht mehr ungestraft davonkommen. Einst konnten die Wasserfluten dem Seemonster nichts anhaben, jetzt aber tötet es Jhwh mit »seinem schweren, großen und starken Schwert« – auch dieser Feind wird besiegt (Jes 27,1; vgl. Ps 74,12ff.; »Rahab« in 89,10f.; Jes 51,9).

Wie zum Ende der Flut Noach einen Weinberg anlegte (Gen 9,20), so kommt es auch in Jes 27,2–6 zu einem solchen (vgl. 5,1–7). Dieser neue Weinberg aus Jakob und Israel soll Wurzeln schlagen und blühen. Wo sonst, wenn nicht auf dem Zion steht dieser Weinberg, von dem der ganze Erdkreis profitieren soll? Aus dem Gericht an den Sündern in Israel und den Völkern ist ein Weinberg entstanden, der mit seinen Früchten der Gerechtigkeit und des Friedens die ganze Welt erfüllt.

III. AKT: KAP. 28–35
DER GÖTTLICHE KÖNIG UND
DIE ZIONSGEMEINDE

Das klarste Gliederungsmerkmal des dritten Aktes sind die fünf Wehe-Rufe (28,1; 29,1.15; 30,1; 31,1). Darauf folgt mit 32,1 ein »Siehe« (hēn), dem sich ein letztes Wehe in 33,1 anschließt. Mit der Aussage in 33,24, dem Volk auf dem Zion sei die Schuld vergeben, kommt diese Anlage zu einem ersten Abschluss. In Jes 28–33 geht es darum, wie das Gottesvolk aussehen muss, damit Jhwh als gerechter König vom Zion aus herrschen kann. Zuerst müssen die korrupten Führer zur Verantwortung gezogen werden (Jes 28). Jhwh, kein menschlicher König, wird eine herrliche Krone und ein prächtiger Stirnreif für den »Rest seines Volkes« sein (28,5). Die Zionsbevölkerung wird, von Blindheit, Verstockung und Schuld befreit, ihren göttlichen König in all seiner Schönheit sehen (33,17) und feierlich bekennen: »Ja, Jhwh ist unser Richter, Jhwh ist unser Gesetzgeber, Jhwh ist unser König, er wird uns retten!« (33,22). Doch zuvor ist ein letztes Hindernis aus dem Weg zu räumen: »Weh dir, Verwüster, der du selbst nicht verwüstet bist, und dir, Betrüger, den man nicht betrogen hat!« (33,1). In diesem Kapitel wird Jhwhs Kampf zur Errettung der Gerechten und zur Bestrafung allen Hochmuts noch ein Mal inszeniert, wobei die »Wir« am Anfang hoffend (33,2) und am Ende bekennend zu Wort kommen (33,22). Eindrucksvoll aktiviert Jhwh seine Macht: »*Jetzt* stehe ich auf, *jetzt* erhebe ich mich, *jetzt* richte ich mich auf« (33,10). Sowohl die Nahen als auch die Fernen, d. h. Völker und Israel, werden es mit seiner die Sünde und Sünder verzehrenden Gegenwart zu tun bekommen (33,10–16).

Während der Begriff »König« und das wiederholte »Wir« die Kapitel 32 und 33 eng miteinander verbinden, fehlen diese Elemente in Jes 34 und 35 fast völlig. Dafür sind beide Kapitel durch zahlreiche Stichworte miteinander verknüpft (u. a. »Vergeltung« 34,8; 35,4; »Flüsse« 34,9; 35,6; »Schakale« 34,13; 35,7; jeweils dreifaches »dort« 34,14 f.; 35,8 f.). Das Doppelbild der Vernichtung Edoms (Kap. 34) und der Heilszukunft Zions (Kap. 35), das gelegentlich auch als »kleine Apokalypse« bezeichnet wird, besitzt zwei thematische Anknüpfungspunkte mit Jes 33. Jhwhs Aufforderung, seine Macht anzuerkennen (33,13), setzt sich im Aufruf an die Nationen fort, seinem Strafgericht an Edom beizuwohnen (34,1). Zudem wird die alleinige Königsherrschaft Jhwhs in Jes 33 durch die Aussage bestätigt, in Edom werde kein Königtum mehr ausgerufen (34,12).

Nach Assur (10,5–34), Babel (13–14; 21), Ägypten (19) und allen weiteren Nationen geht auch Edom unter, um so der Königsherrschaft Jhwhs Platz zu machen. Dabei wird das Gericht an Edom mit dem Untergang Babels parallelisiert (u. a. »Schwert« 13,15; 34,4 f.; »Tag Jhwhs« 13,6.9; 34,8; »Chaos-Tiere« 13,21 f.; 34,11 ff.). Diese Verbindung von Babel und Edom erinnert an Ps 137, wo die Edomiter im Babel-Psalm eigens genannt sind (V. 7). Die Inszenierung von Edoms totaler Verwüstung lehnt sich nicht nur an das Gericht über Babel an, denn bei der Aufzählung der Chaoswesen (34,11–17) greifen die Verfasser nicht nur auf die Tiere aus 13,21 f. zurück, sondern auch auf die aus Lev 11,13–19; Dtn 14,12–19; Jer 50,39; Mi 1,8; Zef 2,14 und Ijob 30,29. Auf diese Weise postulieren sie eine schriftgelehrte Vollständigkeit (34,16). Diese Notiz ist der Spät-, wenn nicht gar der Endphase des Alten Testaments zuzuordnen. Edom ist nicht mehr nur der südliche Nachbar, der in exilisch-nachexilischer Zeit einen Teil von Juda besetzte und deshalb negativ beurteilt wurde (vgl. Jer 25,15–25; 49,7–22; Ez 35; Klgl 4,21 f.), sondern wird zur Chiffre für die Gottes- und Zionsfeinde aller Zeiten.[41]

Als Gegenbild zur Vernichtung Edoms wird in Jes 35 der Heilszustand Zions in hellsten Farben geschildert. Dabei wird mehrfach auf Motive aus Jes 32 und 33 zurückgegriffen: Die baum- und fruchtreichen Regionen, die nach 33,9 dahinwelken, erstrahlen für Zion in neuer

---

41 So Beuken, Isaiah 28–39, 286.

Pracht (35,1f.). Wurde den Unbesonnen Erkenntnis zugesagt (32,4), gilt ihnen in 35,4 die Aufforderung, Stärke zu zeigen und furchtlos zu sein. Waren die Straßen verödet (33,8), so dass keiner mehr auf ihnen ging, gibt es nun eine Straße, einen heiligen Weg, den Unreine nicht betreten (35,8). War angekündigt, selbst Lahme würden sich an den Beutezügen der Heilszeit beteiligen (33,23), so springt nun der Lahme wie ein Hirsch (35,6). Die Aufhebung der Verstockung und das Ende aller körperlichen Behinderungen nehmen entsprechende Motive und Formulierungen von 29,18; 30,21; 32,3f.; 33,24 auf. Die Aufforderung, sich in Jhwh stark zu machen (ḥzq) (35,3f.) weist auf die Kapitel 36–39 voraus, in deren Mittelpunkt der König steht, dessen Name Programm ist: Hiskija (»Jhwh macht stark«). Sollen sich die Verzagten nicht fürchten (35,4), so wird auch Hiskija zur Furchtlosigkeit ermahnt, als Sanherib ihn bedrängt (37,6). Dass Jhwh rettet (35,4), betont auch Hiskija in seinen Gebeten (37,20; 38,20). Nur wer auf Jhwh als seinen Retter vertraut und sich zu ihm flüchtet, wird nicht beschämt.

IV. Akt: Kap. 36–39
Die Bedrohung und Errettung
Jerusalems und Zions

Entgegen der verbreiteten Ansicht, diese Kapitel seien nur ein »geschichtlicher Anhang«, gehören die Erzählungen von der assyrischen Bedrohung und göttlichen Errettung Jerusalems (36f.), der Krankheit und Heilung des Königs Hiskija (38) und vom Besuch der babylonischen Gesandtschaft (39) in das Zentrum der dramatischen Abfolge des Jesajabuches. Der Untergang aller Mächte, die sich gegen Jhwh und sein Königtum erheben, findet in Jes 36–39 ihren Höhepunkt. Jhwhs Feinde gehen zugrunde, aber die auf ihn vertrauen, werden wundersam errettet. Die einen kommen am Eckstein in Zion zu Fall, die anderen finden an ihm Schutz und Sicherheit (vgl. 28,16). So ist es für das Jesajabuch folgerichtig, wenn Hiskija – im Gegensatz zu 2 Kön 18,14–16 – keinen Tribut an Sanherib zahlt (ebenso wenig in 2 Chr 32). Ein frommer König, zu dem Hiskija in Jes 36 f. noch stärker als in 2 Kön 18 f. stilisiert wird (vgl. 2 Kön 18,5), liefert dem assyrischen Belagerer keinen Tribut, sondern vertraut allein auf Jhwhs Hilfe. Es ist dieser fromme Hiskija, der in Sir 48,17–23 rezipiert wird (s. u.).

Die Jahresangabe in Jes 36,1 setzt die Chronologie des Jesajabuches in Bezug auf die judäischen Könige fort (vgl. 1,1; 6,1; 7,1; 14,28) und zugleich ist der letzte König aus der Buchüberschrift in Jes 1,1 (Usija, Jotam, Ahas, Hiskija) erreicht. Das vierzehnte Jahr Hiskijas als Zeitpunkt des Sanherib-Feldzuges ist aus den Angaben von 2 Kön 18,2 (29 Regierungsjahre) und 2 Kön 20,6; Jes 38,5 (15 Jahre nach seiner Genesung) errechnet. Die Bedrohung Jerusalems fiel somit genau in die Mitte seiner Amtszeit. Das wiederum passt zum Lied Hiskijas: »In der Mitte meiner Tage muss ich hinab zu den Pforten der Unterwelt« (38,10). Die Ortsangabe in Jes 36,2 (»am Kanal des oberen Teichs, an der Straße am Walkerfeld«) verweist auf die Begegnung von Ahas und Jesaja an gleicher Stelle (7,3). Die Glaubensprüfung, an der Ahas scheiterte (7,10 ff.), wird Hiskija zwar bestehen, aber auch er ist nicht der makellose Nachfolger auf dem Thron Davids (siehe Jes 39). Die Namen von Eljakim und Schebna (36,3.22; 37,2) weisen auf die Orakel in 22,15–24 zurück und zeigen, dass die Hiskija-Jesaja-Erzählungen im Jesajabuch keine Fremdkörper sind.

Die Spottrede des Rabschake, des obersten königlichen Mundschenks, wird erst auf dem Hintergrund der Botschaft des Propheten Jesaja und seiner Tradenten richtig verständlich, denn der Angriff gilt nicht nur Hiskija und seiner Stadt, sondern Jhwh und seiner Zusage auf Schutz und Rettung. Wie Sanherib durch seinen Wortführer spricht, so Hiskija durch seine Gesandten. Da die Abgesandten Hiskijas eine demoralisierende Wirkung der in Hebräisch gehaltenen Rede des Rabschake befürchten, fordern sie ihn auf, in Aramäisch, der diplomatischen Sprache jener Zeit (vgl. Dan 2,4; Esra 4,7), weiterzureden, auf dass die Eingeschlossenen nichts davon verstünden. Das lehnt der assyrische Wortführer ab, denn er wolle ja gerade von diesen gehört werden. So leitet 36,11–13 zur zweiten Rede des Rabschake über (V. 14–20). Galt die erste dem Thema des Vertrauens, so die zweite dem der Rettung (V. 14.15.18.19.20). Sie ist wie eine prophetische Botschaft eingeleitet (»Hört«, »so spricht«), als habe der Rabschake nicht ein menschliches, sondern das göttliche Wort des »großen Königs« zu verkünden. Anders als in der ersten Rede, die sich nicht direkt gegen Jhwh wandte, ist nun alle Zurückhaltung fallengelassen: Jhwh könne nicht retten, denn keine Gottheit habe ihre Stadt vor dem Zugriff Assurs schützen können, auch nicht Samaria. Alles kulminiert im gottgleichen Anspruch des Königs von Assur: »Welche von allen Göttern dieser Länder sind es denn, die ihr Land aus meiner Hand gerettet hätten, dass Jhwh nun Jerusalem aus meiner Hand retten sollte?« (36,20) Welch ein Unterschied zum Ende der ersten Rede in V. 10: »Jhwh hat zu mir gesprochen: Zieh hinauf gegen dieses Land und verdirb es!« Auf dem Spiel steht nichts weniger als Jhwh selbst: Kann er Jerusalem nicht erretten, so ist er den nutzlosen Göttern gleich (36,18–20; 37,12f.). Die

Zusage des Assyrers, die Eingeschlossenen würden bei einer Aufgabe sicher im Lande wohnen können, nimmt Motive der göttlichen Landverheißung auf (Dtn 8,8; 33,28; vgl. 1 Kön 5,5; Mi 4,4; Sach 3,10). Nicht Jhwh, sondern der König von Assur ist als Spender des Lebens gepriesen. In diesem Sinn ist auch die Redewendung »macht mit mir einen Segensschluss« in 36,16 zu verstehen. Die Kapitulation soll für Jerusalem zum Segen (b^{e}rākâ) werden. Würde dies zutreffen, wäre die gesamte Zionstheologie des Jesajabuches *ad absurdum* geführt (vgl. 14,32; 28,16; 30,15).

Nachdem Hiskija die Nachricht seiner Boten gehört hat, zerreißt er als Trauergestus seine Kleider. Anders als sein Vater Ahas, der bei der Nachricht von den Angriffsplänen Arams und Ephraims von Panik ergriffen wurde (7,2), geht Hiskija in das Haus Jhwhs (37,1). Nicht Furcht und Zittern ist seine Antwort auf die tödliche Bedrohung, sondern der Gang ins Heiligtum. Von dort sendet er seine Boten zum Propheten, der ihn in seinem Gottvertrauen ermutigt (37,5–7). Kaum hat Jhwh durch Jesaja angesagt, der Assyrer werde wegen eines Gerüchtes (š^{e}mûᶜâ) von Jerusalem ablassen (V 7), geschieht das auch: Der Rabschake findet seinen Herrn im Kampf gegen Libna, nachdem er gehört hatte, dieser sei von Lachisch aufgebrochen. Danach hört der assyrische König über Tirhaka, den König von Kusch, dieser sei zum Kampf gegen ihn ausgezogen (V. 9). Nachrichten, auch wenn es nur Gerüchte sind, können Geschichte schreiben!

Die zweite Erzählung (37,9b–38) setzt ebenfalls mit dem Stichwort »hören« (šmᶜ) ein. Sanherib lässt Hiskija durch Briefboten wissen, er solle die Unterbrechung der Belagerung ja nicht falsch interpretieren, denn noch alle Länder hätten sich den Assyrern beugen müssen (V. 10–13). Das Medium des Briefes deutet darauf hin, dass sich der Assyrer bereits auf dem Weg zum Einsatz gegen Kusch befindet. Anders als die Meldung seiner Boten zuvor (37,1) nimmt Hiskija diesen Brief gelassen entgegen (37,14). Die Ermutigung »fürchte dich nicht« (V. 6) hat ihre Wirkung nicht verfehlt. Das »vielleicht« der Gebetsaufforderung an den Propheten (V. 4) ist dem eigenen Gebet um Rettung gewichen: aus »deinem Gott« (V. 4) ist »unser Gott« geworden (V. 20). Nicht nur am Zion scheitert der Gotteslästerer, sondern auch am Gebet des frommen Königs. Hiskija erfährt durch sein Gebet im Haus Jhwhs Rettung, Sanherib im Haus seines Gottes dagegen den Tod, als er sich vor Nisroch niederwirft (V. 38). Der Kampf um Jerusalem wird zum Streit um das alleinige Gottsein Jhwhs und die Nichtigkeit der Götter. Zions Rettung soll der weltweiten Erkenntnis der Einzigkeit Jhwhs dienen (vgl. 43,10f.; 44,6–8; 45,5–7.18–25). Was Hiskija zu Beginn seines Gebetes bekennt, »du allein bist Gott über alle Königreiche der Erde« (37,16), sollen am Ende auch diese erkennen (V. 20). Das Bekenntnis zu Jhwh ist die einzig richtige Antwort auf Sanheribs Bedrohung und Blasphemie.

Mit Jes 37,36–38 kommt die Erzählung von der Bedrängnis und Errettung der Gottesstadt zu ihrem Abschluss. Der Auftritt eines göttlichen Boten erinnert an die Befreiung aus dem Sklavenhaus Ägypten (Ex 14,19). Wie die geretteten Israeliten die toten Ägypter sahen (Ex 14,30), so finden die Befreiten Jerusalems die Leichen der assyrischen Soldaten am Morgen. Damit haben sich die anti-assyrischen Orakel erfüllt (vgl. Jes 8,8b–10; 10,12.16–19.24–27; 14,25–27; 17,12–14; 29,5–8; 30,31–32; 31,5.8f.; 34,3). Am Ende des Buches werden die Leichen derer vor den Toren Jerusalems liegen, die sich gegen Jhwh auflehnten (66,24). Die Zahl von 185000 in 37,36 hat keinen historischen Wert, zumal »Tausend« auch ein großes Kontingent an Menschen bezeichnen kann (Ex 18,21.25; Num 31,5.14; vgl. Jes 60,22). Wie der Bote Gottes die assyrische Armee schlägt, so schlagen die Prinzen ihren Vater tot (37,36.38). Vor Jhwhs Vergeltung ist der Gotteslästerer nirgends sicher, nicht einmal im Kreis seiner Familie und im Haus seiner Gottheit. Während Hiskija im Haus Jhwhs betend Schutz und Rettung fand (37,1.14 f.21), findet Sanherib im Haus seines Gottes den Tod.

Die nachfolgende Erzählung von der Krankheit und Genesung Hiskijas in Jes 38 ist zum Bericht über die Bedrohung und Errettung Jerusalems parallel gestaltet. Das Ergehen von Stadt und König hängen untrennbar zusammen. Im Vergleich mit der Parallel-Erzählung in 2 Kön 20,1–11 zeigen sich wichtige Differenzen, die die Zielsetzung der Jesajabuch-Version deutlich machen. Im Jesajabuch wird die erzählerische Spannung, die durch die tödliche Krankheit hervorgerufen ist (V. 1), erst im vorletzten Vers aufgelöst (V. 21), und auch dort nur auf Zukunft hin: »Man hole einen Feigenbrei und streiche ihn auf das Geschwür, *damit* er gesunde.« Anders als in 2 Kön 20,7 wird von der Heilung nicht als Faktum berichtet. Hiskija bleibt als Konvaleszent zurück und seinem Leben ist eine klare Grenze gesetzt ist. Auch darin liegen König und Königsstadt auf einer Linie, denn auch Jerusalem ist zwar vor Sanherib gerettet worden, wird aber durch Nebukadnezzar fallen.

Während Jesaja dem König in Jes 38,7 ein Zeichen anbietet, ist es in 2 Kön 20,8–11 der König, der ein Zeichen fordert und das erste Angebot als zu einfach zurückweist! In der Jesaja-Version dient das Zeichen allein der Bekräftigung des Gotteswortes und hat nichts mit einer etwaigen Skepsis Hiskijas zu tun. Die Aussage liegt auf der Hand: Ein frommer Beter fordert kein

Zeichen, sondern dieses wird ihm von Gott geschenkt. Bei der Heilung in 2 Kön 20 hat der Prophet durch sein Rufen zu Jhwh Anteil am Wunder, während in Jes 38 Gott allein handelt. Ein wichtiges Sondergut besteht im Gebet des Hiskija (38,9–20). In 2 Kön 20 fehlt dieser Text und hätte im dortigen Hiskija-Bild auch keinen Platz, denn der König hätte nicht ein schwieriges Zeichen fordern und danach ein frommes Gebet sprechen können! In der Jesaja-Version dagegen ist eine Steigerung zu erkennen: Zuerst geht Hiskija in den Tempel und bittet Jesaja um sein Gebet (37,1–4), dann betet er selbst (V. 15–20) und zum Schluss formuliert er ein Dankgebet in schriftlicher Form (38,9–20). Wie Mose (Ex 15; Dtn 32f.) und David (2 Sam 22; Ps 18) so ist auch Hiskija Autor eines Danklieds, in dem er die Errettung aus dem Tod besingt. Doch während in den Liedern des Mose und Davids menschliche Feinde als Aggressoren auftreten, ist es Jhwh selbst, der Hiskija an die Pforten der Scheol bringt.

Die Schwere der Not ist daran abzulesen, dass Hiskija sich zugleich an und gegen Gott wendet: »Was soll ich reden, und was wird er mir sagen, da doch er es getan hat?« (V. 15a). Das monotheistische Bekenntnis wird hier in seiner Konsequenz deutlich: Weil es Gott ist, der bedrängt, kann auch nur er retten: »Du wirst mich wieder stark machen und leben lassen!« (V. 16b). Nach der dramatischen Todeserfahrung bekennt sich Hiskija als Lebender: »Der Lebende, der Lebende (ḥay ḥay), er ist es, der dich preist, wie ich es heute tue. Ein Vater lässt die Kinder von deiner Treue wissen« (V. 19). Das Schicksal von Bedränger und Begrängtem könnte nicht größer sein, denn während Sanherib von seinen Söhnen im Haus seines Gottes erschlagen wird (37,38), verkündet Hiskija seinen Söhnen die Treue Jhwhs. Das passt aber nicht zu Manasse, der ihm auf dem

Thron nachfolgte (vgl. 2 Kön 21,1–18). Damit wollten die Verfasser sagen: Nicht seinen leiblichen Söhnen verkündet Hiskija Gottes Treue, sondern der Restgemeinde (»wir«), die sich an ihm wie an einem Vater orientiert. Das wird durch den Singular-Plural-Wechsel im letzten Vers des Psalms bestätigt: »Jhwh ist bereit, *mich* zu retten; und *mein* Saitenspiel wollen *wir* spielen alle Tage *unseres* Lebens beim Haus Jhwhs« (38,20). Es ist diese Sängergruppe, die den Psalm Hiskijas dichtete und ins Jesajabuch stellte. Nicht das priesterliche Opfer im Tempel steht im Mittelpunkt, sondern das Gotteslob »beim« (ᶜal) Haus Jhwhs. Vom Haus Jhwhs (bêṭ yhwh) ist nur noch im letzten Teil des Buches die Rede (Jes 56,5.7; 60,7; 64,10; 66,1.20) und die Einarbeitung des aus mehreren Teilen zusammengesetzten Psalms passt in die Spätzeit der alttestamentlichen Literatur. Möglicherweise liegt auch ein Wortspiel zwischen den Verben »beschützen« (gnn) (31,5; 37,35; 38,6) und »ein Saiteninstrument spielen« (ngn) (38,20) vor, die durch das Leitwort »retten« (yšᶜ) (37,35; 38,6) miteinander verbunden sind. Die Antwort auf die Rettung besteht im musikalischen Dank – »alle Tage unseres Lebens«. Hiskijas abschließender Frage nach dem Zeichen, dass er wieder zum Haus Gottes hinaufgehen werde (38,22), fehlt anders als in 2 Kön 20,8 ff. der kritische Unterton. Es geht ihm allein darum, seinen Psalm möglichst bald zusammen mit seinen Kindern, der nachexilischen Wir-Gruppe der Frommen, im Tempel darbringen zu können.

Von der tatsächlichen Heilung wird in Jes 38 nicht berichtet, sondern das nachfolgende Kapitel blickt darauf im Zusammenhang der babylonischen Gesandtschaft zurück. Wenn es heißt, Merodach-Baladan, der König in Babel, habe von der Krankheit und Genesung Hiskijas gehört und ihm Briefe und Geschenke geschickt (39,1), dann lässt das im Blick auf die Briefe Sanheribs nichts Gutes erahnen. Dieser Eindruck bestätigt sich, wenn Hiskija die Briefe nicht wie zuvor Jhwh unterbreitet, sondern den Babyloniern Einblick in sein Schatzhaus gewährt. Das Stichwort »Haus« fällt in 39,2 gleich dreimal! Dieser Kontrast zwischen Hiskija, der im Haus Jhwhs betet und nach seiner Genesung dort sein Danklied singen will, und dem Hiskija, der auf die eigene Kraft stolz ist, scheint auch im letzten Verb von 39,1 auf, wo es heißt, Merodach-Baladan habe gehört, dass Hiskija erkrankt war und erstarkte (way-yeḥ^{e}zāq). Damit ist auf den Namen »Hiskija« angespielt: Ist Jhwh seine einzige Kraft oder vertraut er doch auf seine Vorräte an Edelmetall und Waffen? Historisch wird Hiskija nach der schweren Tributzahlung an die Assyrer (vgl. 2 Kön 18,13–16) nichts mehr in seinem Schatzhaus gehabt haben, aber es geht ja auch nicht um eine geschichtliche, sondern um eine theologische Aussage: Jerusalem ist zwar von Jhwh aus der assyrischen Bedrohung gerettet worden (Jes 36f.), aber das babylonische Exil wird definitiv kommen (Jes 39)! Wie Hiskija so hat auch Joschija nach ihm die Katastrophe des Jahres 587/586 nicht aufhalten können (2 Kön 22,19f.). Besonderer Nachdruck liegt in Jes 39 auf dem Ende der davidischen Dynastie, wenn es heißt, die königlichen Prinzen würden dem König von Babel als Hofbeamte/Eunuchen (sārîsîm) dienen (V. 7). Damit ist einer etwaigen Hoffnung auf ein Wiedererstarken der davidischen Monarchie eine klare Absage erteilt.

V. Akt: Kap. 40–48
Jakob/Israel in Babel
und seine Befreiung durch Kyrus

Eine der größten Besonderheiten des Jesajabuches besteht darin, dass die Exilsereignisse nicht geschildert werden, obwohl die Ankündigung der Deportation des königlichen Hauses (39,6f.) das hätte erwarten lassen können. Da die Verfasser bereits die Sanherib-Erzählungen aus 2 Kön 18–20 in die Jesaja-Schriftrolle übernommen hatten, hätten sie zumindest einen Hinweis auf die Eroberung Jerusalems durch Nebukadnezzar einflechten können (vgl. 2 Kön 25). Das wäre doch der Legitimation ihres Propheten nur zugutegekommen, nach dem Motto: Wie Jesaja es vorausgesagt hatte, so traf es ein! Dass die Exilsereignisse im Jesajabuch ungenannt bleiben, kann somit kein Zufall sein, sondern muss mit der Aussageabsicht seiner Verfasser zusammenhängen. Es war die Vorstellung von Zion als uneinnehmbarem Schutzort für alle, die auf Jhwh vertrauen (28,16), die es ihnen verbot, die Einnahme und Zerstörung Jerusalems zu thematisieren. Nicht die Niederlage durch Nebukadnezzar, sondern der Sieg über Sanherib wird geschichtstheologisch in den Mittelpunkt gestellt. Mit dem Trostaufruf in Jes 40,1 werden die Jahrzehnte des babylonischen Exils als bereits vergangen betrachtet. Aus Jesaja, dem Propheten *im* Buch (Kap. 1–39) wird der Prophet *des* Buches (Kap. 40–66), dessen Stimme Vergangenheit, Gegenwart und Zukunft des Gottesvolkes und der Völker durchdringt. Die Kap. 40–55 sind hymnisch strukturiert (42,10; 44,23; 48,20f.; 49,13; 52,7ff.; 55,12f.), greifen auf die Jhwh-König-Tradition der Psalmen zurück (bes. Ps 96 und 98), sowie auf das Motiv vom »neuen Lied«, das nur in Jes 42,10 und im Psalter belegt ist (Ps 33,3; 40,4; 96,1; 98,1; 144,9; 149,1).

Die theologischen Grundlinien lassen sich so zusammenfassen: Mit der Berufung des Kyrus hat Jhwh wirkmächtig in die Geschichte eingegriffen. Gegenüber der Befreiung aus Ägypten geschieht diese Heilssetzung vor den Augen aller Völker und ihrer Götter. Damit erweist sich Jhwh als der einzige Gott und König, dessen irdische Wohnstatt auf dem Zion ist, zu der auch Menschen aus den Völkern eingeladen sind. Voraussetzung ist, dass sie ihre Fremdgötter verlassen. Der partikulare Monotheismus, der im »Sch^{e}ma Israel« sein pointiertes Credo erhielt (»Jhwh, *unser* Gott, ist der einzige«; Dtn 6,4), wird damit entgrenzt: »Wendet euch mir zu und werdet errettet, alle Enden der Erde, denn ich bin Gott und sonst niemand!« (Jes 45,22). Diese Neuausrichtung der Jhwh-Religion kann nur dann erfolgreich sein, wenn der Knecht Jakob/Israel seine exilische Blindheit und Taubheit ablegt (vgl. 42,18f.) und so zum Zeugen für die Einzigkeit Jhwhs vor dem Gottesvolk und den Völkern wird (43,10; 44,8).

Jes 40−48 bilden nicht zuletzt deshalb eine kompositorische Einheit, weil nur hier »Jakob/Israel als Knecht«, »Kyrus und Babel« und die »Nichtigkeit der Fremdgötter« eine Rolle spielen. In Jes 49−55 ist von Babel und ihren Göttern keine Rede mehr, da sich die Szenerie vom Land des Exils zur Heimat verlagert hat. Nicht mehr steht der blinde und taube Knecht Jakob/Israel im Mittelpunkt, sondern die skeptisch-zweifelnde Frau und Stadt Zion/Jerusalem, die der an sie gerichteten Trostbotschaft nicht vertrauen will.

Jes 40: Das zweigeteilte Proömium an Zion/Jerusalem und Jakob/Israel

Kap. 40 stellt den zweigeteilten Auftakt dar, der sich zuerst an Zion/Jerusalem (40,1–11) und alsdann an den Knecht Jakob/Israel richtet (40,12–31). Der programmatische Aufruf »tröstet, tröstet mein Volk« (V. 1) ergeht nicht etwa an himmlische Wesen und stellt auch keine Berufung eines exilischen Propheten (»Deutero-Jesaja«) dar. Es ist Jesaja, der Prophet des Buches, der sich an Verkünder wendet, sie sollten Zion/Jerusalem das Ende ihrer Schuldableistung und die bevorstehende Heilsankunft Jhwhs ansagen. Mit den sich abwechselnden Stimmen (V. 3.6) wird eine Diskussion innerhalb der Angesprochenen in Szene gesetzt, ob es denn überhaupt realistisch sei, dem enttäuschten und wankelmütigen Volk diesen Trost zu verkünden. Worauf die Tröster bauen sollen, ist das Vertrauen in das Wort »unseres Gottes«, das auf ewig besteht (V. 8). Nur wenn der Trost in Zion Fuß fasst, kann sie selbst zur Freudenbotin (m^{e}basseret) für die Städte Judas werden (V. 9), die ihnen die siegreiche Heimkehr Jhwhs als sorgsamer Hirt und König ankündigt (V. 10f.; vgl. 52,7–10).

Im zweiten Teil (40,12–31) sind nicht wie zuvor Imperative, sondern rhetorische Fragen leitend (V. 12.13. 14.18.21.25). Sie münden in die wirkliche Frage ein, warum Jakob/Israel denn sage, sein Recht gehe an Jhwh vorüber (V. 27). Stand in V. 1–11 der Wille Gottes im Mittelpunkt, sein Volk zu trösten, so nun seine Macht, dies auch tun zu können. Dass die Anrede vom »Ihr« (V. 18.21.25) zum »Du« (V. 27) übergeht, zeigt an, dass das nachexilische Gottesvolk aus denen besteht, die sich ansprechen und überzeugen lassen. Ähnlich wie die zeitgleiche Priesterschrift, leiten auch hier diese

Verfasser Jhwhs Geschichtsmächtigkeit aus seiner Schöpfungsautorität ab. Weil nur er die Schöpfung ermessen kann, da er ihr Schöpfer ist (brʾ: V. 26.28; vgl. Gen 1,1), hält auch nur er die Geschichte in seinen Händen: »Ein Gott der Ewigkeit ist Jhwh, Schöpfer der Enden der Erde« (V. 28). Wie niemand Jhwhs schöpferisches Tun ermessen kann, so bleibt auch sein Geschichtsplan für Israel und die Völker unergründlich (V. 14). Diese Aussage gewinnt auf dem Hintergrund der Marduk-Verehrung weiter an Kontur, denn anders als der Hauptgott Babels, den Kyrus gegen Nabonid und dessen Befürwortung des Mondgottes Sin aus Haran ab dem Jahre 539 v. Chr. wieder ins kultische Zentrum Babyloniens stellte, hat sich Jhwh mit niemandem aus der Götterwelt beraten. Schöpfung und Geschichte sind gleichermaßen Domänen des Gottes Israels – vor ihm sind alle anderen Mächte und Gewalten Nichts und Nichtigkeit (V. 17.23). Diese Unvergleichlichkeit ist ein wichtiges Moment seiner Heiligkeit und so wird im ganzen Jesajabuch nur in 40,25 Jhwh als »der Heilige« (qādôš) im absoluten Sinne ausgerufen.

Jes 41,1–42,12: Die Ohnmacht der Völker und ihrer Götter – Jhwhs erneute Zusage für Jakob/Israel

Der erste Teil von Jes 40–48 umfasst 41,1–42,12 und arbeitet auf der einen Seite die Ohnmacht der Völker und ihrer Götter heraus, auf der anderen die erneute Heilszusage für Jakob/Israel. Anders als in 40,12–31 werden die Fremdgötter nicht von vornherein für nichtig erklärt, sondern zum Rechtsstreit aufgefordert. Der Streit um den einzig wahren Gott wird nicht mit Waffen, sondern mit Worten, d. h. in einem theologischen Diskurs geführt. Auch dringt das biblische Israel nicht aus einer Position der Stärke zum reflektieren Monotheismus durch, sondern in einer Phase großer politischer Ohnmacht.

In einem fiktiven Rechtsstreit fordert Jhwh die Völker auf, ihre Götter auftreten zu lassen, auf dass sie ihre Geschichtsmächtigkeit unter Beweis stellten. Nur derjenige ist der wahre Gott, der den Lauf der Geschichte, d. h. den Siegeszug des Kyrus angekündigt und herbeigeführt habe (41,1–4; vgl. 41,22–27; 42,8f.; 43,18f.; 48,3.6). Erst nach dem Rechtsstreit, der mit dem Verstummen der gegnerischen Partei endet (41,28), stellt Jhwh seinen Knecht vor, der das Recht (mišpāṭ) den Völkern herausbringen soll. Der Entscheid in der Frage »Jhwh oder die Götter« gehört also mit zu dem Recht, für das der Knecht Jakob/Israel Zeugnis ablegen soll. Der Rechtsstreit mit den Göttern der Völker und die Einsetzung des Knechts für Israel und die Völker sind zwei Seiten ein und derselben Medaille.

Den Beweis für seine Geschichtsmacht sieht Jhwh damit erbracht, dass er und niemand sonst den siegreichen Helden aus dem Osten gerufen hat (V.2.25). Ebenso hatte er auch Abraham vom Aufgang der Sonne her gerufen (vgl. Ur in Chaldäa; Gen 11,31; 15,7). Wie dieser Könige siegreich verfolgte (Gen 14,15), so auch jener (V.2f.). Daher ist es kein Zufall, wenn Abraham in Jes 41,8 namentlich erwähnt wird, was in der prophetischen Literatur nur selten vorkommt (Jes 29,22; 51,2; 63,16; Jer 33,26; Ez 33,24; Mi 7,20). Es zeichnet Jhwh aus, dass er alle Zeiten umspannt: »Ich, Jhwh, bin der Erste, und bei den Letzten bin ich es!« (41,4) Die Selbstvorstellung »ich bin es« (ʾanî-hûʾ) durchzieht diese Kapitel (41,4; 43,10.13; 46,4; 48,12; 52,6; sonst nur noch Dtn 32,39) und ruft Jhwhs Vorstellung an Mose wach, er sei der, der er sein werde (Ex 3,14). Daran wird sich das NT mit dem jesuanischen *egō eimi* anschließen (u. a. Mk 14,62; Lk 24,39; Joh 4,26; 6,20).

Das »Ich« Jhwhs sucht sein Gegenüber im »Du« Israels/Jakobs (41,8). Der Ehrentitel »Knecht« (ʿeḇeḏ) kommt u. a. Abraham, Isaak, Jakob, Mose, David, Jesaja, den Propheten nach dem Vorbild des Mose, aber auch Serubbabel, ja selbst Nebukadnezzar (Jer 25,9; 27,6; 43,10) zu und bezeichnet die Zugehörigkeit und Dienstbarkeit dem göttlichen Herrn gegenüber. Interessanterweise wird die Bezeichnung »Knecht« nie bei priesterlichen Amtsträgern gebraucht. Der von Gott erwählte Knecht Jakob/Israel braucht sich angesichts seiner Machtlosigkeit (»Wurm Jakob«) (41,14) nicht zu fürchten, da Jhwh sein Löser ist (gōʾēl) (u. a. 41,14; 43,14; 44,6.24).

Sowohl Kyrus als auch der Knecht sind von Jhwh bestellt und ihre Aufgaben sind komplementär: Der Perser sorgt für den Fall Babels und die Befreiung des Gottesvolkes, der Knecht sorgt mit seiner Verkündigung für die richtige Deutung der Epochenwende. Der Perser schafft die Fakten, der Knecht legt sie als Bundesmittler für Israel und als Licht der Nationen von Jhwh her und auf Jhwh hin aus (42,1–9). Kyrus folgt dem Plan, ohne Jhwh zu kennen, auf den Knecht aber hat Gott seinen Geist gelegt, um das Recht, d. h. seine Geschichtsmächtigkeit, vor Israel und der Welt zu bezeugen. Dafür steht der Knecht, die heimkehrwillige Gola, nicht mit vielen Worten, sondern mit seinem eigenen Schicksal ein. An der Errettung Jakobs/Israels können die Völker ablesen, dass der Geschichtsplan des einzig wahren Gottes nicht auf Herrschaft, sondern auf Befreiung angelegt ist. Dafür kann man nicht kämpfen, denn der Kampf zeitigt immer Opfer, sondern nur mit seiner Person und Persönlichkeit einstehen. Während zuvor die Inseln verstummen sollten

(41,1), sind sie jetzt zum Mitsingen des neuen Liedes aufgerufen (42,10–12). Wer dem befreienden Gott im Knecht Jakob begegnet, der stimmt mit in den Lobpreis ein. Wo die Rettung keine Grenzen kennt, da ist auch das Gotteslob grenzenlos.

Jes 42,13–44,23: Jhwhs Auseinandersetzung mit seinem blinden und tauben Knecht

Dieser Teil besteht aus zwei parallel gestalteten Rede-gängen (42,13–43,13 und 43,14–44,8), an die sich eine ausführliche Kultbildpolemik anschließt (44,9–20). Den Schluss bildet erneut ein Aufruf zum umfassenden Gotteslob (44,23). Stand zuvor die Gerichtsszene mit den Fremdgöttern im Vordergrund, so nun die Aus-einandersetzung mit dem blinden und tauben Knecht Jakob/Israel. Kann Jhwh dessen Skepsis durchbrechen, so dass er sich als sein Zeuge in Dienst nehmen lässt? Wenn nicht, stünde Jhwh im Rechtsstreit mit den Fremdgöttern ohne einen Zeugen da.

In der Niedergeschlagenheit des Volkes bedarf es zuerst eines Heilswortes, das Vertrauen in die neuerli-che Geschichtsinitiative Gottes wecken will. Hatte Jhwh lange geschwiegen, so nimmt er jetzt wieder das Heft in die Hand. Diejenigen aber werden beschämt, die auf ihre selbstgemachten Götter vertrauen (42,13–17). Kein Zuspruch ohne Anspruch – und so folgt dem Heilswort eine Disputation mit dem Ziel, die Ange-redeten dazu zu bewegen, ihre Blindheit und Taubheit abzulegen. Nur wenn das geschieht, können sie die erfahrene Not und das erlittene Elend als gerechte Strafe Gottes einordnen (42,18–25). Das anschließen-de Heilsorakel (43,1–7) baut darauf auf: Jakob/Israel braucht sich nicht mehr zu fürchten (43,1.5). Die Er-mutigungsformel »fürchte dich nicht«, die sonst im altorientalischen Raum Königen gilt, wird hier auf das ganze Volk übertragen. Jhwh wird die Geschichte zum Guten wenden und die Sammlung aus der Zerstreuung einleiten, und zwar nicht aus politischem Kalkül, sondern weil Jakob/Israel ihm unendlich kostbar ist und er ihn liebt (43,4). In der nachfolgenden Gerichtsszene (43,8–13) wird das Gottesvolk aufgefordert, für Jhwh und seine alleinige Geschichtsmächtigkeit einzutreten: Es ist zwar blind, hat aber Augen, es ist zwar taub, hat aber Ohren (43,8). So soll es endlich Augen und Ohren für die neue Heilssetzung Jhwhs öffnen und das Amt des Zeugen übernehmen: »Ihr seid meine Zeugen … und mein Knecht, den ich erwählt habe« (43,10; vgl. 43,12).

Der zweite Redegang (43,14–44,8) gleicht dem ersten strukturell und inhaltlich. Wiederum eröffnet ein Heilswort die Reihe, wobei jetzt die Befreiung aus Babel und die aus Ägypten auf einer Linie liegen. Wie die Chaldäer in ihren herrlich geschmückten Booten untergehen, eine Anspielung auf die Festboote beim Neujahrsfest zur Ehren Marduks in Babel, so hatte Jhwh die Streitwagen, Pferde und Kämpfer (Ägyptens) niedergeworfen. Doch sollen sich die Adressaten mit diesem Geschichtsvergleich nicht begnügen, denn das würde sie zu sehr an die Vergangenheit binden. Daher kommt es zu einem im AT singulären Erinnerungs-Verbot: »Nicht gedenkt der früheren Dinge, die vergangenen bedenkt sie nicht!« (43,18) Nur so kann das Neue erkannt werden, das Jhwh zu schaffen beginnt: »Siehe, ich mache Neues, jetzt sprießt es, erkennt ihr es nicht?« (43,19) Das Neue ist nicht die Befreiung durch Kyrus, denn Rettung hat Jhwh im Laufe der Geschichte immer wieder erwirkt, sondern das Neue konstituiert sich in dem Volk, das ihn inmitten der sich verwandelnden Wüste lobt. Der Aufstieg des Kyrus und der

Untergang Babels bereiten diesem Neuen die Bahn, sind aber nicht selbst das Neue.

Die den ausgetrockneten Boden des Exils durchstoßenden Sprösslinge sind diejenigen aus Jakob/Israel, die ihre Blindheit und Taubheit ablegen und so zum Zeugen für die Geschichtsmächtigkeit Jhwhs werden (43,10.12; 44,8). Auf sie gießt Jhwh seinen Geist und Segen, »auf dass sie sprießen zwischen Gras, wie Pappeln an Wasserläufen« (44,4). Sie bekennen sich zu Jakob/Israel und zu Jhwh (44,5) – und zwar inmitten eines Volkes, dessen Treue so hinfällig ist wie Gras, das heute grünt und morgen verdorrt (40,6f.). Dieses in der Not des Exils erwählte Volk hat sich Jhwh dazu gebildet, sein Gotteslob zu verkünden (43,21). Im Blick auf das Lobgelübde als Teil des Dankliedes (vgl. Ps 9,15; 78,4; 79,13; 102,22) wird die Nähe zu levitischen Tempelsängern weiter untermauert. Doch handelt es sich nicht um das Versprechen eines zukünftigen Gotteslobes, sondern um den aktuell einsetzenden Vollzug. Nicht nach der Wüste, sondern bereits in dem sich verändernden Trockenland wird der bezeugende Knecht Jakob/Israel das Gotteslob (tᵉhillâ) verkünden. Zuvor muss er aber anerkennen, dass er zu Recht exiliert worden war, weil er Jhwh nicht mit Sündopfern zu Dienste war, sondern mit seinen Sünden (43,24f.). Dieser Verfehlungen will Jhwh aber nicht mehr gedenken, sondern sie wegwischen, so dass sie nicht mehr zwischen ihm und seinem Volk stehen. Nicht Jhwhs Vergebung steht auf dem Spiel (vgl. Jer 31,34), sondern die Bereitschaft Jakobs/Israels, sie zu akzeptieren (vgl. Jes 40,2) und so die eigene Schuldgeschichte anzuerkennen. Das sollte den Angesprochenen nicht schwer fallen, denn bereits »dein erster Vater hat gesündigt« (43,27a), was sich auf die Tradition Jakobs als »Betrüger« von Jugend an bezieht, ein Vorwurf, der in Jes 48,8 wiederholt wird (vgl. Gen 25,24 ff.; 27,18 ff.36; Hos 12,4; Jer 9,3; Mal 3,6 f.). Die Bezeichnung »erster« (riʾšôn) meint dabei nicht nur den zeitlichen Anfang, sondern eine prinzipielle Eigenschaft: Wie der Erzvater Jakob durch Sünde *und* Erwählung gekennzeichnet ist, so auch alle, die zu Jakob gehören (vgl. Jes 41,8 f.; 43,10; 44,1 f.; 48,10; 49,7). Nur wenn die Sünde als von Jhwh vergeben anerkannt wird, kann Jakob/Israel die erneute Erwählung in seine exilisch-nachexilische Identität integrieren. So ist es kein Zufall, dass im direkten Anschluss an das Thema der Schuld (43,22–28) gleich zweifach die Erwählung betont wird (44,1 f).

Vor dem Abschluss der Einheit mit Heilswort (44,21), Mahnwort (V. 22) und Hymnus (V. 23) ist eine lange Kultbildpolemik (44,9–20) eingeschaltet. Sie macht die Alternative, vor die Jakob/Israel gestellt ist, unmissverständlich deutlich: Entweder er versteht sich als von Jhwh geformt (yṣr) (43,1.7.21; 44,2.21.24) oder er formt sich selbst seine Götter(-bilder) (44,9.10.12). Dabei müsste ihm klar sein und dafür sollte er Zeugnis ablegen, dass vor Jhwh kein Gott gebildet wurde (yṣr) und nach ihm keiner sein wird (43,10). Nicht diejenigen, die Bäume fällen und sich daraus ihre Götterstatuen machen, kommen zur Erkenntnis des einzig wahren Gottes, sondern nur die Gebeugten und Armen, für die Jhwh Bäume in der Wüste pflanzt (41,19). Der wahre Gott sorgt für Bäume, Schutz und Leben im Trockenland, während die Kultbildhersteller Bäume fällen, deren Holz zur Asche wird (44,20). Während sich jene Götterstatuen machen, die sie für sich in Dienst nehmen, hat sich Jhwh ein Volk gebildet, das ihm zur weltweiten Proklamation seiner Göttlichkeit zur Seite steht. Das soll der Knecht Jakob/Israel nicht vergessen (zweifach »Knecht« in 44,21 wie in 44,1.2) und an der Sündenvergebung nicht zweifeln (44,22;

vgl. 43,22–28). Jakob/Israel soll sich zu Jhwh, dem Go'el, seinem Löser bekehren (šûḇ) (vgl. 55,7), was die Abkehr von jeglicher Kultbildverehrung voraussetzt. Erst wenn diese Hinwendung zu Jhwh vollzogen ist, kann das weltweite Lob erklingen.

Jes 44,24–45,25: Jhwhs Triumph durch Kyrus und die Perser

Mit diesem dritten Abschnitt wird Kyrus und sein Siegeszug als Beweis der göttlichen Geschichtslenkung *expressis verbis* vorgestellt. Die Abgrenzung des Kyrus-Teils ist nach vorn (44,23) und hinten (45,25) durch zwei hymnische Verse gegeben. Jes 45,25 ist zwar kein imperativischer Aufruf zum Gotteslob, stellt aber ein solches in Aussicht (hll). Das Gotteslob (tᵉhillâ) (vgl. 42,8; 43,21; 48,9) realisiert sich dann, wenn die Entronnenen der Völker (45,20), alle Enden der Erde (V. 22) und jedes Knie bzw. jede Zunge (V. 23) darin einstimmen.

Kompositorisch bildet 44,24–28 den Auftakt zum Kyrus-Orakel in 45,1–7, das durch 45,8 erweitert worden ist. Daran schließen sich die Wehe-Rufe in 45,9f. an, was insgesamt einen dreiteiligen Aufbau ergibt. Der eigentliche Adressat des Kyrus-Orakels ist gar nicht der Perser, sondern das Volk Gottes, das sich mit der ungewöhnlichen Geschichtslenkung Jhwhs auseinderzusetzen hat. Wie Nebukadnezzar in Jer 25,9 als Knecht Jhwhs (!) sein Strafwerkzeug war, so ist Kyrus das militärische Instrument der Befreiung. Wer sich aus Jakob/Israel zu Jhwh und seiner neuen Geschichtslenkung durch die Perser bekennt, der gehört zum bezeugenden Knecht mit seiner prophetischen Aufgabe (vgl. 42,19). Diese Boten Jhwhs (44,26) stehen im offenen Gegensatz zu den babylonischen Mantikern, die

die Geschichtslenkung aus Leber- und Eingeweide-
schau bzw. Sterndeutungen ableiten (Jes 44,25; vgl.
Jer 14,14; 27,9; 29,8; Mi 3,6f; Sach 10,2). Mit dem Plan
(ʿēṣâ) der Boten ist in 44,26 auf die Ankündigung des
Wiederaufbaus Jerusalems und Judas angespielt; auch
kann die Verbform yašlîm »er führt aus« lautmalerisch
auf Jerusalem (yᵉrûšālaim) hindeuten. Wenn Jhwh das
Wort des bezeugenden Knechts, seiner Boten aufrich-
tet, dann liegt damit nicht nur eine Klammer zur Worttheologie von Jes 40,8; 55,10f. vor, sondern entspricht
auch der göttlichen Legitimation für wahre Prophetie (vgl. 1 Sam 3,12; 1 Kön 2,4; 8,20; 12,15; Jer 28,6;
29,10).

Erst nach dem Knecht wird der Perser namentlich
genannt (44,28). Die neue Weltmacht gestaltet die Geschichte nicht selbst, sondern ist – ohne es zu wissen –
von Jhwh abhängig. Der altorientalischen Weltsicht
entsprechend sind die Bereiche der Geschichte und des
Mythos ineinander verwoben. Von daher bedeutet die
Trockenlegung der Tiefe nichts anderes als die Wiederherstellung der ins Chaos gestürzten Welt (vgl. Jes 50,2;
51,9). Ebenso hatte Jhwh das Schilfmeer trockengelegt,
damit seine Erlösten in die Freiheit ziehen konnten
(Ex 14,16.22.29; 15,19; Ps 77,16ff.; 106,9). War damals
Mose der Hirt seines Volkes (vgl. Jes 63,11; Ps 77,21), so
geht diese Ehrenbezeichnung auf Kyrus über. Auch
die davidische Prärogative des königlichen Hirten (vgl.
Ps 78,70–72; Jer 23,1–6; Ez 37,24; Sach 11,15–17) wird
auf den Perser übertragen. Er ist der Hirte Jhwhs und
nicht etwa Marduks, wie es fast alle babylonischen
Herrscher für sich in Anspruch nahmen. Bei den Achämeniden dagegen war diese Titulatur unbekannt.

Wenn nach der Anrede »mein Hirt« die Titulatur
»mein Gesalbter« (45,1) folgt, so ist die Übertragung
der davidischen Königswürde auf den Perser unab-

weisbar, waren doch sonst David und seine Nachkommen – nach der Ablösung des Hauses Sauls – so betitelt (u. a. 1 Sam 2,10; 16,6; Ps 2,2; 18,51; 20,7; 28,8; 84,10; 89,39.52; 132,10.17). Die beiden Personalsuffixe »mein« unterstreichen, dass der Perser ganz der Hoheit und Souveränität Jhwhs unterstellt ist. Wie Jhwh den Rat seiner Boten vollzieht, so vollzieht Kyrus den göttlichen Willen zur Gänze (44,28) und wird als perfekter Platzhalter Gottes dargestellt.

Die Formel »so spricht Jhwh« in 45,1, mit der das Kyrus-Orakel einsetzt, ist keine eigene Redeeinleitung, sondern bleibt von 44,24 mit den hymnischen Erweiterungen abhängig. Nicht dem Perser gelten diese prophetischen Worte, sondern dem Knecht Jakob und dem Erwählten Israel, für den Jhwh Kyrus als seinen Gesalbten einsetzt. Diese Überblendung der Kommunikationsebenen ist auch daran abzulesen, dass das Verhältnis von Jhwh zu Kyrus zuerst beschrieben wird (V 1: Ich-Er), bevor die direkte Rede einsetzt (V. 2–5). Nur hier gilt die Erweiterung der Botenspruchformel nicht der Verherrlichung Jhwhs als dem Herrn von Schöpfung und Geschichte (u. a. 42,5; 43,1.14.16; 44,24; 45,18), sondern der Verhältnisbestimmung zum Perserkönig. Daran lässt sich ablesen, wie schwer es dem Gottesvolk gefallen sein muss, den Perser nicht nur als den neuen Weltherrscher, sondern auch als den auf Gottes Geheiß hin Handelnden zu akzeptieren. Die Provokation dieser Geschichtslenkung war enorm, kannte der von Jhwh bestellte Gesalbte ihn ja gar nicht (45,5)! Die Übertragung der davidischen Prärogativen auf Kyrus beschränkt sich nicht auf ihn allein, sondern schließt die gesamte persische Dynastie der Achämeniden mit ein.

Das Motiv der Handergreifung in 45,1 nimmt ein weiteres Element des altorientalischen Königsorakels auf und findet sich in ähnlicher Weise auch im Kyrus-Zylinder, wo es heißt, Marduk habe einen gerechten Herrscher nach seinem Herzen gesucht und ihn bei der Hand gefasst. Zugleich ergibt sich eine Parallele zum Heilsorakel in Jes 41,13, wo es Jhwh ist, der Jakob an der Rechten ergreift (ḥzq). Anders als die Götterbildner, die ihre Statuen ergreifen (41,6f.), hat der lebendige Gott die Hand seines Knechtes ergriffen (42,6), was unfehlbaren Schutz und tatkräftige Unterstützung bedeutet. Das Rufen beim Namen trifft ebenfalls sowohl für den Knecht Jakob/Israel (41,9; 43,1; 49,1) als auch für den Perser zu (45,3f.; 46,11; 48,15), was ihr Zusammenspiel im Plan Jhwhs unterstreicht. Während Kyrus und mit ihm seine Dynastie das politisch-militärische Werkzeug Jhwhs in der Völkerwelt ist, liegt die Aufgabe des Knechts im Zeugnis für die Einzigkeit Gottes.

Die militärische Komponente tritt in 45,1–3 in den Vordergrund, wobei das Aufgürten der Hüften von Königen deren Entwaffnung meint (1 Kön 20,11), da Waffen am Gürtel getragen wurden (vgl. 2 Sam 20,8; Neh 4,12). Zwischen dem Nicht-verschlossen-Bleiben der Tore Babels in V. 1 und dem Zerbrechen der Riegel in V. 2 besteht zwar kein absoluter logischer Widerspruch, aber dennoch hat es den Anschein, als habe man der friedlichen Einnahme Babels im Oktober 539 v. Chr. nachträglich Rechnung tragen wollen. Die Betonung der Übergabe reicher Schätze an Kyrus kann sich nicht allein auf die Einnahme Babels beziehen, sondern wird auch mit dem Erfolg über den sagenhaft reichen König Krösus von Lydien zusammenhängen, den der Perser bereits im Jahre 547 v. Chr. besiegt hatte, was ihm die Eroberung der reichen Handelsstädte an der Westküste Kleinasiens ermöglichte. Doch nicht der Reichtum ist das letzte Ziel, sondern die Erkenntnis

Jhwhs als des einzig wahren Gottes (V. 3b). Die Verbindung von »erkennen« (yd^c) mit der Präposition »damit« (l^{e}ma^{c}an) findet sich auch in Jes 43,10, bei der Erwählung des Knechts, d. h. der Zeugen, »damit ihr erkennt … dass ich es bin«. Sowohl der Knecht, als auch das persische Königshaus sind zur Erkenntnis des einzig wahren Gottes gerufen. Haben die Verfasser tatsächlich geglaubt oder gehofft, dass sich die Achämeniden zu Jhwh bekehren würden? Die Sprechrichtung dieser Verse als Heilswort an das Gottesvolk muss erneut bedacht werden: nicht, dass Kyrus sich zu Jhwh bekennt, steht im Zentrum der Aussage, sondern, dass das Gottesvolk akzeptiert, Jhwh habe das persische Herrscherhaus auf den Plan gerufen – und zwar um Jakobs/Israels willen (V. 4). Was für ein Gedanke: Die neue Weltmacht ist zu nichts anderem von Jhwh berufen, als zum Dienst am Knecht Jakob! So ist Kyrus zwar Hirte und Gesalbter, nicht aber Knecht und Zeuge, denn dazu müsste er Jhwh kennen. Das macht die Größe Jhwhs aber nur umso größer. Er ist die einzige Gottheit ($^{}$^{e}lōhîm), die von sich sagen kann, die ganze Wirklichkeit, inklusive aller Schattenseiten, zu kontrollieren: »Bildner des Lichts und Erschaffer der Finsternis, der Frieden macht und Unheil schafft. Ich bin Jhwh, der all dies macht« (Jes 45,7; vgl. 54,16). Anders als im priesterschriftlichen Schöpfungsbericht (Gen 1) wird Gott nicht nur als der dargestellt, der das präexistente Chaos in die Schöpfung integriert – Finsternis wird zur Nacht, die Urwasser zum Meer –, sondern als der, welcher auch Finsternis (ḥōšek) und Unheil (ra^c) schafft. Als Herr über die Finsternis tritt Jhwh auch bei der Befreiung aus Ägypten auf (Ex 10,21f.; 14,20; Am 8,9; Ps 105,28) und bei der Theophanie am Gottesberg gehört sie zu den Gott umgebenden Elementen (Dtn 4,11; 5,23; vgl. 2 Sam 22,12). Nur weil auch die

Finsternis Jhwh untersteht, kann er des Beters Dunkelheit erhellen (2 Sam 22,29; par. Ps 18,29; vgl. Ps 139,11f.). Er kann ihn aber ebenso aus dem Licht in die Finsternis führen (Klgl 3,2; Ijob 19,8). Licht und Finsternis, Krieg und Frieden, Unheil und Heil sind von Jhwh als dem Schöpfer aller Wirklichkeit abhängig.

Mit Jes 45,9–13 liegt die hintere Rahmung des Kyrus-Orakels vor (vgl. Jes 44,24–28). Was *vor* dem Kyrus-Orakel gepriesen wurde, Jhwhs Handeln als Befreier und Bildner seines Volkes, wird *danach* problematisiert. Hat Jhwh das Recht, so anders und unerwartet durch Kyrus und die Achämeniden zu handeln? Er scheint in der Geschichte wie ein Töpfer zu handeln, dem das Werk zuruft, er habe gar keine Hände (V. 9). Die Kritik wird abgewiesen, denn wie wollte man einen Vater anklagen, was er zeuge, oder eine Frau, was sie gebäre! Die implizite Anklage, Jhwh treibe mit dem Perserreich Handel, denn er befreie sein Volk auf Kosten anderer, wird ebenfalls abgelehnt (45,14ff.). Das Zuführen der besiegten Völker dient entgegen der altorientalischen Praxis nicht der Verherrlichung der siegreichen Gottheit, sondern dem Bekenntnis zu dem rettenden Gott, der nicht im Kultbild darstellbar ist: »Gewiss, du bist ein verborgener Gott, Israels Gott, Retter!« (V. 15) Seine Verborgenheit bezieht sich nicht auf die mangelnde Erkennbarkeit seines Handelns (»nicht im Verborgenen habe ich gesprochen« V. 19), sondern auf seine Nicht-Darstellbarkeit. Dem verborgenen, aber rettenden Gott Israels werden die sichtbaren, aber nicht Rettung bringenden Götter der von den Persern besiegten Völker gegenübergestellt. Den Kultbildverehrern bleibt nur Schande und Beschämung wie auch denen, die Jhwhs Einzigkeit (45,16–17.20.22) nicht anerkennen wollen. Israels Gott ist nicht im Bild, sondern nur in der Geschichte sichtbar, die nach der Übereinstimmung von

Ansage und Vollzug verläuft (V. 19.21). Movens ist sein Wort, das nicht in seinen Mund zurückkehrt, als habe er es nie gesprochen (V. 23; vgl. 40,8; 55,10 f.).

Jes 46–48: Die Niederlage Babels, ihrer Götter und die Läuterung von Jakob/Israel

Nach der Präsentation des Kyrus und den Folgen dieser Geschichtslenkung für Israel und die Völker (44,24–45,25) geht es in den nachfolgenden drei Kapiteln um die Niederlage der Götter Babels (Kap. 46), das Ende der babylonischen Weltmacht (Kap. 47) und die Läuterung Jakobs durch die Nöte des Exils (Kap. 48). Insgesamt ergibt sich: Sind Bel und Nebo gefallen (46,1), dann muss auch Babel, die Tochter der Chaldäer, vom Thron hinab in den Staub (47,1.5). Der Befehl, aus Babel und von den Chaldäern zu fliehen (48,20), bezieht sich nicht nur auf das gefallene Machtzentrum, sondern auch auf den Ort der Fremdgötterverehrung. Kompositorisch ist wichtig, dass das Spottlied auf Babel (Kap. 47) von anklagenden Worten an Jakob/Israel umgeben ist (46,3.12; 48,1,4). Babels Fall soll für das Gottesvolk eine Mahnung sein, sich von der Fremdgötterverehrung fern zu halten. Wer sich in Wahrheit und Gerechtigkeit zu Jhwh bekennen will, der kann nicht in Babel bleiben, sondern muss aus Chaldäa fliehen und sich zur Heiligen Stadt auf den Weg machen (48,1f.20).

Kap. 46 ist in fünf Strophen aufgebaut: die ersten beiden (V. 1–2; 3–4) sind durch das Thema »Last tragen«, die letzten beiden (V. 8–11; 12–13) durch das der »Abtrünnigen/Starkherzigen« verbunden. Damit liegt der Akzent auf der Fremdgötterpolemik in der dritten Strophe (V. 5–7). Die Darstellung der gefallenen Götter Bel (= Marduk) und Nebo steht quer zur Religionspolitik des Kyrus, der den Mardukkult ja wieder in seine angestammte Position gebracht hatte. Doch theologisch gesehen ist er als Hirte und Gesalbter Jhwhs derjenige, der den Göttern Babels und der Stadt des Fremdgötterdienstes das Ende bereitete. All dies geschieht zur Warnung des Gottesvolkes und so bietet die erste Strophe (V. 1–2) die Grundlage für die nachfolgenden persönlichen Aufforderungen an Jakob/Israel (V. 3.5.8.9.12). Nur hier fehlt das »Ich« Jhwhs, wie auch das »Du« bzw. das »Ihr« der Adressaten. Auf dem Hintergrund der in Babel stattfindenden Prozessionen von Götterbildern am Neujahrsfest und der aus diesem Anlass durchgeführten Besuchsfahrt von Götterstatuen in die Hauptstadt wie auch auf dem des Abtransportes von Götterstatuen im Falle militärischer Niederlagen stellen die Dichter Israels die Beziehung Jhwhs zu seinem Volk in kontrastiver Weise dar. Nicht Jakob/Israel schleppt Jhwh, sondern dieser hat sein Volk von Mutterschoß an getragen! Jene brechen unter der Last ihrer Götterbilder zusammen, die sich nicht einmal selbst retten können. Jhwh aber ist es, der trägt, schleppt und rettet (V. 3). Krümmen sich der Hauptgott Marduk-Bel und Nebo, der Gott der Weisheit, der Schreibkunst und der Schicksalsbestimmung (bes. am Neujahrsfest), so sind sie als falsche Retter entlarvt. Das Partizip qōrēs (»er/es krümmt sich«; in V. 2 in finiter Form) scheint lautmalerisch auf kôreš (»Kyrus«) zu verweisen, ggf. als implizite Kritik auf die Wiedereinführung des Neujahrsfestes durch den Perser. Die Gola soll sich durch das Wiederaufleben des Mardukkultes in Babel nicht irre machen lassen, denn Marduk und sein Gefolge können nicht retten!

In den V. 6 f. folgt die totale Demontage der Götterbilder, die entgegen der etablierten Ansicht ihrer Verehrer nicht die Ursprungsrelation von himmlischem Bild und irdischem Abbild widerspiegeln, sondern menschlicher Feinschmiedekunst entspringen. Der Grund des Gottesbildes liegt also nicht in himmlischen Sphären, sondern darin, dass ein reicher Spender Gold und Silber abwiegt und sich dann einen geeigneten Handwerker aussucht. Wenn dieser das Bild unter Aufbietung aller Fähigkeiten sicher an seinen Platz stellt, hat er sein Werk vollbracht. Doch dies macht das Götterbild zugleich unbeweglich! Nicht nur vor und bei der Herstellung ist das Götterbild ein gewöhnliches Objekt, sondern auch nach seiner rituellen Indienstnahme, denn schreit man zu ihm, antwortet es nicht, in der Not rettet es nicht (V. 7). Während das Kultbild nicht rettet (yš^c) (vgl. 47,13.15), ist Jhwh der Retter all derer, die sich ihm anvertrauen (43,3.11.12; 45,8.15.17.20–22).

Die vierte Strophe setzt mit einem zweifachen Imperativ ein, wobei das »Bedenken« (V. 8) auf die Nutzlosigkeit der Kultbildverehrung zurückverweist, während das »Gedenken« (V. 9) auf Jhwhs Geschichtsmächtigkeit vorausblickt. Mit der Berufung des Kyrus wird der Kontrast zwischen Jhwh und den Kultbildern der Völker vollends sichtbar. Während sich die einen nicht einmal von ihrem Standort entfernen können, ruft Jhwh den Raubvogel vom Osten, den Mann seiner Geschichtslenkung aus fernem Land (V. 11). Mit den »Abtrünnigen« (pôš^{ec}îm) (vgl. 1,28; 66,24), die sich das zu Herzen nehmen sollen, sind jene aus Jakob/Israel gemeint, die sich zu den Götterbildern der Völker hingezogen fühlen und daher genauso uneinsichtig sind wie die Kultbildhersteller selbst (vgl. 44,19).

Vom Wortlaut her scheint die Aufforderung, der früheren Dinge zu gedenken (zkr) (V. 9), dem Imperativ in 43,18 zu widersprechen. Doch während das Erinnerungsverbot die Diskontinuität betont und somit Platz für das Neue schaffen will, bezieht sich das Erinnerungsgebot auf die Kontinuität in der göttlichen Geschichtslenkung. Wie tief das Gottesvolk auch in seine Geschichte mit Jhwh zurückgeht, es wird auf niemand anderen stoßen als auf den, der von sich sagt: »Ich bin Gott und keiner sonst, Gottheit und nichts mir gleich« (V. 9). Diese Selbstaussage fasst die vorherigen Einzigkeits- und Unvergleichlichkeitsformulierungen zusammen (vgl. 43,12; 45,5.6.14.18.21.22).

Wie die zweite Strophe in V 3, so setzt auch die fünfte in V. 12 mit einer pluralischen Aufforderung zum Hören ein, jetzt aber nicht mehr an das Haus Jakob, sondern an die »Starkherzigen« (ʾabbîrê lēḇ), die fern sind von der Gerechtigkeit. Durch das Parallelkolon ist klar, dass die singuläre Bezeichnung negativ zu deuten ist (vgl. Ez 2,4: »Hartherzige«), und zwar kontrastiv zum Epithet Jhwhs als »Starker Jakobs« (vgl. Gen 49,24; Jes 1,24 [Starker Israels]; 49,26; 60,16; Ps 132,2.5). Möglicherweise sind mit den »Starkherzigen« jene angesprochen, die angesichts der Lage im Exil – auch und gerade nach 539 v. Chr. – dem Starken Jakobs die eigentliche Wende nicht zutrauen, sondern sich an das halten, was sie mit eigenen Augen sehen: die Wiedereinsetzung des Marduk-Kultes durch Kyrus, Babels Befreier! Auf diese Skepsis reagiert der letzte Vers (V. 13), in dem Jhwh betont, er habe seine Gerechtigkeit nahe heran gebracht, sie sei nicht fern, und seine Rettung, sie säume nicht. Damit ist die Gefühlslage der Exilierten gut zusammengefasst: mit Kyrus hat sich zwar Entscheidendes ereignet, aber für das Gottesvolk steht die Beantwortung der größten Frage noch aus: Wie geht es weiter mit Zion und mit Israel? Mit der Zusage »ich werde in Zion Rettung schaffen, für Israel meine Pracht« (V. 13) begegnet Jhwh auch dieser Skepsis.

Als Kontrast zur Zukunft Zions wird in Kapitel 47

der Untergang Babels besiegelt. Sterndeutung und Zukunftsschau haben sich gegenüber Jhwhs Wort als machtlos erwiesen. Die hochmütige Weltstadt muss hinab in den Staub und sitzt am Ende vor ihren in Flammen aufgegangenen Plänen. Die erste Strophe (V. 1–4) beginnt mit einer Reihe von neun Imperativen an die als Herrscherin personifizierte Stadt Babel, an deren Ende ihre aufgedeckte Scham steht (V. 3a). Beifall zollt eine Wir-Gruppe, die bekennt: »Unser Erlöser Jhwh Zebaot ist sein Name, der Heilige Israels« (V. 4). Der Abstieg der Königin in den Staub, zur Arbeit an der Handmühle mit hochgeschürztem Gewand ist radikal und unumkehrbar. An den Handmühlen taten Mägde (Ex 11,5) ihren Dienst und dies galt für Männer als entehrend (Ri 16,21; Klgl 5,13). Das Verb »mahlen« (ṭḥn) kann sexuelle Konnotationen besitzen (vgl. Ijob 31,10; Klgl 5,13), was auch an dieser Stelle wegen der zunehmenden Entblößung nicht ausgeschlossen werden kann (vgl. Klgl 1,8 f.; Jer 13,22; Ez 16,37.57; Hos 2,12; Nah 3,5). Mit der Anrede »Jungfrau, Tochter Babel« (vgl. Zion in 2 Kön 19,21; par. Jes 37,22; Klgl 2,13) wird ihre Schönheit und Kraft unterstrichen. Sind Marduk-Bel und Nebo gefallen (46,1 f.), muss auch Babel ihren Thron verlassen. Für Zion als Braut Jhwhs wird das Gegenteil gelten: Sie wird wieder ihre Prunkgewänder anziehen (52,1), wenn Jhwh als siegreicher König zu ihr zurückkehrt (52,7).

Der Grund des Niederganges ist Jhwh, der Vergeltung übt (V. 3b). Das meint kein blindwütiges Verhalten, sondern zielt auf die Wiederherstellung einer zerbrochenen Rechtsordnung ab. Nur wenn Jhwh vergeltend auftritt, kann die geschundene Frau und Stadt Jerusalem aus dem Staub erstehen und die nachexilische Restauration Erfolg haben (vgl. Jes 34,8; 35,4; 59,17; 61,2; 63,4).

Babel wird völlig entmachtet (V. 5–7), sie wird sich nie mehr »Herrin von Königreichen« nennen, was ihre einstige Hybris betont. Nur Jhwh kommt es zu, »ewig« zu sein (Jes 40,8.28; 42,14; 44,7; 46,9 u. ö.) und das »ich werde sein« (ʾehyeh) im Munde Babels lässt an die Selbstvorstellung Jhwhs in Ex 3,14 denken. Gibt es eine größere Hybris als den Glauben, niemals fallen zu können (V. 8)? So kommt über Babel genau das, was sie zu vermeiden glaubte: Witwenschaft und Kinderlosigkeit. Das Verderben (»Shoa«, vgl. Ps 35,8) sucht Babel plötzlich heim, was Jhwhs Souveränität betont und die mantischen Abwehrbemühungen *ad absurdum* führt (vgl. V. 12–15). Keiner der Zukunftsdeuter kann Babel retten (V. 15), denn nur Jhwh ist der Retter (vgl. 43,3.11; 45,15.21; 49,26).

Mit Jes 48 kommt der erste Hauptteil der Kapitel 40–55 an sein Ende. Hier werden die bisherigen Themen (Erwählung Jakobs, Geschichtslenkung Jhwhs, Aufkommen des Kyrus, Untergang Babels und ihres Fremdgötterdienstes) noch einmal gebündelt. Anders als erwartet durchzieht dieses Resümee keine Jubelstimmung, sondern ein kritischer Ton an die Adresse Jakobs ist unüberhörbar (vgl. 42,18–25; 43,22–28). Gerade Jes 48 ist von vielen intertextuellen Bezügen geprägt, was seinen stark reflektierenden Charakter unterstreicht (u. a. Entweihung des Namens Ez 20,9.14.22; Läuterung Jakobs Jer 6,27–30; Halsstarrigkeit Dtn 9,6.13; 31,27; verpasste Chance auf strahlende Zukunft Ps 81,13–16, 95,7). Das Leitwort »hören/hören lassen« durchzieht das ganze Kapitel (V. 1.3.5.6.7.8.12.14.16.20). Adressaten sind diejenigen aus dem Haus Jakob, die sich zwar zum Gottesvolk und zu Jhwh bekennen, aber nicht in Wahrheit und nicht in Gerechtigkeit (V. 1; vgl. 46,12). Sie werden im Prozess der Läuterung ausgeschieden (vgl. V. 10), so dass nur ein gereinigter Rest

übrig bleibt, der die Rückkehr in die Heimat antritt –
im Gegensatz zu denen, die es beim Lippenbekenntnis
zu Jhwh und zur Heiligen Stadt bewenden lassen. Der
Weissagungsbeweis, den Jhwh in den V. 3–5 führt, richtet sich nach der Niederlage der Fremdgötter nicht
mehr an diese, sondern an das halsstarrige Gottesvolk.
Wenn im Kontext der Halsstarrigkeit von der eisernen
Sehne des Nackens die Rede ist, dann erinnert das
an den ebenso genannten Hüftnerv Jakobs, der beim
Kampf mit Gott am Jabbok, welcher zur Namensände-
rung in Israel führte, in Mitleidenschaft gezogen wurde
(Gen 32,33). Aus dem Hören des Gotteswortes soll ein
zu Gehörbringen werden (Jes 48,6). Der Wechsel vom
Singular »du hast gehört« zum Plural »und ihr, wollt
ihr nicht kundtun?« zeigt erneut, dass es um die indi-
viduelle Entscheidung derer geht, die zu Jakob/Israel
gehören (vgl. 43,10). Aus dem Erweis der bisherigen
Ankündigungen sollen die Angesprochenen die Sicherheit gewinnen, dass sich auch die neuen Dinge
vollziehen, die von jetzt an geschaffen werden (vgl.
42,9; 43,8–13; 44,6–8). Zu ihnen gehören nicht das Aufkommen des Kyrus und der Fall Babels, denn sie liegen
ja bereits als Geschehenes vor Augen (vgl. Jes 45–47),
sondern sie beziehen sich auf Jakob/Israel, der als
Zeuge für Jhwh vor aller Welt auftreten soll. Nur wer
dazu bereit ist, kann das neue Lied mitsingen, weil er
zum Neuen gehört (42,9f.). Dieses unableitbar Neue
wird durch das Niphal von br' (»schaffen«) angezeigt
(vgl. Ex 34,10; Ps 102,19). Jhwh hat davon nicht schon
früher gesprochen, damit Jakob, der Abtrünnige von
Mutterschoß nicht einwenden kann, er habe das ja
schon alles gewusst (V. 8). Die Jakob-Typologie ist
für Jes 40–48 von entscheidender Bedeutung (vgl.
43,22–28; 46,8), denn das Gottesvolk hat von diesem
Erzvater nicht nur den Namen Israel, Gottesstreiter, ge-

erbt, sondern auch sein streitbares Wesen. Durch die Schmelze im Ofen des Elends (vgl. Dtn 4,20) hat sich Jhwh ein gereinigtes Volk erwählt und nur deshalb hat er seinen Zorn vor der völligen Vernichtung zurückgehalten (Jes 48,9–10; vgl. Ex 32,7–14; Num 14,10–19; Ez 20,6–9). Nach dem harschen Wort vom »Abtrünnigen vom Mutterschoß« bemüht sich Jhwh um Jakob/Israel als seinen Berufenen (vgl. 41,9; 42,6; 43,1). Als Erster und Letzter steht Gott zu seinem Volk und wirbt um dessen Zustimmung (48,12f.) für sein Handeln durch Kyrus (»Jhwh-liebt-ihn«), der den göttlichen Willen an Babel vollstreckt. Hätte das Volk *in toto* auf Jhwh gehört, dann wären Frieden, Gerechtigkeit und Nachkommenschaft noch größer geworden als es das vorliegende Resultat ausweist (48,18f.). Die Reduzierung der Heilsfülle liegt nicht an Jhwh, sondern an Jakob/Israel. Die Hörenden und Bezeugenden sind zum Auszug aus Babel aufgerufen, womit die Kapitel 40–48 schließen. Das Ziel ist nicht einfach die Heimkehr, sondern die weltweite Verkündigung, dass Jhwh seinen Knecht erlöst hat (V. 20). Das können aber nur diejenigen verkünden, die tatsächlich aus Babel ausziehen. Anders als der Exodus aus Ägypten hat der Auszug aus Babel weltweite Konsequenzen. Wer sich von Babel zum Zion auf den Weg macht, dem begegnet der Exodusgott, der für Wasser aus dem Felsen sorgt (V. 21) (vgl. Ex 17; Num 20; Ps 105). Von einem Murren ist bei diesem Auszug keine Rede mehr!

Der letzte Vers »Kein Friede für die Frevler« (V. 22), der von Jes 57,21 hier eingesetzt worden ist, unterstreicht, dass das Problem des Gottesvolkes in der nachexilischen Zeit die mangelnde Durchsetzung von Recht und Gerechtigkeit war. So zeichnet sich bereits hier die Spaltung des Gottesvolkes in Knechte (ab 54,17) und Gegner ab (bes. 65–66).

VI. AKT: KAP. 49–55
DER KNECHT UND DIE RESTAURATION ZIONS UND JERUSALEMS

Stand in Jes 40–48 die Frage im Mittelpunkt, wie sich aus dem blinden und tauben Jakob/Israel der sehende, hörende und Jhwhs Einzigkeit bezeugende Knecht entwickelt, so geht es in Jes 49–55 darum, wie dieser Knecht seiner prophetischen Berufung, Bund für das (Gottes-)Volk und Licht für die Völker zu sein (Jes 42,6), nach Beendigung des Exils gerecht wird. Wird es ihm gelingen, die Bundeszusage, die ja dem ganzen Gottesvolk gilt, so an sich wahr werden zu lassen, dass dies letztlich zum Licht für die Nationen wird? Nach der Auslösung Jakobs aus Babel (48,20) (perf. gʾl) steht die Verherrlichung an Israel weiterhin noch aus (impf. yiṯpāʾār) (49,3; vgl. 44,23; 46,13). Dazu bedarf es des Knechts, der sich seiner Aufgabe, ein scharfes Schwert und ein spitzer Pfeil im Köcher Jhwhs zu sein, nicht entzieht, sondern trotz aller Widerstände für Gott eintritt. Je stärker der Widerstand gegen sein Zeugnis ausfällt, desto klarer tritt die Deutekategorie der prophetischen Zurückweisung in den Vordergrund (vgl. Jes 50,4ff.; 52,13ff.). Letztlich gelingt doch Jhwhs Verherrlichung, die in 55,5 als vollzogen erachtet ist, wenn es heißt, Jhwh habe sich in Israel verherrlicht (perf.).

Jes 49: Die Aufgabe des Knechts und die Skepsis Zions

Das Kapitel ist deutlich zweigeteilt: Auf das zweite Gottesknechtslied (V. 1–6) mit seinen Ergänzungen (V. 7–12) und dem hymnischen Responsorium (V. 13) folgt die Skepsis Zions (V. 14–26), die von einer Wende zum Heil überhaupt noch nicht überzeugt ist. Die

Vokabel »sagen« (ʾmr) (49,3.4.5.6.7.8.9.14.20.21.22.25) unterstreicht den Stil der Rede und Gegenrede in diesem Kapitel. Den Abschluss bildet die Verheißung der Gotteserkenntnis für alles Fleisch, dass Jhwh Zions Retter und Löser ist (V. 26). Das Epitheton »Starker Jakobs« in emphatischer Schlussstellung ist bemerkenswert, weil »Jakob« – ein in Jes 40–48 prägender Begriff – danach bis 58,1 nicht mehr begegnet.[42] Zugleich ergibt sich eine Parallele zu 48,20, wo »Knecht Jakob« auch in Schlussposition steht, ebenfalls im Kontext der Heilsaktivität Jhwhs. Insgesamt präsentiert sich in Kap. 49 der auszugsbereite und ausgezogene Knecht Jakob gegenüber Zion. In gewisser Weise verschmilzt er mit ihr: Wenn sie seine Frohbotschaft annimmt, wird sie zur Freudenbotin für die Städte Judas und zum Licht für die Völker.

Stellte im ersten Gottesknechtslied Jhwh seinen Knecht mit dem doppelten Auftrag vor, Bund des Volkes und Licht der Völker zu sein (42,1–9), so bezieht sich im zweiten der Knecht selbst auf diese Berufung (49,1–9) – und zwar vor der Weltöffentlichkeit (V. 1). Es ist die zum Verlassen Babels bereite und Gottes Heilswirken für alle Welt bezeugende Gola, die sich unmittelbar nach dem Auszugsbefehl in 48,20 als von Mutterschoß berufener Knecht vorstellt. Wie alle wahren Propheten, so ist auch dieser Knecht mit dem Wort Gottes ausgerüstet. Wenn der Knecht in V. 3 mit »Israel« angeredet ist, so ist das eine nachgetragene Parallelisierung zu 48,20, wo es heißt, Jhwh habe seinen Knecht Jakob erlöst (vgl. u. a. die Parallele Jakob/Israel in V. 5). Wenn der Knecht bekennt, er habe sich schon völlig an der Aufgabe verausgabt, das ganze Volk, also Jakob/Israel, zu Jhwh zurückzuführen (V. 4 f.), so spricht daraus

---

42   »Israel« noch in Jes 52,12; 54,5; 55,5.

die Resignation, nur einen kleinen Teil der Exilierten und Zerstreuten zur Heimkehr nach Zion/Jerusalem bewegt zu haben. Daran wird der Knecht aber nicht irre, sondern er weiß, dass Jhwh allein seine Ehre und Kraft ist. Die Erfahrung des drohenden Scheiterns gehört zur prophetischen Sendung (vgl. Mose Num 11,14f.; Elija 1 Kön 19,4ff.; Jesaja Jes 8,16–18; Jeremia Jer 15,10ff.; 20,7ff.). Der Lohn des Knechts für all seine Mühe besteht nicht etwa in der Erleichterung des Auftrags, sondern in dessen Erweiterung. Als Licht der Völker soll er das Heil Jhwhs bis an die Enden der Erde sichtbar machen (V 6; vgl. 42,6). Der Erfolg kann sich nur dann einstellen, wenn und insofern sich möglichst viele Mitglieder des Gottesvolkes auf den Heimweg nach Jerusalem machen. So wird dieser Knecht zum Bundesmittler, zum Bund des Volkes (librît ʿām), um das Land aufzurichten und verwüsteten Erbbesitz zu verteilen (49,8). Spielen beim literarischen Rückgriff auf den Wüstenzug mosaische Motive eine Rolle (vgl. 48,21; 49,10f.; Ex 17,1ff.), so rückt der Knecht beim Thema der Landverteilung in die Nähe Josuas (vgl. Jos 13).

Wenn in Jes 49,12 Heimkehrende aus Norden, Westen und Süden (Siniter) genannt sind, aber der Osten fehlt, so liegt das daran, dass der heimgekehrte Teil der Gola ja aus dieser Himmelsrichtung bereits gekommen war. Während sich die Heimkehrwilligen auf den Weg nach Jerusalem machen, muss sich Zion von Jhwh überzeugen lassen, dass ihre Zeit der Kinderlosigkeit zu Ende geht und dass sie bald mehr Kinder beherbergen wird als sie sich jemals hat vorstellen können (49,14–26). Es ist Jhwh selbst, der sich um Zion bemüht, wie er sich zuvor auch um den Knecht in Babel bemühte, auf dass dieser seine Blindheit und Taubheit ablege. Dem weltweiten Jubel, dass Jhwh sein Volk getröstet hat (perf.) und sich seiner Armen erbarmt (impf.) (49,13), setzt Zion ihren Zweifel entgegen, Jhwh habe sie verlassen und vergessen (49,14). Ähnlich hatte Jakob/Israel in Babel geklagt, sein Recht gehe an Gott vorbei (40,27). Zion lässt sich nicht trösten, da der Schmerz über den Verlust noch zu tief sitzt. So wirkt Jhwh als Mutter auf sie ein (V. 14 f.) – mit der Eigenschaft des »Erbarmens« (vgl. reḥem »Mutterschoß«). So ist die Wurzel »sich erbarmen« (rḥm) ein Leitwort dieser Kapitel (49,10.13.15; 51,3; 52,9; 54,8.10; 55,7; 60,10). Jhwh präsentiert sich als mütterlicher Gott, der wie eine Gebärende neues Leben aus sich entlässt (42,13–14), seine Kinder von Geburt an trägt (46,3–4) und den Säugling nicht vergisst (49,14–15).[43] Der Kindersegen, den Zion erwarten darf, steht im Gegensatz zur Kinderlosigkeit, die Babel trifft (47,8 f.). Das Feldzeichen (nēs), das Jhwh einst für die assyrischen Truppen zum Kampf gegen Jerusalem aufrichtete (5,26), wird zum Banner für die Völkerwelt, Zions Kinder aus der Fremde heimzubringen (49,22). Nicht mehr Assur ist der Starke, dem keiner die Beute entreißt, sondern Jhwh ist der wahrhaft Mächtige, dem niemand die Kinder Zions, die aus den Völkern zu ihr zurückziehen, aus seiner Hand entwendet (49,24 f.). Diese Bezüge legen es nahe, auch die Erbauer, die schnell zum Wiederaufbau Zions herankommen, als kontrastive Aufnahme von Jes 5,26 zu verstehen, wo die Eroberer auf Gottes Geheiß zur Zerstörung schnell heranflogen. Die Grausamkeiten der Assyrer, die auch dazu führten, dass Belagerte zu Kannibalen wurden (vgl. Jes 36,12), fallen auf die einstigen Unterdrücker zurück: Sie selbst werden ihr Fleisch essen und ihr Blut wie Most trinken (49,26).

---

43   Siehe Løland, Silent or Salient Gender?

Jes 50,1–51,8: Der Knecht und die Zweifel der Kinder Zions

Stand zuvor Zions Enttäuschung im Mittelpunkt, sie sei ja von Jhwh als ihrem Ehemann verlassen worden, so geht es nun um den Zweifel ihrer in der Zerstreuung lebenden Kinder. Der Adressatenwechsel von Zion zu ihren Kindern (»eure Mutter«) (V. 1) markiert diese neue Einheit, die bis zum Beginn des Imperativgedichts in 51,9ff. reicht. Erneut geht Jhwh gegen Einwände vor (»so spricht Jhwh«) (V. 1), was aber der einzige Beleg für das zuvor so prominente Verb »sagen/sprechen« (ʾmr) in dieser Passage ist. Nicht das Sprechen, sondern das Hören (šāmaᶜ) steht hier zentral (50,4.10; 51,1.7). Jhwh verwahrt sich gegen den Vorwurf der Kinder Zions, er habe durch die Exilsereignisse bewiesen, sich von ihrer Mutter getrennt zu haben. Die Kritik sei gegenstandslos, kontert Jhwh, denn es gäbe keinen Scheidebrief, den er ausgestellt hätte. Nach mosaischer Tora darf ein Mann seine entlassene Frau nicht mehr zurücknehmen, nachdem sie eines anderen Frau geworden ist (Dtn 24,1–4; vgl. Jer 3,1). Alles dies trifft auf Jhwh und Zion nicht zu: Es gibt keinen Scheidebrief und dass Zions Kinder in der Fremde zerstreut sind, liegt nicht an ihr, sondern an ihnen. Wegen ihrer Vergehen und bösen Taten seien sie in der Diaspora (50,1). Auch das Argument, Jhwh erweise sich als zu schwach, um die Zerstreuung zu beenden, sei ungültig, denn gerufen habe er schon, aber niemand habe geantwortet (50,2)!

Das dritte Gottesknechtslied (50,4–9) ist der Gattung nach ein Vertrauenspsalm, gefolgt von einem Kommentar (50,10f.). Dass hinter dieser Figur keine Einzelperson, sondern ein Kollektiv steht, verdeutlicht die zweimalige Rede von limmûdîm »Jüngern/Schülern«

(V. 4). Wie Jesaja und seine Schüler auf die Offenbarung des strafenden Gottes hofften (8,16–18), damit sich die Gerichtsankündigung als richtig erweise, so erwartet die Knechtsgemeinde die baldige Durchsetzung des Heils, damit sich ihr prophetisches Wort vom Ende der Not und vom Wiederaufbau gegen alle Zweifler und Gegner bewahrheite. Die Furcht Jhwhs entscheidet sich im Hören auf die Stimme dieses Knechts, der sich an die wendet, die im Dunkel auf Gott vertrauen. Die Gegner aber werden mit Brandpfeilen ihres eigenen Feuers vertilgt (50,10 f.). Die so im Licht (ʾûr) ihrer Feuerpfeile untergehen, sind ein Gegenbild zum Knecht als Licht (ʾôr) der Völker (42,6; 49,6; 51,4). Sein Licht wird umso heller leuchten, desto mehr Kinder Zions sich aus dem Dunkel der Völker, unter die sie zerstreut sind, auf den Heimweg machen! An ihren Erzeltern Abraham und Sara sollen die Angesprochenen ablesen, dass die geringe Zahl der bisher Heimgekehrten kein Grund zur Skepsis sei, denn Jhwh habe auch jene beiden gesegnet und sehr zahlreich gemacht (51,1–3).

Der Ruf Jhwhs in 51,4 zum Aufmerken an »mein Volk« (ʿammî) und »meine Nation« (lᵉʾûmmî), deutet darauf hin, dass die Adressaten in der Diaspora zu suchen sind, denn lᵉʾôm meint sonst immer Fremdvölker (u. a. Jes 34,1; 41,1; 43,4.9; 49,1; 60,2). Gottes Gerechtigkeit (ṣedeq) und Rettung (yēšaʿ) werden nicht auf sich warten lassen, denn von ihm gehen Tora und Recht (mišpāṭ) als Licht der Völker aus (51,4–6). Das Volk, das die Tora im Herzen trägt, braucht sich vor Beschimpfungen und Schmähungen nicht zu fürchten, denn wie Motten Kleider verzehren, so wird auch von den Feinden keine Spur mehr zu finden sein. Teilen die Adressaten das Los des Knechts, so gilt ihnen auch die Zusage Jhwhs, ihre Gegner würden, wie von Motten zerfressen, vergehen (vgl. 50,9; 51,7 f.).

Jes 51,9–52,12: Die Weckrufe und die siegreiche Heimkehr Jhwhs

Die ungewöhnliche Abfolge von Weckrufen an Jhwh (51,9) und Jerusalem/Zion (51,17; 52,1) machen das »Imperativgedicht« zu einer kompositorischen Einheit, die durch die Inszenierung der siegreichen göttlichen Ankunft beschlossen wird (52,7–12). Steht am Beginn der Weckruf an den Arm Jhwhs, sich mit Kraft zu bekleiden (51,9), so ist das die Reaktion auf die Zusage Gottes, seine Gerechtigkeit werde sich nicht verzögern, denn seine Arme richteten Völker und auf seinen Arm warteten Inseln (51,5). Im Gegensatz zum Kleid der Gegner, das von Motten zerfressen wird, soll sich der Arm des Herrn mit Kraft bekleiden (51,9). Den gleichen Aufruf richtet Jhwh in 52,1 an Zion, sie solle sich mit Kraft bekleiden und ihre Prachtkleider anziehen. Am Ende steht die Feststellung, Gott habe seinen heiligen Arm vor den Augen der Völker entblößt, d. h. er sei im Aufbau Jerusalems und in der Tröstung seines Volkes weltweit sichtbar geworden (52,10). Daran schließt sich die Frage zu Beginn des vierten Gottesknechtsliedes an, über wem der Arm Jhwhs offenbar geworden sei (53,1; vgl. 40,10).

Der Weckruf an den Arm Gottes in 51,9–11 nimmt mythologische Vorstellungen von Jhwh als urzeitlichem Bezwinger des Chaosmonsters Rahab auf (vgl. 30,7; Ps 74,13 ff.; 89,11). Chaoskampf, Exodus und Schilfmeerwunder geraten hier in das Kraftfeld der Zionstheologie. Diejenigen, die sich auf den Weg in die Heimat machen, erfahren Jhwh als ihren Exodusgott (vgl. 35,10; 43,16; 48,21). Die Freude darüber wird eine ewige sein (51,11). Doch anders als im Siegeslied des Mose ist das Ziel nicht das Heiligtum ([in Jerusalem];

Ex 15,13.17), sondern Zion als Paradiesgarten der Freude und Gerechtigkeit (vgl. Jes 51,3).

In einem Heilsorakel (51,12–16) antwortet Jhwh auf die Klage derer, die ihn durch den Weckruf in 51,9–11 zum Handeln drängen. Mit dem zweifachen »Ich«, das die doppelten Imperative in 51,9.17; 52,1 aufnimmt, unterstreicht Jhwh, dass er kein passiver Gott ist, sondern einer, »der euch tröstet« (V. 12) (vgl. 40,1; 49,13; 52,9). Mit diesen »euch« sind die »Befreiten Jhwhs« gemeint (51,11), die sich unter Jubel auf den Rückweg zum Zion machen. Wenn das Kollektiv der Rückkehrer bzw. Rückkehrwilligen in V. 12b als weibliches »Du« angesprochen ist, kann sich das nur auf Zion beziehen, die sich nicht vor Widerständen fürchten soll. Die weibliche Anrede wechselt zu einem männlichen »Du«. Dieser Gruppe der Rückkehrer verleiht Jhwh prophetische Würde, indem er ihr seine Worte in den Mund legt (V. 16). Das Charisma des Knechts Jakob/Israel in Babel geht auf diejenigen in Zion über, die seinem Ruf gefolgt sind. In 59,21 wird diese prophetische Befähigung dann auf die Nachkommen der Rückkehrer übertragen. Damit beanspruchen sie, der Mose ihrer Zeit zu sein (vgl. Dtn 18,18); eine Aussage, die in einer Zeit der sich formierenden Tora des Moses nicht unwidersprochen geblieben sein dürfte.

Mit dem Aufruf Jhwhs an Zion, aufzuwachen (52,1), kommt das Imperativgedicht an sein Ende, wobei die Inklusion mit dem Weckruf an die Adresse Gottes in 51,9 unüberhörbar ist. Die Verheißung, weder Unbeschnittene noch Unreine würden weiter in die heilige Stadt Jerusalem kommen, ist keine Kritik an der Erwartung einer Völkerwallfahrt zum Zion (2,2ff.), sondern Ausdruck der Hoffnung, die Zeit der Fremdherrschaft durch Völker wie Assur und Babel, welche die Beschneidung nicht kannten, sei für immer vorüber.

Die Rückführung der Kinder aus der Zerstreuung dient dem Ziel zu erkennen, dass Jhwh der Gegenwärtige in Zion ist, der von sich sagt: »Ich bin da« (V. 6).

Diese erneute Heilsgegenwart Jhwhs wird am Ende des Imperativgedichts durch die Ankündigung seiner siegreichen Rückkehr nach Jerusalem in Szene gesetzt (52,7–12). Die Rückkehrer aus Babel und der Diaspora sind der sichtbare Beweis für die Macht Gottes. Sie sind der Verkünder der Frohbotschaft (m^{e}ḇassē r), der zu Zion sagt: »Dein Gott ist König« (V. 7). Wenn in V 9 die Trümmer Jerusalems (vgl. 49,19; 51,3) zum Jubel aufgerufen sind, weil Jhwh sein Volk getröstet und Jerusalem erlöst hat (V. 9), so beweist das einmal mehr, dass die Restauration noch nicht vollzogen ist, sondern erst beginnt. Diejenigen, die bereits nach Zion heimgekehrt sind, fordern die noch Zurückgebliebenen auf, aus den Orten der Zerstreuung (»von dort«) wegzuziehen (52,11) und so ihrem Beispiel zu folgen (48,20). Dann werden alle Enden der Erde die »Rettung unseres Gottes« sehen (52,10b). Entgegen den einst aus Ägypten Befreiten, die sich mit kostbaren Gerätschaften beluden (Ex 12,35), sollen die Rückkehrer aus den Völkern nichts Unreines anrühren (vgl. Klgl 4,15), denn sie ziehen in die Heilige Stadt (vgl. 52,1). Sie sollen sich von der Unreinheit der Völker trennen und sich so rein halten, als ob sie die Geräte Jhwhs trügen (vgl. Num 3,8; 2 Kön 23,4). Der einstigen Flucht aus Ägypten (Ex 12,11; Dtn 16,3) wird ein Auszug ohne Hast gegenübergestellt. Ging Jhwh damals nur vor seinem Volke her (Ex 13,21; Num 10,33; Dtn 1,30), so ist er nun zugleich Vor- *und* Nachhut (V. 12).

Jes 52,13–53,12: Der unerwartete Erfolg des Knechts

Hatte Jhwh im ersten Gottesknechtslied (42,1 ff.) seinen Knecht vorgestellt und hatte dieser im zweiten (49,1 ff.) und dritten (50,1 ff.) über seine schwere Aufgabe reflektiert, so macht Gott im vierten Lied deutlich, dass seine Sendung trotz aller Anfechtungen von großem Erfolg gekrönt sein werde.[44] Das vierte Gottesknechtslied gliedert sich in einen äußeren Rahmen (52,13–15; 53,11b–12), in dem Jhwh von »meinem Knecht« spricht (52,13; 53,11b) und einen Mittelteil (53,1–11a), in dem eine Wir-Gruppe davon berichtet, wie sich ihre Einstellung zu diesem Knecht völlig veränderte. Nicht sein Leiden, sondern ihre Kehrtwendung steht im Mittelpunkt. Sie führt von totaler Ablehnung zur Erkenntnis seines stellvertretenden Leidens (V. 4–6) und stimmt letztlich mit dem überein, was Jhwh über seinen Knecht sagte, dass er emporsteigen und hoch erhaben sein werde (yārûm wᵉnissāʾ) (52,13). Dies verweist auf die erhabene Stellung Jhwhs, den Jesaja im Jerusalemer Tempel thronend sah (rām wᵉnissāʾ) (6,1). Diese Erhöhung bringt den Knecht in die Nähe des göttlichen Throns, was im Kontext dieser Kapitel auch an die Erhöhung Zions zur königlichen Braut denken lässt. Die Bezüge zu Jes 6 sind vielfältig: die Könige der Völker verschließen angesichts der unerwarteten Erhöhung des Knechts ihren Mund, während Jesajas Lippen geöffnet werden (6,6–8). Wurde in 6,7 die Sünde Jesajas weggenommen, so bekennen die »Wir«, der Knecht sei wegen ihrer Vergehen zerschlagen worden (53,5). Bestand das Ziel der Verstockung darin, dass sich das Volk nicht bekehrte und sich Heilung verschaffte (6,10),

---

44   Zu Jes 53 und seiner Wirkungsgeschichte siehe ausführlich Janowski; Stuhlmacher (Hg.), Der leidende Gottesknecht.

bekennt nun das Kollektiv: »durch seine Wunden sind wir geheilt« (53,5). Wer so redet, dessen Verstockung ist aufgehoben und der gehört zu den Schülern des Propheten und des Knechts. Wie nach dem Fällen von Eiche und Terebinthe noch ein Spross übrig bleibt, der »heiliger Same« (zera^c qōḏeš) genannt wird (6,13), so sieht auch der Knecht nach Schlägen und Krankheit »Nachkommen« (zera^c) (53,10), die im weiteren Verlauf »Knechte« heißen (ab 54,17).

Heilung setzt Krankkeit (ḥ^{o}lî) voraus, was von der durch Jhwhs Schläge verursachten Krankheit des Knechts (53,3.4.10) zur ebenfalls durch Gott verusachten Krankheit des Volkes führt (Jes 1,5; sonst nur noch in 38,9). Das Wort »Strieme« (ḥabbûrâ) findet sich im Jesajabuch ebenfalls nur in 1,6 und 53,5 und steht sonst im Kontext der Talionsformel (Ex 21,25; vgl. Gen 4,23). Das Los des Knechts und das Schicksal des von Jhwh hart bestraften Volkes sind parallelisiert: wie der Volkskörper in Jes 1,5 f. von den Schlägen Gottes mit Beulen, Striemen und Wunden übersät ist, so sieht der Knecht ebenfalls entstellt und nicht mehr wie ein Mensch aus (53,2 f.). Während das Volk in Jes 1 wegen seiner Verfehlungen bestraft wird, trägt der Knecht schuldlos die Sünden der Wir-Gruppe. Hat das Volk in 1,3 keine Erkenntnis, so sättigt sich der Knecht an Erkenntnis (53,11). Diese Bezüge von Jes 53 auf Jes 1 machen deutlich, wer hinter denen steht, die sich zum Leidensknecht bekennen. Es sind diejenigen in Jerusalen, die entgegen ihrer vorherigen Ansicht in den Heimkehrern aus Babel und der Diaspora den von Gott Geschlagenen erkennen, der stellvertretend ihre Sünden getragen hatte.[45] Das Bekenntnis der »Wir« bezieht sich auf die Integration derer, die aus Exil und Zerstreuung den

---

45   Vgl. Kustár, Krankheit und Heilung, 193.224.

Weg in die Heimat gefunden hatten und zuerst von ihnen als von Gott Geschlagene diskreditiert worden waren.[46] Dass es ökonomische und ideologische Streitigkeiten zwischen den Nachkommen der zurückgekehrten Gola und den Nicht-Deportierten gegeben hat, ist u. a. aus Ez 11,14 ff.; 33,23 ff. belegt. So heißt es in einem Gotteswort Ezechiels, der ja selbst mit der ersten Deportation im Jahre 597 v. Chr. nach Babylon gekommen war: »Du Mensch, die Bewohner dieser Trümmer auf Israels Boden sagen: Abraham war ein Einzelner (ʾeḥāḏ) und hat das Land besessen. Und wir sind viele (rabbîm) – uns ist das Land zum Besitz gegeben!« (Ez 33,24). Mit Blick auf Jes 51,2 wird deutlich, wie der Streit um das Recht auf heimischem Boden zugleich ein Streit um »Abraham« und die Deutungshoheit der Gründungszeit des Gottesvolkes war. Die Zeichen im vierten Gottesknechtslied stehen aber nicht mehr auf Konfrontation. Die Hoffnung bricht sich die Bahn, die Nachkommen der Rückkehrer und der Daheimgebliebenen würden zu *einer* Zionsgemeinde werden, die gemeinsam der neuen Heilszukunft entgegengeht.

Dass die Wir-Gruppe nicht mit den »vielen Völkern« (gôyim rabbîm) und ihren Königen identisch sein kann, ergibt sich schon daraus, dass jene ihren Mund vor Erstaunen geschlossen halten (52,15) und zum anderen können sie nicht sagen, »wegen der Schuld meines Volkes« habe sie das Unglück getroffen (53,8). Die Völker und ihre Könige sind das weltweite Publikum, das diese innere Entwicklung des Gottesvolkes im Zuge der nachexilischen Restauration bestaunt.

Die »Wir« gehören zum Gottesvolk und sind eine Teilmenge der »Vielen« (rabbîm) (52,14; 53,11.12). Dieser Ausdruck meint nach alttestamentlichem Sprach-

---

46   So die Hauptthese von Hägglund, Isaiah 53.

gebrauch die Gesamtheit des Volkes, wie das u. a. in den Klage- und Dankliedern des Psalters der Fall ist (Ps 3,2 f.; 31,12–14; 40,4; 71,7; 109,30). Dort wird der von Gott aus seinen Nöten befreite Beter erneut in die Gemeinde der »Vielen« aufgenommen. Genau dies geschieht am Ende der Rahmung in Jes 53,11b–12, wobei die Besonderheit dieser Reintegration durch die Erhöhungsaussage in 52,13 gewahrt bleibt. Anders als die vielen Völker, denen nicht verkündet worden war und die nur im Sehen der Wiederbelebung Zions zur Einsicht kommen (52,15), haben die »Wir« die Botschaft gehört und den von Gott Geschlagenen gesehen (53,1 f.) und sind schließlich zur Erkenntnis gelangt, dass er die Schläge Gottes, die sie hätten bekommen müssen, wie ein stummes Lamm getragen hatte. Zu Beginn ihres Bekenntnisses fragen sie nicht, wer *ihrer* Kunde geglaubt habe, sondern, wer geglaubt habe, was *ihnen* zu Gehör gebracht worden war (53,1). Sie waren nicht Verkünder, sondern ungläubige Hörer der Botschaft derer, die Zion ankündigten: »Dein Gott ist König« (52,7). Anders gesagt: Wer hatte der macht- und besitzlosen Schar der Heimkehrer geglaubt, dass sich über ihr, dem tief Verachteten, dem Knecht der Herrschenden (49,7), der Arm Gottes geoffenbart hatte (ᶜal-mî niglāṯâ) (53,1). War das die Art, wie sich Jhwhs Herrlichkeit an allem Fleisch offenbaren sollte (wᵉniglâ) (40,5)? Doch kamen die »Wir« zu einer völligen Neuorientierung. Sie haben erkannt, dass derjenige, der sie Frieden hören ließ (52,7), die »Strafe für unseren Frieden« trug (53,5).

Wenn sich die Vielen über den Gottesknecht entsetzten (52,14), führt das im Buchganzen auf die »Vielen« in 8,15 zurück, die an Jhwhs Heiligkeit scheitern, im Gegensatz zu Jesaja und seinen Schülern (8,16–18). Durch die Kehrtwende, die Anerkennung des Knechts als Heilsinstrument Jhwhs werden diese »Wir« auch zu Schülern des Propheten. Sie haben die Verstockung überwunden und sind zum wahren Sehen und Hören gekommen! Der Bezug wird dadurch gestärkt, dass die Formulierung, die »Vielen« hätten sich »entsetzt« auf das gleiche Verb šmm rekurriert wie die Rede von der Beendigung der Verstockung in 6,11: »bis die Städte verödet sind« (vgl. 1,7; 49,8). Wer sich aus Gesamtisrael, d. h. den »Vielen«, zur Neubewertung der Heimkehrer durchringt, der gehört zu den »Wir«, d. h. zur Nachkommenschaft des Knechts und der Frau Zion, der »Verwüsteten« (šmm), deren Kinder zahlreicher (rabbîm) sind als die der Verheirateten (54,1). Potentiell kann jeder aus den »Vielen« zu den bekennenden »Wir« gehören, insofern er das stellvertretende Leiden anerkennt. Was aber ist der Grund für den Wandel der »Wir« in Bezug auf den Knecht? Es ist Jhwhs Festhalten an seinem Knecht, das zu dieser Neubestimmung führte: »Nicht aus eigener Einsicht kann die ›Wir‹-Gruppe die Funktion stellvertretenden Leidens des Ebed begreifen, sondern nur im Licht der Offenbarung der Treue Gottes zu seinem Knecht.«[47]

Noch ein Weiteres ist zu bedenken: Die Figur des leidenden Knechts und der leidenden Frau Zion sind eng miteinander verschränkt, was bereits an der Position von Jes 53 zwischen den beiden Zion-Kapiteln Jes 52.54 ersichtlich ist. Die bekennenden »Wir« gehören zur Nachkommenschaft von Knecht und Zion, die ab 54,17 »Knechte« genannt werden. Je zahlreicher diese werden, desto zahlreicher (rabbîm) sind die Kinder der verwüsteten Frau Zion, die »nicht in Wehen lag« (lō᾽-ḥālâ) (54,1). Trotz unterschiedlicher Ableitungen ist möglicherweise ein Bezug zur »Krankheit« (ḥºlî) des Knechts intendiert (53,3.4.10). Wie der Knecht nach

---

47   Otto, Krieg, 136, Anm. 229.

Schlägen und Schmähung zur höchsten Höhe erhoben wird, so auch Zion als königliche Braut nach tiefster Erniedrigung. Wenn das geschieht, werden die Könige der Völker ihren Mund verschließen und sehen, was ihnen nicht erzählt wurde, und begreifen, was sie nicht gehört haben (52,15). »Was in der ganzen Welt niemals erzählt und gehört wurde, wird offenbar. Der von Schlägen entstellte Knecht Zion wird sich wie ein König erheben, erhaben und sehr hoch sein.«[48]

Jes 54–55: Die Restauration und Zukunft Zions und Jerusalems

Das zentrale Thema dieser letzten Teilkomposition in Jes 40–55 ist Zions Restauration. Die zuvor verstoßene und kinderlose Stadt wird als Braut Jhwhs und Mutter vieler Kinder in Szene gesetzt. Somit erfüllt sich die Zusage von Nachkommenschaft und Zukunft an den Knecht (53,10). Diese Aussicht steht so gegen alle menschliche Voraussicht, dass sie mit einem Hinweis auf die Durchsetzungskraft des göttlichen Wortes eigens untermauert wird (55,10f.).

In Jes 54 wird Zion/Jerusalem von Jhwh als Unfruchtbare angesprochen, die über eine zahlreiche Kinderschar in Jubel ausbrechen soll (vgl. 52,9f.; 55,12). Das Motiv der »unfruchtbaren Mutter« durchzieht die Zeit der Erzeltern (Sara Gen 11,30; Rebekka 25,21; Rahel 29,31). Wie an den Erzmüttern, so erweist sich Jhwh jetzt an Zion – gegen alle Erwartungen – als Begründer einer segensreichen Zukunft. Die Wortwahl in 54,1 und die weitere Nennung von Sara außerhalb des Pentateuchs (Jes 51,2) zeigen eine besondere Nähe zur ersten Erzmutter: Zion ist wie Sara, aber zugleich größer,

48   Otto, Krieg, 135.

denn ihr Ehemann ist nicht Abraham, sondern Jhwh selbst. Auch die Verheißung, Zions Nachkommenschaft werde Völker beerben (54,3), übertrifft die Verheißungen an Abraham (Gen 22,17) und Rebekka (24,60), ihre Kinder würden die Tore ihrer Feinde in Besitz nehmen. Damit ist zugleich auf die Tradition der Landnahme angespielt (u. a. Num 33,52; Dtn 4,38; 9,1; 11,23; 12,2.29), wie auch bei der Weiterführung des Themas in Jes 61,7. Dort ist Zions Einwohnern verheißen, sie würden anstelle der erlittenen doppelten Schmach eine doppelte Portion als Anteil (ḥēleq) am Land besitzen. Damit konkretisiert sich die Zusage an den Knecht, er werde seinen Anteil (ḥēleq) bei den »Vielen«, d. h. am Besitz Gesamtisraels bekommen.

Mit einem Heilsorakel wird Zion in Jes 54,5 ermutigt, die Zusagen anzunehmen und ihre Schande zu vergessen, denn Jhwh Zebaot, der Heilige Israels und Gott der ganzen Welt, zeige sich erneut als ihr Versorger, ihr Ehemann. Er habe sie zwar für einen kleinen Augenblick verlassen, sammle sie aber wieder mit großem Erbarmen. Das Stichwort »sammeln« (54,7) hat hier großes Gewicht, denn ohne eine Sammlung der Verstreuten kann Zions Restauration nicht gelingen. Wie Jhwh nach der Sintflut den Schwur eines ewigen Bundes leistete, die Erde nie mehr zu verderben (Gen 9,16), so schwört er nun seiner Braut Zion, ihr niemals mehr zu zürnen (54,9f.). Somit wird nach dem Rekurs auf die Erzeltern auf eine noch ältere Zeit zurückgegriffen, um das Vertrauen in die Verlässlichkeit Gottes zu stärken.

Hinter den kostbaren Edelsteinen in 54,11, mit denen Jhwh die elende, sturmzerzauste und nicht getröstete Stadt Zion wiederaufbaut (vgl. Klgl 4,1f.), stehen ihre Kinder, die alle »Jhwhs Schüler« (limmûḏê yhwh) sind (54,13). Damit stehen sie in Kontinuität zu den Schülern

Jesajas (8,16) und des Gottesknechts (50,4). Wenn den Schülern Jhwhs großer Friede zugesagt ist (54,14b), ist das mit dem »Bund meines Friedens« (54,10) zu verbinden, der Zion gilt. Diese Schülergemeinschaft steht unter dem sicheren Schutz Gottes, den er Zion garantiert. Nur weil Jhwh auch der Erschaffer der feindlichen Waffen ist, die Unheil bringen können (54,16; vgl. 45,7), kann er verhindern, dass diese gegen Zion noch einmal erfolgreich sein werden. Als alleiniger Begründer des Unheils ist Jhwh auch alleiniger Garant des Heils. Die Beistandszusage für Zions Sicherheit ist das Erbteil der Knechte Jhwhs (54,17; vgl. 49,8; 58,14). Wie die Leviten keinen Anteil bei der Landnahme erhielten, sondern ganz von ihrem Dienst für Jhwh lebten (u. a. Num 18,20 ff.; Dtn 12,12; 14,27), sollen sich auch die Knechte, die in den beiden letzten Kapiteln des Jesajabuches eine zentrale Rolle spielen (65,8.9.13.14.15; 66,14), allein auf den Schutz Gottes verlassen können.

Nach den göttlichen Zusagen für Zion und die Knechte in Kap. 54 ergeht in Jes 55 die Aufforderung, an dieser Schülergemeinde Jhwhs teilzunehmen. Der Ausruf »hôy«, der sonst Wehe-Sprüche einleitet (u. a. Jes 5,8.11.18.20; 10,1.5; 45,9 f.), ist hier im Sinne eines »Auf!« gemeint (vgl. Sach 2,10 f.). Zugleich zeigt es auch die Entscheidung an, vor welche die Adressaten gestellt sind, sich entweder den Knechten anzuschließen oder sich ihnen zu verschließen. Nur mit den Knechten schließt Jhwh einen »ewigen Bund« gemäß der unverbrüchlichen Gnadenzusagen an David (55,3). Anders als in Ez 34,23 ff. gilt diese Zusage nicht einem »David redivivus« als Knecht Jhwhs, sondern der Gruppe der Knechte. Damit ist die Davidtradition nicht dynastisch weitergeführt, sondern auf die Knechte bezogen. Sie sind die Träger der davidischen Verheißungen (vgl. Ps 89,38.50). Sie hat Jhwh als »Zeuge der Nationen« aufgestellt, als Fürst und Gebieter für die Völker (Jes 55,4). Dies bezieht sich nicht auf eine politische Herrschaft, die Jhwh, der Weltenkönig ja dem Kyrus als seinem Gesalbten und Hirten (44,28; 45,1) übertragen hatte, sondern auf die Rolle, Menschen aus den Völkern zu Jhwh hinzuführen, der sich in Zion verherrlicht (55,5). In diesem Zeugenamt für die Nationen setzt sich die Mission des Knechts fort, Licht der Völker (42,6; 49,6) zu sein. Zugleich ist die Funktion des Zeugen vom heimkehrwilligen Teil der Gola (43,10.12; 44,8) auf all die übergegangen, die sich der Knechtsgemeinde auf dem Zion anschließen.

Die Einladung an alle Dürstenden, sich der Wasserquelle zuzuwenden (vgl. Jes 12,3; Ps 46,5; 65,10; 87,7; Ez 47; Joel 4,18; Sach 14,8), bezieht sich auf die Gabe der Tora (Ps 1), die den Menschen nährt (vgl. Jes 55,2b mit Dtn 8,3). Die Völkerwallfahrt zum Zion (Jes 2,2−4) wird durch diese angezielte Hinwendung Einzelner aus den Nationen eingeleitet.[49] Als Zeuge, Fürst und Gebieter fordert die Knechtsgemeinde ihre Adressaten auf, die Wege des Frevels zu verlassen und sich dem vergebenden Gott zuzuwenden (55,7−9; vgl. Jer 29,11; 31,34).

Der Worttheologie in 40,6−8 entsprechend enden die Kapitel Jes 40−55 mit der sicheren Hoffnung auf die lebensspendende Kraft des göttlichen Wortes, das immer wieder Leben und Nachkommenschaft hervorbringt (55,10). Wenn sich Menschen dem Frevel ab- und Jhwh zuwenden (55,7), gleicht das der Umwandlung von Dornen und Disteln zu Wacholder und Myrte, dem Paradiesgarten Zion entsprechend (51,3). Das wird für Jhwh zum Ruhm und zum ewigen Zeichen sein, das nicht getilgt wird (55,13; vgl. Gen 9,11 f.).

---

49 Zu dieser Thematik siehe Haarmann, JHWH-Verehrer der Völker.

VII. Akt: Kap. 56–66
Die Trennung der Gemeinde in Frevler und Fromme

Anders als die Kapitel 1–39 und 40–55 ist der letzte Großteil des Jesajabuches (Kap. 56–66) konzentrisch aufgebaut, mit der Heilsankündigung für Zion/Jerusalem im Zentrum (60–62). In drei Rahmungen geht es a) um die Zulassung von Proselyten, Verschnittenen und um die Sendung zu den Völkern (56,1–8; 66,18–24), b) um Anklageworte, die auf eine Trennung von Frevlern und Frommen hinauslaufen (56,9–58,14; 65,1–66,17) und c) um kollektive Klagen, die sich mit dem Ausbleiben des Heils auseinandersetzen (59; 63,1–64,11). Die Zulassung von Fremden (56,1–8) und die Anklagen gegen das eigene Volk (56,9–58,14) sind vor die Ankündigung des göttlichen Lichts über Jerusalem/Zion (Jes 60–62) gestellt, denn zum einen gilt das Heil auch Menschen aus den Völkern und zum anderen müssen sich die Frevler im Gottesvolk bekehren, bevor das Licht kommen kann.

Jes 56,1–8: Die Zulassung von Fremden und Verschnittenen

Gleich zu Beginn werden die zentralen Begriffe »Recht/Gerechtigkeit« (mišpāṭ/ṣeḏāqâ) und »Rettung/Gerechtigkeit« (yešûʿâ/ṣeḏāqâ) eingeführt (56,1). Während das erste Wortpaar in Jes 1–35 häufig belegt ist (u.a. 1,21.27; 5,7.16; 9,6), findet sich das zweite in Jes 40–55 (45,8; 46,13; 51,5.6.8). Am Beginn des dritten Großteils werden beide Wortpaare kombiniert, was anzeigt, dass die verschiedenen Teile der Jesajarolle nun zusammenwachsen. Die Adressaten werden aufgefordert, sich der nahenden Rettung entsprechend zu verhalten.

Die Frage nach der Zulassung von Fremden wird in 56,2–8 eindeutig positiv beantwortet. Der Fremde, der sich dem Bundesvolk angeschlossen hat, muss nicht befürchten, daraus wieder entfernt zu werden und der Verschnittene soll nicht sagen, er sei ein »dürrer Baum« (56,3). Ihnen gilt die unverbrüchliche Zusage Gottes, er werde ihnen in seinem Haus und seinen Mauern ein Denkmal und einen Namen (yād wāšēm) geben, der besser ist als Söhne und Töchter, einen ewigen Namen, der nicht getilgt wird (56,5). Die Aufnahme von 55,12f. ist deutlich, denn dort waren die jubelnden Bäume und die Umwandlung von dürrem Holz zu kostbaren Gewächsen das ewige Zeichen für Jhwh, das nicht getilgt wird. Selbst der Eunuch (sārîs) ist kein »dürrer Baum« in der Gemeinde, sondern ein vollwertiges Mitglied. Das kann als Abrogation der mosaischen Tora gewertet werden, Männer mit beschädigten Geschlechtsorganen dürften nicht in die Gemeinde aufgenommen werden (Dtn 23,2; vgl. Ez 44,7f.). Wer der Aufnahme von Fremden (vgl. Esr 9,1–4; Neh 9,2) und Eunuchen nicht zustimmt, der lehnt nach Jes 55,12f. das eschatologische Zeichen der Heilswende ab. Die Erfahrung der Fremde von Seiten der Heimkehrer aus Babel und der Diaspora haben die Knechtsgemeinde für die Zulassung von Jhwh-Verehrern aus den Völkern offen gemacht. Gott selbst bringt diese zu seinem heiligen Berg und nimmt ihre Schlacht- und Brandopfer wohlgefällig an, denn sein Haus ist ein Haus des Gebetes für alle Völker (56,7; vgl. 1 Kön 8,41ff.; Sach 14,20f.).

Jes 56,9–57,13: Anklagen gegen Oberschicht und Volk

In dieser Scheltrede werden die Anführer (56,9–12) und das Volk (57,1–13) sozialer und kultischer Vergehen angeklagt. Den Wächtern, d. h. den tragenden Persönlichkeiten des nachexilischen Israels, wird vorgeworfen, sie seien blind und lauter stumme Hunde, die die Herde nicht vor den Raubtieren warnten und schützten. Ihr Versagen wirke als eine Einladung (»kommt«; 56,9.12) für diejenigen, die nur ihren eigenen Vorteil suchten und auf Kosten anderer feierten (vgl. Jes 5,11; 28,7). Diese Anklage steht im schroffen Gegensatz zum Heilsbild von Jes 55,1ff., wo alle Dürstenden eingeladen waren, ohne Geld und Bezahlung die besten Speisen auf dem Zion genießen zu können.

Wegen dieser Missstände kommt der Gerechte um, ohne dass sich jemand um das Schicksal der Treuen kümmert (57,1). Wo der Gerechte unterdrückt wird, kann sich Gottes Gerechtigkeit nicht offenbaren und bleibt seine Rettung aus (56,1). Die Anklage richtet sich gegen die Kinder der Zauberin, Nachkommen des Ehebrechers, womit niemand anders als die sündige Frau Zion gemeint ist, die in 57,6–13 auch direkt angesprochen ist. Es handelt sich um das einzige negative Porträt Zions im gesamten Jesajabuch: Zion steigt nicht auf einen hohen Berg, um Jhwhs Kommen anzukünden (40,9), sondern um Idolatrie zu treiben (57,7). Fremdkulte wurden in nachexilischer Zeit noch stark praktiziert (vgl. Jes 65,3–7.11; 66,3; Ez 33,24ff.; Sach 10,2; 13,2; Lev 17,7; Ijob 31,26f.; Ps 40,5), was Zion kultisch pervertiert. Hatte Jhwh den Eunuchen eine Zukunft angesagt, die besser sei als die leiblicher Söhne und Töchter (56,5), so bringen die Apostaten ihre eigenen Kinder den Götzen zum Opfer dar (57,5). Frau Zion verhält sich wie Frau Babel, die sich das Negative auch nicht zu Herzen genommen hatte (57,11; 47,7). Das Fazit ist klar: Diese Art pervertierter Gerechtigkeit wird nichts nützen (57,12). Sammelt Jhwh die Verstreuten (56,8), so sammelt Zion ihre Götzen (wörtl. »die Versammelten«; 57,13). Wenn Zion auf Götzen hofft, ist sie verlassen und nur der, der auf Jhwh vertraut, wird das Land beerben und seinen heiligen Berg besitzen (57,13). Die Treuen aus dem Gottesvolk und aus den Völkern (56,7) werden Wohnrecht auf dem Berg Gottes genießen. Nicht die Ethnie, sondern die Ethik, die Jhwh angemessene Lebensführung, ist das Ein- bzw. Ausschlusskriterium für das neue Gottesvolk auf dem Zion.

Die Anklagen wollen nicht ein neues Gericht ankündigen, sondern zur Umkehr mahnen. Die Verantwortlichen sollen alle Hindernisse wegräumen (57,14; vgl. 40,3; 62,10), mit denen kultische und soziale Missstände gemeint sind. Das feierliche Gotteswort in 57,15, das sich an Formulierungen des Jesajabuches orientiert (6,1.3; 9,5), betont zum einen Jhwhs Transzendenz, zum anderen seine Nähe zugunsten der Bedrückten (vgl. 53,5.10). Seine Größe (2,11.17; 12,4; 33,5; 52,13) bedeutet für die Zerschlagenen nicht Gottesferne, sondern ist der Grund rettender Nähe (66,2). Gottes Zorn, der sich an den Missständen entzündet, wird nicht zu einer neuerlichen Katastrophe führen, sondern ist durch die Geschöpflichkeit des Menschen begrenzt, an die sich Jhwh erinnert (57,16f.). Das letzte Wort lautet nicht Strafe, sondern Heilung durch Trost: »ich vergelte es mit Tröstungen, ihnen und ihren Trauernden« (57,18). Der daraus resultierende Friede gilt den Fernen und den Nahen, d. h. denen aus den Völkern und dem Gottesvolk (57,19), nicht aber den Frevlern (57,21). Die ethnische Trennung ist durch eine ethische ersetzt!

Jes 58–59: Das richtige Fasten, Halten des Sabbats und ein kollektives Bußgebet

Nach Jhwhs Bereitschaft, zu trösten und zu heilen richten sich Jes 58–59 an diejenigen in Jakob, die bereit sind, sich von ihren Sünden abzuwenden. Das Eponym »Jakob« ist an strategischen Stellen eingesetzt: am Beginn (V. 1) und Ende (V. 14) von Jes 58 und zum Schluss von Jes 59 (V. 20). Der Schlussvers gibt das Ziel der gesamten Einheit an: Jhwh kommt zum Zion und nur zu denen, die sich von den Vergehen in Jakob abwenden.[50] Mit diesen (Pl.) schließt Jhwh seinen Bund, legt seinen Geist auf ihn (Sg.), seine Worte ihm in den Mund auf ewig (59,21). Damit meinen die Verfasser sich selbst als diejenigen, die durch das Bußgebet (59,9–14) ihre Umkehrbereitschaft bewiesen haben. Das »nicht weichen« im Kontext des Bundes findet sich nur noch in 54,10 – dort an Zion gerichtet. Die Bundeszusage gilt denen aus Jakob, die sich von der Sünde im nachexilischen Jerusalem fernhalten und so zu den wahren Kindern Zions, den Schülern Jhwhs zählen.

Während sich die Anklageworte in 57,3 an die Kinder der Zauberin richteten und größte Verfehlungen anprangerten, wendet sich Jes 58 an diejenigen, die meinen, Gerechtigkeit zu üben und vom Recht nicht abzuweichen (58,2). Da sie die Forderungen nach Recht und Gerechtigkeit ihrer eigenen Meinung nach erfüllten (so 56,1), hätte Jhwh sich bereits heilvoll zeigen müssen. Sie fühlen sich Jhwh gegenüber im Recht, der ihr Fasten und ihre Selbstkasteiung anscheinend nicht beachtet hat (58,3a). Die Fastenfrage passt in die exilisch-frühnachexilische Zeit, in der Klagefeiern mit

---

50   »Zion« und «Jakob« stehen im Jesajabuch nur noch in Jes 2,3 in einem Vers zusammen!

Selbstminderungsriten sowohl zum Gedenken an den Fall Jerusalems und die Zerstörung des Tempels als auch zur Aufforderung um ein baldiges Eingreifen Jhwhs abgehalten wurden (Klgl; Sach 7,1ff.; 8,18f.; Neh 9,1f.; Esra 9,5). Nicht das Fasten an sich wird hier kritisiert, sondern eine äußerliche Selbstkasteiung, die von den sozialen Verpflichtungen gegenüber Untergebenen und Armen völlig absieht. Fasten soll den Menschen nicht verschließen, sondern ihn für die Bedürftigkeit anderer öffnen. Wer so fastet, dem bricht das Licht auf, der findet Heilung und dem geht seine Gerechtigkeit voran und dem zieht Jhwhs Herrlichkeit hinterher. Jetzt geht es nicht mehr um den Aufbruch aus den Orten der Zerstreuung (52,12), sondern um den Exodus aus den eigenen Egoismen, den der Gott der Befreiung erneut begleitet (»Nachhut« 58,8). Damit ist das Aufscheinen des Lichts (60,1; 62,1) explizit mit dem Tun der Gerechtigkeit verbunden. Jerusalem kann nur dann im Licht erstrahlen und Licht der Völker sein, wenn in ihr Recht und Gerechtigkeit gelebt werden. Damit Zion zum Gottesgarten werden kann (51,3), bedarf es Menschen, die einem bewässerten Garten gleichen, deren Wasserquellen nicht versiegen (58,11; vgl. Jer 31,12). Sie sind es, die das Gemeinwesen wieder aufrichten, die nicht nur die Breschen in den Mauern, sondern auch die gesellschaftlichen Risse wieder dichten (58,12).

Die anschließende Betonung des Sabbats als Heiligung Gottes durch die Unterbrechung des Geschäftslebens unterstreicht die soziale Verantwortung (58,13f.; Ex 20,8ff.; Dtn 5,12ff.), zu der alle aufgerufen sind, die am kultischen und gesellschaftlichen Leben teilhaben (56,2.6). Wer von seinen Geschäften am Sabbat Abstand nimmt, muss nicht befürchten, dadurch ins Hintertreffen zu geraten, denn es gilt die Zusage Gottes, er werde ihn auf den Höhen des Landes einherfahren und das

Erbe seines Vaters Jakobs genießen lassen (58,14). Damit ist der Heilszustand im Lied des Moses angesprochen (Dtn 32,13), und zwar bevor sich das »fett gewordene« Gottesvolk von ihrem Fels abwandte. Mit der Einhaltung des Sabbats werden die Gaben des Erblandes garantiert, ohne ihnen durch rastlose Geschäfte nachzujagen.

Die prophetische Scheltrede in 59,1–8 bestreitet den Vorwurf, Jhwh könne bzw. wolle nicht retten (V. 1; vgl. 50,2), und zwar mit dem Hinweis auf die Sünden der Adressaten, die sie von ihrem Gott trennen. Die direkte Anrede (»ihr«) (V. 2f.) wird durch die beschreibende Rede »er/man« (V. 4) bzw. »sie« (5–8) abgelöst. Daran schließt sich das Schuldgeständnis einer Gruppe an (9–15a). Auch diese »Wir« haben gesündigt, aber sie gehören zu denen, die sich in Jakob bekehren (V. 20). So ändern auch sie ihre Einstellung wie die »Wir« im vierten Gottesknechtslied (Jes 53). Einen ähnlichen Personenwechsel innerhalb einer Anklage Jerusalems findet sich zu Beginn des Jesajabuches (»sie« 1,4; »ihr« 1,5–8; »wir« 1,9f.), und auch sonst gibt es Verbindungslinien. Die Anklage, die Hände der Adressaten seien mit Blut befleckt (59,3), nimmt zum einen das Wort des Propheten aus 1,15 auf und steht zum anderen ebenfalls hinter dem Thema »Sabbat« (und Festtage) (58,13f.; 1,13f.). Auch die Redeweise »Ja, der Mund Jhwhs hat gesprochen« findet sich nur in 58,14 und 1,20. Die Verfasser im letzten Teil des Buches aktualisieren somit Jesaja ben Amoz für ihre Zeit des Nachexils. Auch sie stellen ihre Adressaten vor die Alternative von 1,19f., die das Hören mit dem Essen der guten Gaben des Landes belohnt, die Weigerung aber mit dem Schwert (vgl. »essen«; 58,14). Hatte Jhwh einst strafend eingegriffen, so rüstet er sich nun erneut zum Kampf (59,15b–20). Für die Restgemeinde legt Jhwh die Gerechtigkeit wie einen Panzer an, setzt sich den Helm der Rettung auf, umhüllt sich mit den Gewändern der Vergeltung und des Eifers (59,17f.). Bevor er Jerusalem in Gewänder des Heils und den Mantel der Gerechtigkeit kleiden kann (61,10), muss er sich selbst mit Vergeltung und Eifer bekleiden. Er wird der Abwesenheit von Recht, Gerechtigkeit und Rettung, welche die »Wir« durch ihr eigenes Tun beklagten, ein Ende machen (59,9.11.14), wenn er als Go'el für die zum Zion kommt, die sich von der Sünde in Jakob abwenden (59,20). Das nimmt sein Kommen wie ein reißender Strom von 59,19c auf. Dieses Kommen Gottes bestimmt die nachfolgenden Kapitel (60,1; 62,11; 63,1). So erst wird der Mottovers, der über dem letzten Großteil des Buches steht, erst richtig verständlich: »Wahrt Recht, tut Gerechtigkeit, denn meine Rettung ist nah, dass sie kommt und meine Gerechtigkeit, dass sie offenbar wird« (56,1). Für die aber, die Recht und Gerechtigkeit nicht tun, kommt Jhwh auch nicht als Retter, sondern als Vergelter des Unrechts.

Jes 60–62: Die Offenbarung des Lichts über Zion und Jerusalem

Der Schlussvers von 59,21 ist der hermeneutische Schlüssel für das Verständnis der Offenbarung des Lichts, des göttlichen Heils über Jerusalem (Kap. 60.62) und der zentralen Geistbegabung zur Befreiung der Armen (Kap. 61). Denen, und nur denen, die sich von der Sünde in Jakob abwenden, gilt Jhwhs Bund. Auf ihm (Sg.), d. h. auf dieser Gruppe, liegt Gottes Geist und befähigt sie und ihre Nachkommen zur Vermittlung des Gotteswortes – eine klare Kritik, wenn nicht gar eine Kampfansage an eine Verengung der Mittlerschaft durch die mosaische, d. h. priesterliche Tora (vgl.

51,16). Es geht um nichts weniger als um die Meinungsführerschaft bei der Restauration im nachexilischen Jerusalem.

Jes 60: Zions und Jerusalems zukünftige Herrlichkeit

Auch in Jes 60 bleibt die Heilswende zukünftig, denn nicht Geschehenes ist beschrieben, sondern Erhofftes verdichtet. Die Ansage des göttlichen Kommens aus 59,19f. ist mit 60,1 aufgenommen und das »auf dir« (masc.) (59,21) setzt sich im »auf dir« (fem.), das Zion gilt, fort (60,1.2.5). Das Offenbarwerden der Herrlichkeit Jhwhs ist ebenfalls wiederholt (59,19; 60,1f.) und das Motiv des Lichts (ʾôr; 7x in Jes 60) weist auf das Imperativgedicht zurück (vgl. 51,17; 52,1). Durch die Ankunft des göttlichen Lichts über ihr übernimmt Zion die Funktion des Gottesknechts als Licht der Völker (42,6; 49,6). Doch kommt das Licht jetzt nicht mehr zu den Völkern, sondern Völker und Könige machen sich auf den Weg zum Licht, das über Zion herrlich strahlt (60,3). Sie kommen nicht, um Tora zu lernen (vgl. 2,2–4), sondern um die unter ihnen lebenden Kinder Zions mit kostbaren Gaben zurückzubringen (60,4–9; vgl. 49,18ff.). Ab V. 10 wechselt das Bild und aus den Geschenken werden Wiedergutmachungen. Die Könige werden Zions Untergebene und die sich ihr nicht unterwerfen, werden untergehen (60,12; in Aufnahme von Jer 27,8). Nicht nur materiell, sondern auch spirituell wird sich die Beziehung der Völker zum Zion ändern, denn sie werden sie nennen: »Stadt Jhwhs, Zion des Heiligen Israels« (60,14). Diese und ähnliche Namensgebungen finden sich durchgehend und bringen die Hoffnungen der nachexilischen Gemeinde auf den Punkt (Jes 60,18; 61,3.6; 62,2.4.12; 65,15; vgl. Ez 48,35).

In den Schlussversen von Jes 60 handeln nicht mehr die Völker, sondern Jhwh ist aktiv, der gute Baumaterialien durch noch bessere ersetzt (vgl. die Baustoffliste in 1 Chr 22,14). Das Wichtigste steht am Ende: Jhwh setzt den Frieden als Wache und die Gerechtigkeit als Obrigkeit ein. Dann wird man von Gewalttat nichts mehr hören, Jerusalems Mauern werden Rettung und ihre Tore Lobpreis genannt (60,17–18). Am Programm der ethischen Restauration (vgl. 56,1) wird konsequent festgehalten. Auch Gestirnskulte werden nichts nutzen, da Jhwh »ewiges Licht« für Zion sein wird (60,20).

Am Ende steht eine Zionsbevölkerung, die nur aus »Gerechten« besteht (vgl. 57,1: Untergang des Gerechten). Ihnen ist der Besitz des Landes und sicheres Wachstum als Pflanzung Gottes und Werk seiner Hände zur Verherrlichung zugesagt (60,21f.). All das verweist auf die »Eichen der Gerechtigkeit« (61,3), die Jhwh mit seinem Geist salbt und sie so zu Frohboten für die Armen macht (60,1). Ist diese Gruppe in 60,21 mit »Spross« (nēṣer) bezeichnet, so bedeutet das auf synchroner Ebene eine Aktualisierung von 11,1, untermauert durch die Geistbegabung in 11,2 (vgl. 61,1). Wie aus David, dem Kleinsten (1 Sam 16,11), ein mächtiges Haus wurde, so erhofft sich die Gruppe der Gerechten Stärke und Einfluss, was auf gegenteilige Erfahrungen schließen lässt. Auf einen wachsenden Druck deutet auch das pointierte Schlusswort Jhwhs hin, er werde es zu seiner Zeit schnell ausführen (vgl. 5,19, ebenfalls im Kontext der Unterdrückung der Gerechten [5,23]).

Jes 61: Die Geistbegabung der Gerechten

Die Geistbegabung der Gemeinde der Gerechten auf dem Zion steht im Zentrum von Jes 61. Wie die heimkehrwillige Gola als Knecht Jhwhs zur Durchsetzung seines Willens mit seinem Geist begabt war (vgl. 42,1; 44,3; 48,16), so sind es auch ihre heimgekehrten Nachkommen, die für eine gottgemäße Restauration Jerusalems eintreten. Aus dem Einsatz für die Freilassung aus Babel und der Diaspora (vgl. 42,7; 49,9) ist ein Kampf für die Befreiung der wirtschaftlich Unterdrückten geworden. Das stark theologisch gefärbte Verb »Frohbotschaft verkünden« (bsr) (40,9; 41,27; 52,7) ist jetzt in den Dienst der Sozialethik gestellt. Die gesellschaftliche Zerklüftung war nicht zuletzt Folge der harten persischen Steuerpolitik unter Darius I. (522– 486 v. Chr.). Die Entsolidarisierung der judäischen Bevölkerung schritt schnell voran, wie u. a. an Jes 58 und Neh 5 abzulesen ist. Die angezielte Befreiung der Armen wird als Freilassung aus der Schuldknechtschaft dargestellt, die ansonsten nur für das Sabbat- bzw. Jobeljahr vorgesehen war (vgl. Lev 25,10; Ez 46,17; Jer 34,8.15.17). Wer sich der Freilassung der Schuldsklaven verweigert, dem ist »der Tag der Vergeltung unseres Gottes« angedroht. Das Stichwort nāqām »Vergeltung« verdeutlicht zweierlei: Zum einen sind die Ausbeuter nicht nur Gegner der Armen, sondern auch Feinde Gottes (59,17 f.), zum anderen gehören sie nicht zu Jakob, sondern zu Edom (63,4), das der Moseschar ebenfalls den Weg in die Freiheit versperrte (Num 20,14 ff.). Die Bezeichnung »unser Gott« deutet auf ein starkes Gruppenbewusstsein hin und zeigt, dass sich hinter dem mit dem Geist Begabten nicht ein Individuum, sondern ein Kollektiv verbirgt. Alle, die dazu gehören, werden »Eichen der Gerechtigkeit« genannt, »Pflanzung Jhwhs zur Verherrlichung« (61,3). Mit diesen Eichen, mit solchen Bewohnern, die alle »Gerechte« sind (60,21), verwirklicht sich der Name Jerusalems, der ihr schon seit Jes 1,26 in Aussicht gestellt worden war: »Stadt der Gerechtigkeit«!

Diese Eichen bilden die Pfeiler der Restauration: Als Kinder der verwüsteten Stadt und Frau Zion (54,1) werden sie die uralten Verwüstungen wieder aufbauen. Nicht mehr sie müssen für Fremde die Landarbeit verrichten, sondern diese werden ihnen zu Diensten sein, und zwar als Umkehrung von Jes 1,7. Dieser Vers mit seinem vierfachen »euer« wird beim abrupten Wechsel zur 2. Pers. Pl. in 61,6 eine Rolle gespielt haben. Wichtiger ist aber der Referenztext Ex 19,6, der von der priesterlichen Funktion des Gottesvolkes inmitten der Völker spricht, denn auch er beginnt mit »ihr aber« (w^{e}attem). In Jes 61,6 sind es die vom Gottesgeist Begabten, denen gesagt wird: »Ihr seid Priester Jhwhs« und »Diener unseres Gottes«. Prophetisches Charisma und priesterliche Würde finden in den Knechten zueinander, die wohl aus tempelnahen Kreisen stammen.

Die doppelte Schande, die Zions Trauernde durch einen doppelten Landanteil vergolten wird (61,7), spielt zum einen auf die doppelte Strafe Jerusalems an, die sie zur Gänze abgebüßt hat (40,2), zum anderen auf die Nicht-Berücksichtigung des Stammes Levi bei der Erbverteilung des Landes (Num 18,20 ff.). In Zukunft wird diese Zurücksetzung der Leviten durch ihren doppelten Anteil bei der erhofften nachexilischen Neuverteilung des Landes ein Ende haben. Die Kultnähe setzt sich in 61,8 fort, wo Jhwh sagt, er liebe das Recht und hasse Raub beim Brandopfer. Es waren u. a. Elis Söhne, Diener Jhwhs (1 Sam 2,11; 3,1; vgl. Jes 61,6 [Diener unseres Gottes]), die sich nicht an das Recht der Priester hielten (1 Sam 2,13) und sich gegen Jhwh und die Opfernden versündigten. Einen solchen Amtsmissbrauch soll es auf dem Zion nicht mehr geben.

Mit den »Eichen der Gerechtigkeit« (V. 3) schließt Jhwh einen »ewigen Bund« (61,8). Bezogen sich die Zusagen in 55,3 auf die königlich-davidische, die in 59,21

auf die mosaisch-prophetische, so ist hier die priesterliche Würde gemeint (siehe 61,10). Mit diesem letzten
Beleg von »Bund« im Jesajabuch gehen alle Vollmach-
ten auf die Zionsgemeinde der Gerechten über. Die
Skepsis dem Opferkult gegenüber (»Raub beim Opfer«) (V. 8) ist nicht zu überhören, anders als die Betonung der »ewigen Freude«, die zum »ewigen Bund«
passt. Die Nachkommen dieser Gemeinde der Gerechten werden unter den Völkern als die von Jhwh Gesegneten bekannt sein (61,9; vgl. 59,21), was ihre Of-
fenheit auf die Völkerwelt hin unterstreicht.

Das abschließende Danklied (61,10f.) bildet eine
Inklusion zum Anfang des Kapitels (V. 1–3): Nur in
V. 1.10 spricht ein »Ich«, die Gottesbezeichnung »Herr
Jhwh« (ᵃdōnāy yhwh) findet sich allein in V 1.11 und
der Begriff »Gerechtigkeit« steht hier ebenfalls aus-
schließlich in V. 3.10.11. Der Introitus ist aus Ps 35,9 ge-
nommen, dem Gebet eines verfolgten Gerechten, der
weiß, dass Jhwh die Armen den Ausbeutern entreißt
(V. 10). Dank und Freude erfasst die große Gemeinde
(Ps 35,18.27), denn Jhwh will das Heil seines Knechts
(Ps 35,27). Während sich die Gegner in Schimpf und
Schande kleiden müssen (Ps 35,26), kleidet Jhwh die
Zionsgemeinde in Gewänder der Rettung, in den Mantel der Gerechtigkeit, so dass sie sowohl dem Bräu-
tigam gleicht, der den Kopfschmuck nach Priesterart
(MT yᵉkahēn) trägt, als auch der festlich gekleideten
Braut (61,10). Die Prachtkleider, in die sich Zion hül-
len soll (52,1), sind Kleider der Rettung und der Gerechtigkeit (vgl. 56,1). Wo diese Ethik gelebt wird, da
lässt Jhwh Gerechtigkeit wie in einem Garten sprießen
(vgl. 51,3: Zion als Garten) und Lob vor allen Völkern
(61,11).

Jes 62: Zions und Jerusalems zukünftige Herrlichkeit

Mit Kap. 62 setzt die Zionsgemeinde ihre Arbeit als Anwältin eines gottgefälligen Wiederaufbaus Jerusalems fort. Hinter dem »Ich«, das nicht ruht bis Zions Gerechtigkeit und Heil wie eine Fackel vor den Völkern brennt (V. 1), stehen die »Wächter« und »Erinnerer« (V. 6). Sie gönnen sich keine Ruhe und lassen Jhwh keine Ruhe, bis er Jerusalem zum Lobpreis auf der ganzen Erde macht.

Der neue Name (62,2) wird in V. 4 bekannt gegeben und schließt neben Jerusalem (»Mein Gefallen an ihr«) auch das Umland (»Verheiratete«) ein. Die Aufnahmen aus Jes 54,1ff sind eindeutig, verborgener dagegen ist der Bezug zu 53,10: Wie es Jhwh gefiel, seinen Knecht durch Krankheit zu zerschlagen, so hat er nun an Jerusalem sein Gefallen wiedergefunden (ḥpṣ in 53,10 und 62,4). Der Erhöhung des Knechts entspricht Zions Erhöhung: Sie wird zur herrlichen Krone, zum königlichen Diadem in der Hand Gottes. Die Krone bleibt in seiner Hand, denn er allein ist König! Das seltene Wort ṣānîp (V. 3) bezeichnet den königlichen Kopfschmuck (Sir 11,5; 40,4, 47,6) und nur in Sach 3,5 den hohepriesterlichen Turban bei der Investitur Jeschuas. Das wurzelgleiche miṣnepeṭ bezieht sich fast immer auf den Kopfschmuck des Hohenpriesters (u. a. Ex 28,4.37.39; 29,6). Zions Erhöhung bekommt somit königliche *und* hohepriesterliche Züge. Auf diesem Hintergrund sind auch die »Erinnerer« (mazkirîm) (V. 6) zu sehen, denn der mazkîr war in vorstaatlicher Zeit einer der höchsten Staatsdiener, der königliche Sekretär (2 Sam 8,16; 20,24; 1 Kön 4,3; 2 Kön 18,18.37; par. Jes 36,3.22). Eine ähnliche Position nehmen die Verfasser als Verfechter einer sozialethischen und völkeroffenen Restauration Jerusalems für sich in Anspruch. Das Thema »Lob«

(tᵉhillâ vgl. 42,10.12; 43,21; 60,6.18; 61,3.11; 62,7) untermauert die Nähe dieser »Erinnerer« zur Liedtradition
Israels, und zwar in völkeroffener Ausrichtung (vgl. Ps
48,11; 65,2; 66,2.8; 100,4; 145,1.21; 147,1; 148,14; 149,1).
Das Erinnern beinhaltet die Aufforderung, Jhwh solle
definitiv für die Gottesstadt auf- und eintreten, was
das nachfolgende Klagegebet in 63,7–64,11 eindrucksvoll bestätigt.

Das Gotteslob, das aus dem erneuerten Jerusalem
weltweit erklingen soll, kann nur dann Wirklichkeit
werden, wenn diejenigen wieder über Essen und Trinken in Lob ausbrechen können, die dafür hart gearbeitet haben (vgl. 65,21). Der Gottesschwur in 62,8f. sagt
dies zu (vgl. Arm Gottes in 51,9; 52,10; 53,1; 63,5.12).
Der Verzehr in den Vorhöfen des Heiligtums (62,9) lässt
auf die Festfreuden bei Wallfahrten schließen, wobei
das Laubhüttenfest eine wichtige Rolle spielt (Dtn
16,9ff.; Neh 8,16; vgl. Ps 65,5; 84,3; 92,14; 96,8; 100,4;
135,2). Die Ausbeutung durch Fremde (Jes 1,7) wird
ein Ende haben und das Zertreten der Vorhöfe (Jes 1,12)
wird dem gottgefälligen Lob weichen. Nicht reiche Gaben der Völker werden erwartet (60,5ff.; 61,5ff.), sondern die Hoffnung gilt dem freudigen Verzehr der
eigenen Erträge in den Vorhöfen des Tempels. Vom Opferkult ist hier keine Rede, wohl aber vom Lob, das
vom Heiligtum ausgeht.

Jes 63,1–6: Das Strafgericht Jhwhs gegen Edom

Das Pendant zum kampfbereiten Jhwh in 59,15b–20
vor den Licht-Kapiteln (60–62) findet sich danach in
63,1–6. Hieß es in 59,20, Jhwh werde zu Zion kommen,
so nun, er sei aus Edom gekommen (63,1). Jhwh setzt
sich kraftvoll in Szene: »Ich spreche in Gerechtigkeit
und bin stark um zu retten« (63,1; vgl. das Leitmotiv in

56,1). Das in 62,11 angesagte Kommen des Heils ist aufgenommen und für die »Erlösten Jhwhs« (62,12) ist das
Jahr der Erlösung gekommen (63,4). Die Befragung,
wer der sei, der aus Edom in roten Gewändern komme
(63,1), richtet sich an die Stadtwächter in 62,6, die
Jhwhs Ankunft ankündigen, und zwar als Vergelter
(59,17) gegenüber all denen, die sich nicht von der
Sünde in Jakob bekehren (59,20) und so zu Edom gehören. Gottes Arm allein bringt diese Vergeltung zu
Stande (59,16; 63,5). Das Brudervolk Edom, Nachfahre
Esaus, Jakobs Zwillingbruder, steht als Chiffre für die
Feinde des Gottesvolkes. So wie Edom biblischer Ansicht nach am Fall Jerusalems maßgeblich beteiligt war
(Ez 35; Ps 137; Klgl 4,21 f.; Obd 10–16; Mal 1,2 ff.), so gehören alle zu Edom, die den gottgefälligen Wiederaufbau Jerusalems verhindern. Edom ist das Brudervolk,
dem keine Restauration gelingen wird, wie u. a. Mal
1,4 unmissverständlich klarstellt. Buchintern sind die
Bezüge von Jes 63,1ff. zur Vernichtung Edoms in Jes 34
ebenfalls deutlich (vgl. bes. Jes 63,4; 34,8).

63,7–64,11: Das Volksklagegebet

Das Volksklagegebet in 63,7–64,11 besteht aus einer
feierlichen Einleitung (63,7), einem Geschichtsrückblick
in deuteronomistischem Stil (63,8–14) und der abschließenden Bitte um baldige Rettung (63,15–64,11).
Zu einer solchen Bitte war es in der Klage von 59,9–15a
noch nicht gekommen, denn die »Erinnerer« waren
noch nicht eingesetzt. Sie sind es, die das Wort führen
und in Erinnerung rufen (63,7). Dass ein Kollektiv in
der ersten Person Singular spricht, verwundert nicht,
denn in der Literatur des AT steht das »Ich« nicht für
eine biographische Individualität, sondern für die
Identifizierung mit einer gesellschaftlichen Rolle.

148

Die »Erinnerer« erinnern Jhwh an seine Gnadenerweise (vgl. 55,3), an seine Lobestaten (Pl. von tᵉhillâ) (vgl. 62,7), die er ihnen und Israel erwiesen hatte (63,11). Die größte Not besteht darin, dass Jhwh seine Erbarmungen noch zurückhält (63,15). Das darf Gott nicht weiter tun, er darf nicht länger schweigen und die Rettung an sich halten (64,11; vgl. 42,14). Dem mütterlichen Bild des Erbarmens folgt Jhwhs zweifache Bezeichnung als Vater (63,16; 64,7). Sie ist nicht singulär (Tob 13,4), sondern begegnet als Vergleich (45,10; Ps 103,13), als Zusage der Erwählung (Ex 4,22; Hos 11,1), sowie im Kontext der Adoptionsformel an den König (2 Sam 7,14; Ps 2,7). Ungewöhnlich aber ist die Aussage, Abraham und Israel würden die Bittenden nicht kennen (63,16). Hier liegt die Aufnahme der Tradition vor, nach der im Mosesegen von Levi gesagt ist, er habe weder Vater noch Mutter, weder Brüder noch Kinder gekannt. So bleiben die Nachkommen Levis ganz auf Jhwh ausgerichtet und werden zu Interpreten des Gotteswortes und zu Dienern des Opferkultes (Dtn 33,8–10). Gleichermaßen verstehen sich die »Erinnerer« ganz von Jhwh, ihrem Vater, abhängig und ihm dienstbar. Ihn nennen sie »unser Löser seit ewig« (63,16). Sie sind davon überzeugt, dass Jhwh als der einzig wahre Gott an denen handelt, die auf ihn harren (64,3; vgl. 8,16; 30,18), die freudig Gerechtigkeit tun und auf seinen Wegen das Gedenken an Jhwh wach halten (64,4). Ihre Sündigkeit macht die »Erinnerer« mit der Masse des Volkes solidarisch, durch ihr Schuldbekenntnis gehören sie zu aber denen, die sich von der Sünde in Jakob abwenden (59,20). Dieses Eingeständnis von Schuld ist durch Jhwhs Zorn gerahmt (64,4b.8b; vgl. Klgl 5,22). Gott darf nicht endlos der Schuld gedenken (64,8), denn sonst würden die Betenden unter dem Zorn ihres Vaters vergehen (64,7f).

Jes 65–66: Neuerliche Anklagen, Gericht über die Sünder in Jerusalem und Heilsbild

Die Kapitel 65–66 bilden zusammen den Schluss des Jesajabuches. Die Aufnahme des Themas »neuer Himmel, neue Erde« aus 65,17 in 66,22 ist eine der zahlreichen Parallelen, die beide Kapitel miteinander verbinden (vgl. »Fremdkulte« 65,3f.; 66,17; »Vergeltung« 65,6.7; 66,6; »Knechte« 65,8ff.; 66,14). Die Missstände in Jerusalem und im Tempel schlagen eine Brücke zum ersten Kapitel des Jesajabuches (1,10ff.). Doch während dort die Exilierung strafend vor Augen gestellt wurde, ist das nach erfolgter Heimkehr nicht mehr möglich. Jhwhs Vergeltung trifft auch nicht mehr das Volk insgesamt, sondern führt zur Trennung zwischen den Knechten und ihren Gegnern (65,8–16a). Diese Spaltung durchzieht den Schluss des Jesajabuches und zeigt, wie konfliktreich die Fraktionen der nachexilischen Restauration zueinander bzw. gegeneinander standen.

Jes 65: Die Trennung von Knechten und Gegnern und das neue Jerusalem

Das Kapitel ist dreiteilig aufgebaut. Der Gottesantwort (V. 1–7) auf das kollektive Klagegebet in 63,7ff. folgt zunächst die Scheidung zwischen den Knechten und ihren Gegnern (V. 8–16a), sodann die Vorstellung des neuen Jerusalems (V. 16b–25). Das Aussageziel ist klar: Nur nach der Scheidung von Knechten und Gegnern kann es zu einem gewaltfreien und heilvollen Zusammenleben in Jerusalem kommen.

Zu Beginn (V. 1f) stellt Jhwh klar, dass er zu finden gewesen wäre, hätte man sich um ihn bemüht. Anstelle dessen frevelt ihm das Volk ins Angesicht (V. 3; vgl.

1,29 ff.; 57,3 ff.; 66,17). Dabei spielen Fruchtbarkeits- und Totenkulte eine große Rolle, von denen man glaubt, sie könnten »heiligen« (V. 5; vgl. 66,17). Mit dem Anspruch und der Verheißung, ein »heiliges Volk« zu sein (62,12), ist das völlig unvereinbar.

Wenn Jhwh fortfährt, etwas sei vor ihm aufgeschrieben und er werde nicht schweigen (V. 6a), bezieht sich das nicht etwa auf ein Register, in dem Verfehlungen verzeichnet wären, sondern verweist auf 62,1a: »um Zions willen kann ich nicht schweigen.« Zugleich liefert dies die Antwort auf die Schlussfrage in 64,11, ob Gott denn endlos schweigen wolle.

Mit der Botenformel (V. 8) setzt die Trennung von Knechten und Gegnern ein (65,8–16a), wobei das Bild vom Most das Keltertreten Jhwhs gegen Edom aufnimmt (63,3). Die Knechte, die in dieser Texteinheit siebenmal genannt werden, sind die Nachkommen aus Jakob, die Erben seiner Berge aus Juda, seine Auserwählten (bāḥîr 65,9.15.22). Damit stehen sie in der Nachfolge des Gottesknechts (42,1; 43,20; 45,4), der Schar der Heimkehrer aus Babel und der Diaspora. Der Ehrentitel »Knecht« kommt u. a. auch Mose (Ps 106,23) und David zu (Ps 89,4), sowie den nachexilischen Frommen (Ps 105,6.43; 106,5; 1 Chr 16,13; Sir 46,1). Die Knechte konstituieren sich nicht eigenmächtig, sondern Jhwh schafft sie im Prozess des Kelterns (vgl. das Bild des Schmelzens in 48,10). Nur wegen des Segens (vgl. 61,9; 65,23), der in ihnen ist, führt Gottes Keltertreten nicht zur völligen Vernichtung. Die dringende Bitte der »Erinnerer«, Jhwh möge um seiner Knechte willen umkehren (63,17b), realisiert sich in der von Gott durchgeführten Scheidung: Den einen gelten die Heils-, den anderen die Unheilsworte. Erst danach kann die strahlende Zukunft der Knechte im neuen Jerusalem anbrechen (65,16b–25).

Nicht nur werden die Knechte Wohnrecht auf dem Zion genießen, ihnen wird auch das gesamte Gebiet des alten Israels, von der Scharonebene im Westen bis zum Achortal im Osten, zur Verfügung stehen (65,9 f.; vgl. 57,13; 60,21). Nur die, die Jhwh aufrichtig suchen (V. 10; vgl. V. 2), gehören zu seinem Volk. Die Jhwh verlassen (V. 11; vgl. 1,4.28) und »meinen heiligen Berg« vergessen, verfallen der göttlichen Strafe. Dem »Volk der Heiligkeit« entsprechend (62,12) steht der heilige Berg nur denen offen, die Jhwh entsprechend verehren und nicht den Glücks- und Schicksalsgöttern Gad und Meni den Tisch bereiten (65,11; vgl. 57,13). Die Alternative von Segen und Fluch (vgl. Dtn 28) trifft jeden einzelnen, der sich zu Jhwh hinwendet bzw. sich von ihm abkehrt. Waren Israel Hunger und Durst angedroht, falls es Jhwh nicht mit Freude und Herzenslust dient (Dtn 28,47 f.), so ist nun den Knechten Essen, Trinken und Herzensfreude verheißen (Jes 65,13 f.). Wie Zion (62,2–4.12) einen neuen Namen bekam, der ihre positive Zukunft besiegelte, so erhalten auch die Knechte einen anderen Namen (V. 15–16). Sie heißen »die beim Gott des Amen schwören« (bēʾlōhê ʾāmēn) und sich in diesem Namen segnen. Jhwh ist keine Glücks- oder Schicksalsgottheit, sondern der Gott, auf dessen Wort Verlass ist. Wie definitiv diese Trennung innerhalb der nachexilischen Gemeinde ist, unterstreicht die Fluchformel, derer sich die Knechte gegen ihre Gegner im Namen Gottes bedienen: »Der Herr Jhwh wird dich töten« (V. 15).

Auf die von Jhwh durchgesetzte Trennung folgt mit V. 16b–25 die Verheißung einer neuen Schöpfung zugunsten der von Jhwhs Gesegneten (V. 23b; vgl. 44,3; 61,9). Mit Blick auf V. 9 können damit nur die Knechte bzw. deren Nachkommen gemeint sein. Mit ihnen steht Jhwh in engster Verbindung (V. 24) und sie sind die

Nutznießer der neuen Friedensordnung auf seinem heiligen Berg (V. 25; vgl. 11,6–9).

Das Stichwort der früheren Nöte weist auf die Gegenüberstellung von »früher–später« in Jes 40–48 zurück (41,22; 42,9; 43,9.18; 46,9; 48,3), wobei auch dort der zentrale Begriff des Neuen fällt (41,15; 42,9; 43,19; 48,6; vgl. 62,2). Nicht etwa der alte Himmel und die alte Erde sollen vergessen sein, sondern die früheren Nöte! Damit sind die Diffamierungen und Ausgrenzungen gemeint, unter denen die Knechte zu leiden haben. Nicht kosmische Umwälzungen werden erwartet, sondern friedliche Zustände auf dem Zion, dem Gottesgarten (51,3). Analog zu Paradiesvorstellungen aus der Umwelt Israels handelt es sich um die Inszenierung einer heilvollen königlichen Ordnung, aus der alles Chaotische und Lebenswidrige gebannt ist. Während dies in Jes 11,6–9 mit der Durchsetzungskraft des davidischen Sprosses verbunden ist, so fehlt hier eine solche königliche Figur, da Jhwh als König im Mittelpunkt steht (vgl. 52,7).

Jes 66: Ein letztes Hindernis vor dem Anbrechen des eschatologischen Heils

Nach dem harmonisch-friedvollen Ende von Jes 65 überrascht der Neueinsatz durch die Botenformel in 66,1 (vgl. 56,1; 65,8). Auch die Sprechrichtung hat sich geändert: Redete Jhwh zuvor zu den Gegnern über die Knechte, so spricht er jetzt zu den Knechten über die Gegner. Anscheinend steht die Klärung einer wichtigen Frage noch aus, welche die Stellung des Tempels als Ort des Opferkultes betrifft. Wie sind blutige Tieropfer im Haus Gottes mit der Friedensordnung unter allen Lebewesen auf dem Zion zu vereinbaren? Dabei geht es in V. 1–6 weder um eine radikale Ablehnung des

Tempels, noch darum, kultisches und soziales Tun gegeneinander auszuspielen. Nicht der Wiederaufbau des Heiligtums, der nach der Neueinweihung im Jahre 515 v. Chr. noch lange nicht abgeschlossen war, wird kritisch gesehen, sondern der damit verbundene Anspruch seiner Bauherren. Während diese am Tempel als dem Ort der göttlichen Ruhe bauen, betont Jhwh, er habe Himmel und Erde gemacht, d. h. die gesamte Wirklichkeit ins Leben gerufen (V. 2a). Dabei steht nicht die Eigentumsdeklaration Gottes im Vordergrund (EÜ: »es gehört mir ja schon«), sondern seine unvergleichliche Schöpfermacht. Dies macht den Tempel nicht überflüssig, setzt aber die Bauaktivität ins rechte Licht, da alles davon abhängt, *was* für ein Tempelkult stattfindet und *wie* Menschen miteinander umgehen. Die Kritik lautet: So wie derzeit am Tempel auf dem Zion und am Gemeinwesen in Jerusalem gebaut wird, bleibt der Ort göttlicher Ruhe noch in weiter Ferne. So werfen die Knechte ihren Gegnern vor, sie würden Tiere opfern und zugleich Menschen erschlagen. Wenn jene sich erwählen, was *ihnen* gefällt (V. 3), so steht das im Gegensatz zu den Eunuchen, die sich erwählen, was *Gott* gefällt (56,4)! Dass Fremde und Kastraten, die Jhwhs Willen tun, von seiner Verehrung ausgeschlossen werden, während die Konstrukteure des Tempels und Jerusalems dem kultischen und sozialen Unrecht frönen, ist ein Skandal, den die Knechte anprangern. Sie sind es, die vor dem Wort Jhwhs erzittern[51] (vgl. Esra 9,4; 10,3), d. h. die nur sein Wort als Richtschnur gelten lassen. Die Forderung der »Brüder, die euch hassen und euch verstoßen«, Gott solle sich doch zeigen, damit auch sie die Freude der Knechte teilten (66,5), fällt auf

---

51 Von Jes 66,5 aus haben die Quäker ihren Namen. Die zittern vor dem Gotteswort.

sie zurück, denn Jhwh tritt umgehend vergeltend auf den Plan. Die Missstände, die seiner Neuschöpfung entgegenstehen, wird er selbst beseitigen, und zwar von dort aus, wo sie am schlimmsten wüten: ausgehend von Stadt und Tempel (V. 6).

Die Vergeltung Jhwhs an den Feinden führt zur Geburt (V. 7–9) und zum Heranwachsen einer neuen Zionsbevölkerung (V. 10–14). Aus den Gegnern der Knechte sind nun explizit auch Gottesfeinde geworden (V. 6b.14b). Mit den Motiven von Geburt und Wachstum werden die prophetischen Worte über Zions segens- und kinderreiche Zukunft aus 49,21–26 und 54,1–3 aktualisiert. Zion ist nicht mehr die Mutter der Heimkehrer aus Babel und der Diaspora, sondern die der Knechtsgemeinde (V. 14). Sie gebiert ihren männlichen Nachkommen so plötzlich (V. 7), dass selbst für Wehen keine Zeit mehr bleibt. Jhwh steht als Hebamme der Frau Zion bei der Geburt der Knechtsgemeinde zur Seite. Das ist mit der unerwarteten Schicksalswende für den Gottesknecht zu vergleichen (vgl. 52,15; 53,1). Die ihm verheißenen Nachkommen (53,10) sind Zions Kinder (66,8). Sie werden keine Not mehr leiden, sondern sich satt trinken an ihrer tröstenden Brust (V. 11; vgl. 60,16) und auf Armen getragen sein (V. 12; vgl. 49,22; 60,4). Dass sich die Knechtsgemeinde als männlicher Nachkomme (zākār) (V. 7) die Verheißung vom Spross Isais (Jes 11,1ff) zu eigen gemacht hat, zeigen nicht nur das Zitat in 65,25, sondern auch die Kombination von »saugen« (ynq) und »erfreuen/sich ergötzen« (šᶜᶜ II.), die nur in 11,8 und 66,12 begegnet.

Auch im Mannesalter bleibt der Trost Jhwhs nicht aus, der die Knechtsgemeinde wie eine Mutter tröstet. Die Mütterlichkeit Gottes war durch 42,14 (»wie eine Gebärende«), 46,3f. (»von Mutterschoß an«) und 49,15 (»kann denn eine Frau ihr Kleinkind vergessen?«) bereits vorgezeichnet. Damit kommt der Trost, eines der Leitworte des Jesajabuches, zum Abschluss (12,1; 40,1; 49,13; 51,3.12; 52,9). Er gilt nun aber nicht mehr der Jerusalemer Bevölkerung insgesamt, sondern nur den Trauernden Zions (61,2), d.h. den Knechten, die sich um die Zukunft Jerusalems wirkliche Sorgen machen. Die Verheißung, ihre Gebeine würden wie frisches Gras erblühen, nimmt die Vegetationsmetaphern von 41,18; 51,3; 58,11 auf und spielt zugleich auf die Totenfeldvision in Ez 37 an. Die Begrenzung auf die Knechte ist abermals deutlich: Nur ihre Gebeine, nicht die der Gegner werden erblühen!

Den Abschluss bildet die Vision des eschatologischen Jerusalems (V. 18–23), eingefasst durch Sprachbilder der Vernichtung, die den Apostaten gelten (V. 15–17.24). Ging die Vergeltung Jhwhs an seinen Feinden in V 6 vom Tempel aus, so erfassen sein Feuer und Schwert nun alle Apostaten, die hinter einem Mysten bzw. einer Kultstele ihr Unwesen treiben (vgl. 1,29–31; 65,1–7; 66,3f.). Erst wenn Jerusalem von solch paganen Praktiken gereinigt ist, kann es zu einer Bewegung der Völker zum Zion kommen. Es sind also nicht die wallfahrenden Menschen aus den Völkern, die die Verunreinigung provozieren, sondern die Jerusalemer Bevölkerung und ihr Kultpersonal!

Das Gericht an den Apostaten, von dem bereits zu Beginn des Buches die Rede war (vgl. 1,2.28), vollzieht sich nun definitiv. Das nicht verlöschende Feuer (1,31) verzehrt die Anhänger heidnischer Praktiken in Jerusalem (66,24). Die kultischen Vergehen rahmen zwar das Buch, doch die Lösung ist nun eine andere: Ein gottgefälliger Kult ist nicht mehr durch Israel allein zu erreichen, sondern nur durch eine Verehrung von allem Fleisch (ḳol-bāsār V. 23; vgl. V. 16), d.h. von allen aus Israel und den Völkern, die sich von den Fremdkulten lossagen und sich Jhwh anbetend zuwenden. Wer aus den Völkern und damit aus dem Fremdgötterdienst entkommen ist (V. 19; vgl. 45,20), der übernimmt eine Aufgabe an der Völkerwelt. Die weltweite Funktion des Knechtes (42,6; 49,6) setzt sich somit fort und macht deutlich, dass auch Menschen aus den Völkern der Gemeinde der Knechte angehören. Sie sind es, welche die Kunde von Jhwh auch denen verkünden, die bisher weder von ihm gehört, noch seine Herrlichkeit gesehen haben (vgl. 52,15; 53,1). Die Zulassung von Fremden zum Zion ist somit nicht nur eine Frage der Gemeindeordnung, sondern auch des göttlichen Willens zur Integration der Völkerwelt.

Wenn sich diese Völker auf den Weg nach Jerusalem machen, werden sie die noch unter ihnen lebenden Diasporajuden mitbringen (vgl. 49,22f.; 60,4). Der Vergleich mit Weihegaben in reinen Gefäßen (vgl. Sach 14,20f.) betont wohl gegen den Standesdünkel der Jerusalemer Priesterschaft die Kultfähigkeit auch dieser Mitbrüder aus der Diaspora. Auch aus ihnen wird sich Jhwh levitische Priester erwählen. Das Monopol der Kultdiener Jerusalems, die ihre Brüder aus der Diaspora diskriminierten, weil sie diese für unrein hielten, wird gebrochen. Wer aus den Völkern kommt, ist rein, anders als diejenigen, die in Jerusalem pagane Kulte praktizieren! Mit Rückgriff auf die neue Schöpfung, die in Jerusalem ihr Zentrum hat (65,17), wird diesen levitischen Priestern aus der Diaspora eine bleibende Zukunft zugesichert (V. 22). Bei solchen aus der Völkerwelt stammenden und völkeroffenen Kultdienern nimmt es nicht wunder, dass sich alle Welt zur Verehrung Jhwhs auf den Weg macht. Die neue Größe aus Israel und den Völkern, die sich in Jerusalem versammelt und den jüdischen Festkalender übernimmt, heisst »alles Fleisch« (ḳol-bāsār). Der Begriff verweist auf die ganze Menschheit, und zwar vor der Trennung in Völker und Ethnien (vgl. Gen 6–9), sowie auf das völkerumspannende Gotteslob (Ps 65,3; 145,21). Im neuen Jerusalem, wo sich Israel und die Völker zum Gottesdienst versammeln, bleibt kein Platz für diejenigen, die sich gegen Jhwh auflehnen (V. 24). In der jüdischen Tradition wird nach dem grausigen Schluss V. 23 wiederholt, um das Jesajabuch mit einer positiven Note enden zu lassen:

»Und Neumond für Neumond und Sabbat für Sabbat wird alles Fleisch kommen, um sich vor mir niederzuwerfen, spricht Jhwh.«

C. REZEPTION UND WIRKUNGSGESCHICHTE JESAJAS UND SEINES BUCHES

1. ALTES TESTAMENT

In der Hebräischen Bibel findet sich die Person Jesaja ben Amoz neben Jes 1–39 noch in den Hiskija-Jesaja-Erzählungen in 2 Kön 18,13–20,19. Diese Berichte über das Verhältnis von König und Prophet während und nach der Belagerung Jerusalems durch das assyrische Heer Sanheribs sind in adaptierter Form aus den Königsbüchern in das Prophetenbuch übernommen worden (s. o. zu Jes 36–39). Die Änderungen betreffen nicht so sehr das Bild Jesajas als Verkünder des Gotteswillens, als Fürbitter und Wunderheiler, sondern vielmehr das Hiskijas: Aus dem Tribut zahlenden Vasallen ist ein frommer König geworden, der allein auf prophetische Unterstützung und göttlichen Beistand hofft. Diese positive Sichtweise setzt sich in der dritten biblischen Bezeugung in 2 Chr 32 fort. Der König kontrolliert und verstärkt die militärischen Schutzmaßnahmen für Jerusalem, was sein Vertrauen in die göttliche Hilfe aber nicht schmälert (V. 1–8). Hiskija weiß auch ohne prophetischen Beistand, was er zu tun und zu sagen hat: Nicht Jesaja, sondern der König spricht in 2 Chr 32,7 f. den Jerusalemern Mut und Unverzagtheit zu. Anders als in den beiden Vorlagen beten Hiskija und Jesaja *zusammen* um Hilfe angesichts der assyrischen Bedrohung (V. 20), was unmittelbar zum Erfolg führt. Bei der Heilung des Königs spielt der Prophet keine Rolle mehr, sondern Hiskijas Gebet ist alleiniger Grund der wunderbaren Genesung (V. 24). Auch kommen die

Gesandten aus Babel nicht nur deshalb nach Jerusalem, weil sie von der Krankheit (2 Kön 20,12) und Genesung des Königs gehört hatten (Jes 39,1), sondern auch um nach dem Wunderzeichen zu fragen (2 Chr 32,31). Die Schelte des Propheten mit anschließender Gerichtsankündigung lässt die Chronik aus. Die babylonische Gesandtschaft ist eine Prüfung Gottes für den frommen König. Der Prophet wird zum Chronisten der Ereignisse, wenn es heißt, die übrigen Taten Hiskijas seien in der Vision Jesajas wie auch im Buch der Könige von Juda und Israel niedergeschrieben (V. 32; vgl. Jes 1,1). Das deckt sich mit dem, was bereits 2 Chr 26,22 über die Ereignisse unter Usija aussagte, dass auch sie vom Propheten Jesaja niedergeschrieben worden seien! Auch andere Propheten und Seher macht die Chronik zu Chronisten (vgl. Samuel, Natan, Gad in 1 Chr 29,29; Natan, Ahija, Jedo in 2 Chr 9,29).

Im Lob der Väter im Buch Jesus Sirach (Kap. 44–50) stehen Hiskija und Jesaja ebenfalls zusammen, wobei die göttliche Hilfe durch den Propheten vermittelt ist. Der König war fest auf Davids Wegen geblieben, die ihm der Prophet Jesaja gewiesen hatte, »der große und zuverlässige Seher« (Sir 48,22). Seine Vision überbrückt die Zeiten und wird zum entscheidenden Merkmal dieses Propheten: »Mit großer Geisteskraft schaute er die Zukunft und tröstete die Trauernden in Zion. Für fernste Zeit verkündete er das Kommende und das Verborgene, bevor es geschah« (Sir 48,24f.). Die visionäre Kraft wird betont, während seine Orakeltradition als Mahner des Volkes in den Hintergrund tritt.[52]

---

52 So Blenkinsopp, Opening the Sealed Book, 43.

2. Vitae Prophetarum

Diese Vitensammlung ist eine nach hellenistischem Vorbild konzipierte, in griechisch abgefasste Biographie der Propheten, die aus dem 1. Jh. n. Chr. von jüdischen Kreisen stammt. Diese Schrift wurde in der Alten Kirche in viele Sprachen übersetzt (u. a. Latein, Syrisch, Armenisch, Georgisch, Äthiopisch, Arabisch) und dokumentiert ihr großes Interesse an den heiligen Gestalten des »Alten Bundes«. In dieser Sammlung sind alle 15 Schriftpropheten des AT aufgenommen (Jesaja, Jeremia, Ezechiel und die zwölf Kleinen Propheten), dazu Daniel, Natan, Ahija von Schilo, Joad, Azarja, Elija, Elischa und Sacharja ben Jojada. Das biographische Interesse, das sich schon in den Büchern der Chronik und in Jesus Sirach zeigte und sich auch an den gehäuften Überschriften des Septuagintapsalters zur Vita Davids ablesen lässt (dazu Ps 151), schlägt nun vollends durch. Wichtig sind die Namen der Propheten, ihre Herkunft, wann und wie sie starben und ihr Begräbnisort. Dass 6 von den 23 Propheten einen gewaltsamen Tod erlitten (Jesaja, Jeremia, Ezechiel, Micha, Amos, Sacharja ben Jojada), wird zwar betont (vgl. Jub 1,11; Hebr 11,32 ff; Lk 11,47; Mt 23,29), aber es wird nicht verschwiegen, dass die übrigen friedlich starben.

Die Sammlung beginnt mit dem Martyrium Jesajas, der unter Manasse in zwei Teile zersägt und unter der Eiche Rogel begraben worden sein soll. Die Tradition, Jesaja sei unter diesem König zersägt worden, ist eine Legende, die auf 2 Kön 21,16 aufbaut, Manasse habe so viel unschuldiges Blut vergossen, dass er damit Jerusalem von einem Ende bis zum anderen anfüllte. Der Begräbnisort, »unter der Eiche Rogel in der Nähe des Übergangs über die Wasser, die Hiskija zerstörte, indem er sie aufschüttete«[53], rekurriert auf Jesajas Treffen mit dem König Ahas im Zuge des syrisch-ephraimitischen Krieges (Jes 7,3; vgl. 36,2) und auf Hiskijas Verbindung zum Schiloach-Teich. Nach der Vitae Prophetarum bat Jesaja in seiner Todesnot um Wasser, so dass man zum Schiloach-Teich schickte (»der Gesandte«), der seinerseits Wasser sandte. Zuvor hatte Jesaja mit seinem Gebet dafür gesorgt, dass die Wasser nur für die eingeschlossenen Jerusalemer flossen, nicht aber für die assyrischen Belagerer! Die VitProph fährt fort: »Deshalb fließt es bis heute plötzlich, damit das Geheimnis gezeigt wird. Und da dieses durch Jesaja geschah, begrub ihn das Volk um des Andenkens willen in der Nähe mit Sorgfalt und Pracht, damit es durch seine Gebete auch nach seinem Tode in gleicher Weise in den Genuss des Wassers käme, denn es war ihnen auch eine Weissagung über es gegeben worden.«[54] Damit ist auf Jes 12,3 verwiesen, wo es heißt, »mit Freuden werdet ihr Wasser schöpfen aus den Quellen des Heils« und wohl auch auf das Laubhüttenfest, denn es scheint einen Ritus gegeben zu haben, wonach man an Sukkot Wasser vom Schiloach-Teich unter Flötenspiel und Lobgesängen zum Tempel brachte (mSuk 5,1; bSuk 48a).

3. FLAVIUS JOSEPHUS

In der Rezeption Jesajas bei Flavius Josephus setzt sich die biographische Zentrierung fort. Anders als die griechische Historiographie, so die Ansicht des jüdischen Autors, der sich vom Widerstandskämpfer zum Propagandisten Roms gewandelt hatte, basiert die bibli-

---

53   Schwemer, VitProph 1,1, 562.
54   Schwemer, VitProph 1,5, 565 f.

sche Geschichtsschreibung nicht auf unsicheren Quellen, sondern auf den Niederschriften der Propheten, deren Glaubwürdigkeit durch göttliche Inspiration gesichert ist (Apion. I,7,37). Das Konzept der Königsbücher und der Chronik, die sich ja bereits auf prophetische Niederschriften berufen hatten, findet sich bei Josephus bestätigt. In seinen Schriften begegnen 169 Mal die Begriffe »Propheten« bzw. »prophezeien«, was die Bedeutung der Prophetie in der Geschichte Israels eindrucksvoll unterstreicht.[55] Auch bei Josephus steht die Person Jesajas im Zeichen der assyrischen Belagerung Jerusalems zur Zeit Hiskijas (701 v. Chr.). Durch die Drohungen des Assyrers ließ sich der fromme König nicht einschüchtern, sondern vertraute allein auf seine Gottesfurcht und den Seher Jesaja, durch dessen Weissagungen ihm die Zukunft klar vor Augen stand (Ant. IX,13,3). Das Problem, wonach Hiskija nach 2 Kön 18,14–16 Sanherib Tribut zahlte, nach Jes 36,1ff. aber nicht, löst Josephus dahingehend, dass Hiskija zwar die hohe Geldsumme zahlte, der Assyrer dann aber vertragsbrüchig wurde und Jerusalem angriff (Ant. X,1,1). Auf die Schmährede des assyrischen Generals vor den Toren der Gottesstadt habe Hiskija einige seiner Freunde in Begleitung von Priestern zum Seher Jesaja mit der Bitte gesandt, zu Gott zu flehen und für die Rettung aller ein Opfer darzubringen (Ant. X,1,3). Die Rede von der Begleitung und dem Opfer des Propheten unterstreicht die priesterliche Herkunft des jüdischen Historiographen. Wie in der biblischen Erzählung macht Jesaja dem König kund, sein Bittgebet für Stadt und Volk sei erhört worden (Ant. X,1.4). Auch bei der Genesung Hiskijas spielt der prophetische Seher die entscheidende Rolle, denn er kündigt ihm an, er

---

55   Feldman, Josephus' Portrait of Isaiah, 584.

werde noch 15 weitere Jahre leben und Kinder zeugen (Ant. X,2,1). Das ist für die Ansage in 2 Kön 20,18; par. Jes 39,7 wichtig, seine Söhne würden nach Babel deportiert werden (vgl. Ant. X,2,2). Zudem ist so eine Überleitung zu Manasse geschaffen, der Hiskija auf dem Thron folgte (2 Kön 21,1ff.). Die rabbinische Auslegung wird der Frage einige Aufmerksamkeit widmen, wie ein so frommer König einen so frevlerischen Sohn habe zeugen können (s. u.).

Jesajas Bedeutung sowie die der übrigen Propheten besteht nach Josephus besonders in deren sicherer Zukunftsschau: »Der Seher Esaïas aber, der nach seinem Bekenntnis von Gottes Geist erfüllt und in höchstem Grade wahrheitsliebend war, hinterließ im Bewusstsein, dass er auch nicht die kleinste Unwahrheit gesagt, alle seine Prophezeiungen in schriftlichen Aufzeichnungen, damit spätere Geschlechter sie nach ihrem Erfolge beurteilen könnten«[56] (Ant. X,2,2). Dieser Blick in die Zukunft kommt auch dem Perser Kyrus zugute, denn durch die Lektüre der Weissagungen Jesajas, die dieser 210 Jahre zuvor geschrieben hatte, wusste der Perser um seine historische Rolle zum Wohle des Gottesvolkes. Bereits 140 Jahre vor der Zerstörung des Tempels hatte Jesaja dessen Hilfe zum Wiederaufbau vorhergesehen, so dass Kyrus in Bewunderung über Gottes Vorsehung verfiel und danach eiferte, das auszuführen, was geschrieben stand (Ant. XI,1,2). Doch damit noch nicht genug, denn bereits 600 Jahre vor den Ereignissen hatte Jesaja vorhergesehen, dass für Jhwh in Ägypten ein Tempel nach dem Vorbild des Jerusalemer Heiligtums errichtet würde. So sah sich der exilierte Hohepriester Onias in Alexandrien durch die Schriftstelle Jes 19,19 gedrängt, beim Königspaar

---

56 Clementz, Jüdische Altertümer, 604.

Ptolemäus und Kleopatra brieflich darum zu bitten, dem höchsten Gott einen Tempel in Leontopolis zu erbauen, wozu sich der Umbau eines verfallenen Tempels bestens eigne. Nach Josephus wunderten sich Ptolemäus und Kleopatra zwar über diesen Wunsch, an der durch ein fremdes Heiligtum verunreinigten Stelle einen jüdischen Tempel errichten zu wollen, doch dem Argument, der Seher Jesaja habe dies alles vorhergesehen, gaben sie nach; aber nicht ohne darauf hingewiesen zu haben, eine etwaige Versündigung könne nicht ihnen zur Last gelegt werden (Ant. XIII,3,1 f.).

Die Rezeption Jesajas bei Flavius Josephus konzentriert sich also auf die Hiskija-Jesaja-Erzählungen (2 Kön 18–20; par. Jes 36–39), sowie auf die Stellen, in denen von der Wiedererrichtung des Jerusalemer Tempels (Jes 44,28) und eines Heiligtums in Ägypten (Jes 19,19) die Rede ist. Auffälligerweise wird der Sendungsbericht in Jes 6 gar nicht aufgenommen, ebenso wenig wie Jesajas prophetische Kritik. Die Gründe sind wohl folgende: Zum einen wäre eine Aufnahme der prophetischen Kritik an den kultischen und sozialen Missständen in Jerusalem (u. a. Jes 1,10–17; 66,1–4) den propagandistischen Interessen des Josephus zuwider gelaufen, der die jüdische Geschichte für seine römischen Leser ja in ein durchweg positives Licht tauchte. Zum anderen wollte er eine politische und militärische Geschichte seines Volkes schreiben und scheute daher vor Äußerungen zum inneren Verhältnis Israels zu seinem Gott zurück.[57]

---

57   Feldman, Josephus' Portrait of Isaiah, 592.

4. Septuaginta

Die griechische Übersetzung des Alten Testaments[58], die nach der Legende des Aristeasbriefes von 72 Ältesten aus Jerusalem auf Geheiß des Königs Ptolemäus II. Philadelphos (285–246) in Alexandria entstand und zuerst die Bücher der Tora betraf, ist auch für die Jesaja-Rezeption von Interesse. Die Übersetzung des Jesajabuches (LXXJes) stammt aus der zweiten Hälfte des zweiten Jh.s v. Chr. und ist damit zeitgleich mit der großen Jesajarolle von Qumran (s. u.). Die Varianten der griechischen Übersetzung gegenüber dem masoretischen Text können meist nicht als unabsichtliche Abweichungen erklärt werden, sondern sind Ausdruck einer aktualisierenden Tendenz. Wie in den Pescharim von Qumran und der neutestamentlichen Rezeption wird die Prophetie Jesajas auch in der LXX auf die soziale, politische und religiöse Gegenwart der Verfasser und Adressaten angewandt. Bei den Übersetzern des Jesajabuches handelt es sich wohl um jüdische Gelehrte, die vor der hellenisierenden Politik in Jerusalem, die schließlich zum Aufstand der Makkabäer führte, nach Ägypten geflohen waren.[59]

So stellt LXXJes die aktualisierte Botschaft des Jerusalemer Propheten dar, dessen Worte nach einem halben Jahrtausend immer noch Gültigkeit besaßen. Zwei Beispiele sollen dies illustrieren: Im hebräischen Text von Jes 8,16 betont Jesaja, er wolle die Weisung in seinen Jüngern versiegeln, wobei sich das Wort »Tora« auf seine prophetische Lehre bezieht (vgl. Jes 1,10; 5,24; 30,9). Die griechische Übersetzung liest dagegen:

---

58   Erstmalig in deutscher Gesamtübersetzung, Kraus; Karrer (Hg.), Septuaginta Deutsch.
59   Van der Kooij, Isaiah in the Septuagint, 528.

»Dann werden offenbar sein, die das Gesetz versiegeln, um nicht zu lernen.« Aus der prophetischen Weisung ist das mosaische Gesetz (gr. »nomos«) geworden und aus den Jüngern Jesajas diejenigen, die sich weigern, aus der Tora zu lernen. Der Nachdruck auf dem mosaischen Gesetz findet sich erneut in LXXJes 8,20: »Das Gesetz aber hat er zur Hilfe gegeben.« Die Übersetzer, die aus Jerusalem vor den Verrätern des Gesetzes (1 Makk 1,11) geflohen waren, machen Jesaja zu ihrem Anwalt des Toragehorsams und sich selbst zu seinen Jüngern, die darauf hoffen, dass Gott seine Gerechtigkeit durchsetzen und das gesetzlose Treiben in Jerusalem beenden werde.

Nach Josephus war Onias IV., Mitglied der hohepriesterlichen Familie, um das Jahr 160 v. Chr. von Priestern und Leviten begleitet, aus Jerusalem nach Ägypten geflohen, um in Leontopolis einen Jhwh-Tempel zu errichten (Ant. XIII,3,1–3). Als Belegstelle für eine solche, ansonsten strikt untersagte Kultstätte außerhalb Jerusalems dient Jes 19,19 (s. o.). Gegen den hebräischen Text sprechen die griechischen Übersetzer aber nicht davon, dass man sich dort mit Jhwh im Schwur verbinde, was ja Nichtjuden einbeziehen würde (vgl. Jes 45,23), sondern, dass man beim Namen Jhwhs schwöre (vgl. Jes 48,1), was den Kreis auf Juden begrenzt hält.[60] So wird Jesaja in zweifacher Richtung interpretiert: zum einen als der Visionär, der sehr viel spätere Ereignisse vorausgesagt hat und zum anderen als der Prophet, der sich am mosaischen Gesetz orientierte und für seine Befolgung eintrat.

---

60   Van der Kooij, Die erste Übersetzung, 225.

5. Qumran

In den insgesamt elf Höhlen von Qumran sind 21 Schriftrollen bzw. Reste davon gefunden worden, die Texte des Jesajabuches bieten.[61] Dazu kommt das Fragment einer weiteren Jesaja-Handschrift aus dem etwas weiter südlich gelegenen Murabba'at (Mur 3). Diese Vielzahl ist aber dahingehend einzuschränken, dass nur die große Jesajarolle aus Höhle 1 (1QJes^a) den gesamten Text der 66 Kapitel des Jesajabuches auf der 7,34 m langen, 26 cm hohen und 54 Kolumnen umfassenden Lederrolle bietet. Die zweite Rolle (1QJes^b) aus herodianischer Zeit ist dagegen nur noch teilweise erhalten geblieben und präsentiert Passagen aus 46 Kapiteln. In der vierten Höhle wurden 18 Jesaja-Handschriften gefunden, von denen drei einige hundert Verse überliefern (4QJes$^{a.b.c}$), die übrigen nur Einzelverse, die insgesamt aus 36 Kapiteln des Jesajabuches stammen (z. B. 4QJes^r [4Q69b] bietet Jes 30,23). Doch umfasste zumindest 4QJes^b den ganzen Text, denn sowohl der Beginn (1,1–6) als auch das Ende (66,24) sind erhalten geblieben. Dieser schlechte Zustand ist darauf zurückzuführen, dass die Rollen in Höhle 4 nicht in Textkrügen lagerten und somit stärker der Verwitterung ausgesetzt waren. Durch die Funde ab dem Jahr 1947 sind die ältesten Bezeugungen der Hebräischen Bibel vom 9. Jh. (Codex Leningradensis) bzw. 10. Jh. n. Chr. (Codex Aleppo) um ca. tausend Jahre vorverlegt worden. So werden die Jesajahandschriften vom Toten Meer paläographisch vom letzten Drittel des 2. Jh.s v. Chr. bis in die Mitte des 1. Jh.s n. Chr. datiert. Trotz der mehr als tausend Schreibvarianten

---

61 Fabry, Die Jesaja-Rolle in Qumran, 227–230; Ulrich, Book of Isaiah, 384–388.

gegenüber der masoretischen Tradition gilt es als sicher, dass es keinen alternativen Jesaja-Text in Qumran gegeben hat. Ebenso wenig geht der Wechsel des Kopisten zwischen Kap. 1–33 und 34–66 in 1QJes[a] auf eine unterschiedliche Vorlage für den zweiten Großteil der Rolle zurück.

Die hohe Wertschätzung Jesajas ist nicht zuletzt daran abzulesen, dass in Qumran nur von zwei Büchern mehr Handschriften gefunden worden sind, nämlich von den Psalmen und vom Deuteronomium mit 36 respektive 29 Handschriften. Als Vergleich sind von Ezechiel nur fünf und von Jeremia nur sechs Handschriften gefunden worden. Bei aller Vorsicht angesichts der möglichen Zufälligkeit dieses Befundes wird doch deutlich, dass sich die Qumran-Gemeinde von den drei Großen Propheten besonders auf Jesaja stützte.[62] So zitiert sie 23 Mal explizit aus dem Jesajabuch, aber nur jeweils 4 Mal aus Ezechiel und Jeremia. Bei den Anspielungen sieht es ebenso deutlich aus: In den Hodajot (»Preisungen«) sind für Jeremia 43 und für Ezechiel 26 Allusionen wahrscheinlich zu machen, für Jesaja aber 154.[63] Diese Dominanz deckt sich mit dem Befund im NT, wo nach dem Psalter und dem Deuteronomium das Jesajabuch ebenfalls am dritthäufigsten zitiert wird.

Zu den 21 Jesaja-Handschriften in Qumran kommen noch 6 Pescharim zu Jesaja (3QpJes [3Q4]; 4QpJes[a] [4Q161]; 4QpJes[b] [4Q162]; 4QpJes[c] [4Q163]; 4QpJes[d] [4Q164]; 4QpJes[e] [4Q165]. Pescher (Pl. Pescharim) heißt »Deutung« und diese Auslegungen sind auf eine spe-

---

62 Umfassend Metzenthin, Jesaja-Auslegung in Qumran.
63 So Brooke, Isaiah in the Pesharim and Other Qumran Texts, 611.

zifische, die eigene Identität stärkende Auslegungs-
praxis in Qumran zurückzuführen. Die Pescharim werden vom 1. Jh. v. Chr. bis 50 n. Chr. datiert. Die Jesaja-
Exegese stand in Qumran demnach bis zum Ende der
Gemeinde in Blüte. Interessanterweise wurden Pescharim auch zu einigen der zwölf Kleinen Propheten gefunden (Habakuk 1QpHab; Hosea 4Q166–167; Micha
4Q168; Nahum 4Q169; Zefanja 4Q170), nicht aber zu
den beiden anderen Großen Propheten Ezechiel und
Jeremia. Andererseits gibt es für sie apokryphe Traditionen (u. a. Pseudo-Ezechiel 4Q385; 4Q386; 4Q388; Je-
remia-Apokryphon 4Q385b; 4Q389a), die wiederum
für Jesaja und die Zwölf Kleinen Propheten in Qumran
nicht belegt sind.

Die Gemeinde von Qumran hatte weniger Interesse
an der Person Jesajas (vgl. dagegen Henoch, Mose, Daniel) als an seiner Botschaft, auf deren eschatologische
Erfüllung sie intensiv ausgerichtet lebte. Es ist der Lehrer der Gerechtigkeit, der Priester, dem Gott das Wissen
in sein Herz gegeben hat, die Worte der Propheten für
die letzte Generation auszulegen und autoritativ zu
deuten (1QpHab 2,7–10). Dass man sich in der Endzeit
befand, war unbestritten. Selbst den Propheten war ein
genaues Wissen um das Wann der Vollendung vorent-
halten geblieben, da sich die Zeit sehr weit dehnte und
wegen Gottes wundersamer Geheimnisse (1QpHab
7,7 f.). In der Nachfolge des Mose gehören die Propheten als Knechte Gottes zu den Offenbarungsträgern,
welche die Gemeinde anleiten, mit ganzem Herzen
und mit ganzer Seele das Gute zu tun und sich vom Bösen fernzuhalten (1QS 1,1–5). Ihnen gegenüber nimmt
Mose eine deutlich höhere Stellung ein, denn er spricht
aus eigener Autorität (»Mose hat gesagt« CD 5,8; vgl.
CD 8,14), während die Worte eines Jesaja ganz dem
Wort Gottes untergeordnet sind (»Wenn das Wort ein-

trifft, das geschrieben steht in den Worten Jesajas« CD 7,10 f.).[64]

In der Gemeinderegel spielt das Wort von der Wegbereitung in der Wüste eine große Rolle. Nach 1QS 8,13–16 soll eine Trennung von den Männern des Unrechts, d. h. weg vom sündigen Jerusalem stattfinden, um in die Wüste zu gehen und dort Jhwh den Weg zu bereiten (vgl. Jes 40,3). Diese Absonderung ist nicht nur ein Weg zurück an den Anfang der Gottesbeziehung (vgl. Hos 2,17; Jer 2,2), sondern die Vorbedingung für einen gottgefälligen Kult, für das Studium der Tora und der Propheten (1 QS 8,15 f.). Dass alle vier Evangelien das Wort von der Wegbereitung zu Beginn des öffentlichen Auftretens Jesu bieten (Mt 3,3; Mk 1,3; Lk 3,4; Joh 1,23), zeigt die große Bedeutung dieses Motivs auch für die frühchristlichen Gemeinden (s. u.).

Zur Identitätsfindung diente nicht nur der Blick nach innen, sondern gleichermaßen die Abgrenzung nach außen. Auch dazu war Jesaja ein wertvoller Zeuge. Die Nachstellungen Satans, des Belial, die als aktuell empfunden wurden und sich in den drei Versuchungen der Unzucht, des Reichtums und der Verunreinigung des Heiligtums zeigten, entsprachen dem Wort des Propheten: »Grauen, Grube und Garn über dich, Bewohner des Landes!« (Jes 24,17; CD 4,13). Die Auseinandersetzung Jesajas mit den Priestern seiner Zeit in Jes 28,10 ff. bezieht die Gemeinde auf ihre Ablehnung der korrupten Tempelaristokratie Jerusalems (Stichwort »zaw« in CD 4,19 f.). Bevor der Lehrer der Gerechtigkeit ihnen den Weg wies, waren die Mitglieder der Gemeinde wie Blinde, die ihren Weg nur tastend gingen (CD 1,8 f.; vgl. Jes 59,10). Die Trennung von der sündigen Masse entspricht der Seligpreisung am

---

64   Metzenthin, Jesaja-Auslegung in Qumran, 177.

Beginn des Psalters, »Selig der Mann, der nicht geht im Rat der Frevler« (Ps 1,1), wobei Jes 8,11 (neben Ez 37,23) zur Auslegung herangezogen wird (4Q174). So wie sich Jesaja vom Weg des sündigen Volkes trennte, so sollen das auch die Mitglieder der Gemeinde von Qumran tun, denn das alte Prophetenwort war für ihre Zeit, auf das Ende der Tage hin ergangen. Sie versteht sich als die Gemeinschaft derer, die wie Mose in der Wüste einen Brunnen gräbt (vgl. Num 21,16–18). Der Brunnen ist die Tora und die Grabenden sind die Umkehrenden Israels (vgl. Jes 59,20), die aus dem Land Juda nach Damaskus, d. h. ins Exil gezogen sind. Der »Anweiser« ist der Ausleger der Tora, von dem Jesaja in Jes 54,16 sagte, Jhwh bringe ein Werkzeug für sein Werk hervor (CD 6,3–8). Wenn Gott alle Verächter heimsucht, dann ereignet sich das, was in den Worten Jesajas, des Sohnes des Amoz, geschrieben steht (Jes 7,17a): »Es kommen Tage über dich und über dein Volk und über das Haus deines Vaters, Tage wie sie nicht mehr gekommen sind seit dem Tag, da Ephraim von Juda abgefallen ist« (CD 7,9–12). Diese Auslegung ist für die Gemeinde Warnung und Verheißung zugleich. Jesajas Gerichtsbotschaft, die einst dem ganzen Volk galt, ist nun auf die Feinde der Gemeinde beschränkt. Die Gegner werden mit Spitznamen verunglimpft, wie u. a. die »Schwätzer« (4Q162,II,6; vgl. Jes 28,14) oder die, die »nach glatten Dingen suchen« (u. a. 4Q163 Frg. 23,II,10; 4Q169 Frg. 3 + 4,I,2) (vgl. Jes 30,9 f.), womit die Pharisäer gemeint waren.[65]

Die messianische Verheißung, aus dem gerodeten Dickicht des Waldes werde ein Schössling aus dem Wurzelstock Isais hervorgehen (Jes 10,34–11,1), ist ebenfalls unter Angabe des Propheten aufgenommen

---

65   Metzenthin, Jesaja-Auslegung in Qumran, 264 f.

(4Q285, Frg. 5 = 11Q14,1,1). Jesaja wurde in Qumran also nicht nur als Gerichtsbote (gegen andere) rezipiert, sondern auch als Verkündiger zukünftigen Heils (für die Gemeinde). So bietet 4Q176 (4QTanchumim = »Tröstungen«) eine Reihe tröstlicher Worte aus dem zweiten Teil des Jesajabuches (Jes 40,1–5; 41,8f.; 43,1f.4–6; 49,7.13–17; 51,22f.; 52,1–3; 54,4–10). Mit dieser Zitatenreihe bezieht die Gemeinde den Trost Gottes nach Beendigung des babylonischen Exils auf sich und ihre eigene Wüstenzeit. Als Antwort auf die Klage über die getöteten Priester im Jerusalemer Tempel, die nicht begraben werden (vgl. Ps 79,1–3), zitiert man »aus dem Buch Jesaja Tröstungen« die Passage Jes 40,1–5a. Das Sehen der Herrlichkeit Gottes durch »alles Fleisch« (Jes 40,5b) wird nicht aufgenommen, sondern man geht sofort zu 41,8f. über: »Du aber, Israel, mein Knecht, Jakob, den ich erwählt habe … mein Knecht bist du, ich habe dich erwählt und nicht verworfen.« Damit blendet die Gemeinschaft vom Toten Meer die völkeroffene, universalistische Perspektive von Jes 40,1ff. aus und konzentriert sich auf ihre Identität als das einzig wahre Israel. Auch in 4Q265 Frg. 2,3–5 wird unter Angabe Jesajas die positive Heilserwartung für Zion aus Jes 54,1f. zitiert.

Auf zentrale Passagen aus Jes 40ff. bezieht sich auch der Melchisedek-Midrasch in 11Q13 2,4–25: Dort ist bezüglich der letzten Tage eine Freilassung der Gefangenen im Jahr des göttlichen Wohlgefallens (Jes 61,1) angekündet, bei der Melchisedek neben dem Gesalbten des Geistes (11Q13 2,18) die Hauptrolle spielt.[66] Dabei wird Melchisedek, der dem Gericht über Belial vorsteht, als himmlische Figur gesehen, der Messias dagegen als eine irdische, als der Freuden-

---

66   Dazu Fabry, Messias, 49 f.

bote.[67] Dann werde der Tag des Friedens gekommen sein, von dem Jesaja sage: »Wie lieblich sind auf den Bergen die Füße des Freudenboten, der Frieden verkündet und Gottes Herrschaft vom Zion aus« (Jes 52,7). Nach diesem Midrasch stehen die Berge für die Propheten und Zion für die Gemeinde aller Söhne der Gerechtigkeit, die den Bund aufrichten und sich davon fernhalten, den Weg des Volkes mitzugehen (11Q13 2,17.23f.; vgl. Jes 8,11). Das von Jesaja angekündigte Gotteswort findet im Widerstand Qumrans gegen die Jerusalemer Priesteraristokratie seine wahre Deutung und Erfüllung. Dabei kommt dem Lehrer der Gerechtigkeit als Ausleger der Tora die entscheidende hermeneutische Aufgabe zu. Er ist es, der die Gemeinde durch das Offenbarmachen der Lehre der Gerechtigkeit wie ein Hirt umsorgt und weidet (vgl. Jes 40,11; 4Q165 Frg. 1–2,2). Jerusalems endzeitliche Ausschmückung mit Saphiren und Rubinen (Jes 54,11f.) deutet die Gemeinde auf sich als die Erwählten, die wie Edelsteine zwischen Steinen glänzen, was auch auf die mit zwölf Edelsteinen besetzte Brustplatte der Priester in Ex 28,21 anspielt (4Q164 Frag. 1,1–4).

6. Neues Testament

Im NT finden sich mehr als 400 Zitate, Anspielungen und Paraphrasen, die auf das Jesajabuch verweisen.[68] Diese sind proportional zum Textumfang relativ gleichmäßig auf die drei Hauptteile verteilt (Jes 1–39: 150; 40–55: 170; 56–66: 90) und betreffen insgesamt 56 der

---

67 Metzenthin, Jesaja-Auslegung in Qumran, 322.
68 Dazu insgesamt Moyise; Menken (Hg.), Isaiah in the New Testament.

66 Kapitel. Nur aus den Kapiteln 3–4; 15–18; 20; 31; 36; 39 sind keine Aufnahmen im NT belegt. Außer den Pastoralbriefen und dem zweiten und dritten Johannesbrief, die wenig bis gar nicht auf das AT zurückgreifen, nehmen alle Schriften des NT auf das Jesajabuch Bezug.[69] Sowohl der historische Jesus (Logienquelle Q 4,20f. vgl. Jes 61,1f.; Q 7,22 vgl. Jes 26,19; 29,18f.; 35,5f.; 61,1) als auch die Synoptiker, sowie Johannes und Paulus sind auf unterschiedliche Weise stark vom Jesajabuch geprägt. Letzterer zitiert ca. 100 Mal das AT (meist nach LXX), wobei sich ein Drittel der Belege auf den Pentateuch und ein Viertel auf Jesaja beziehen; danach folgt mit geringem Abstand das Psalmenbuch.[70] Wichtige Themen werden durch Bezüge auf Jesaja untermauert, wie z. B. die Präsentation Jesu als Gesalbter, sein Leiden und Sterben als Knecht Gottes, Israels Verstockung als Parallele zur Ablehnung Jesu und der weltweite Verkündigungsauftrag. In keinem anderen Text des AT nimmt die Frohbotschaft selbst einen so zentralen Platz ein wie in Jes 40ff., wo sich das hebr. Wort bsr (LXX euangelizō) gleich an fünf Stellen findet (40,9; 41,27; 52,7; 60,6; 61,1; vgl. Nah 2,1). Der Rückbezug auf das Jesajabuch stellt somit die gesamte Verkündigung Jesu unter das Motto der rettenden Frohbotschaft.

6.1 Evangelien und Apostelgeschichte

Für Markus als dem Autor des ersten Evangeliums dient der Text von der Wegbereitung der Königsherrschaft Gottes in Jes 40,2f. als Deutungsfolie für diese

---

69 Evans, From Gospel to Gospel, 651; siehe aber 1 Petr 1,24–26 = Jes 40,6–8.

70 So Evans, From Gospel to Gospel, 682ff. (mit Stellenangaben).

neue literarische Gattung in der urchristlichen Gemeinde (Mk 1,1–3).

Angesichts der Auslegung in Qumran (11Q13), wo der Gesalbte des Geistes die Tätigkeiten des himmlisch agierenden Melchisedek auf Erden vermittelt und für die Verwirklichung von Jes 61 eintritt, kann es nicht verwundern, wenn Jesus von Nazaret nicht zuletzt in diesem Licht gesehen wird: »Der Geist des Herrn ruht auf mir, weil er mich gesalbt hat, Armen das Evangelium zu verkünden. Er hat mich gesandt, Gefangenen Freiheit und Blinden das Augenlicht zu verkündigen, Geknechtete in die Freiheit zu entlassen, zu verkünden ein Gnadenjahr des Herrn« (Lk 4,18 f.). Lukas verschärft hier die alttestamentliche Aussage, denn anstelle von Jes 61,1b (Heilung zerbrochener Herzen) betont der Evangelist der Armen nochmals die Freilassung der Gefangenen, die er wörtlich aus LXXJes 58,6 übernimmt.[71] In konkreten Heilungen, in der Durchbrechung sozialer und kultischer Barrieren ereignet sich im Propheten aus Galiläa das von Jesaja angekündigte Heilshandeln Gottes! Sowohl die zeitliche als auch die geographische Verortung stimmt damit überein, denn gemäß Mt 4,12–17 zog sich Jesus nach der Gefangennahme Johannes' des Täufers nach Galiläa zurück, ins Gebiet von Sebulon und Naftali, was Jes 8,23b einlöst. Ähnlich dem Lehrer der Gerechtigkeit in Qumran wissen sich die Evangelisten dazu befähigt, die Schrift für ihre Zeit, d. h. auf das Jesus-Ereignis hin, auszulegen. Dass MTJes 8,23b von einer »früheren« und »späteren Zeit« sprach (anders LXX), machte die Auslegung auf Jesus von Nazaret noch einladender. Er galt den urchristlichen Gemeinden als die Erfüllung der davidisch-messianischen Verheißungen. So nimmt

---

71   Hoppe, Arm und Reich (NT), 83–85.

Mt 4,16 die Verheißung von Jes 9,1 auf: »Das Volk, das in Finsternis saß, hat ein großes Licht gesehen, und die im Schattenreich des Todes saßen, ihnen ist ein Licht aufgegangen.« Anders als MTJes 9,1 (nāgah), LXX (lampō), spricht Matthäus hier aber nicht vom »Scheinen« des Lichts, sondern vom »Aufgehen« (anatellō), womit er den politischen Charakter des jüdischen Messias in der Person Jesu, im Gegensatz zum römischen Kaiserkult, unterstreicht. Der Stern aus dem Osten, der die drei Magier zur Krippe führt und über dem Neugeborenen stehen bleibt (Mt 2,2.9), ist ein Gegenentwurf zur kaiserlichen Münzprägung mit dem Stern über dem Imperator. Dass »Aufgang« (anatolē) (vgl. Lk 1,78) hier nicht in erster Linie die östliche Himmelsrichtung meint, wird dadurch bestätigt, dass es in LXXJes die stark theologisch geprägte Vokabel ṣāmaḥ/ṣemaḥ »sprießen/Spross« wiedergibt (vgl. Jes 42,9; 43,19; 44,4; 45,8; 58,8; 61,11), die an einigen Stellen als Code-Name für den zukünftigen davidischen Herrscher dient (Jer 23,5; 33,15; Sach 3,8; 6,12; vgl. 4Q161 Frag. 8–10,11 ff. zu Jes 11,1–5).

Dass Jesus nach Aussage der Propheten »Nazōraios« heißen wird (Mt 2,23), zielt zwar auf seine Heimatstadt Nazaret ab, will aber nicht zum Schriftbeweis passen, denn dieser Ort ist im ganzen AT kein einziges Mal belegt. So bleibt auch fraglich, auf welchen Propheten sich dieses Erfüllungszitat beziehen soll. Dass hier nicht Nazarener, sondern Nasiräer gemeint sein soll, ist höchst unwahrscheinlich, denn zum einen war Jesus kein Asket (anders als sein Cousin Johannes der Täufer; vgl. Lk 1,15; 7,33) und zum anderen übersetzt die LXX Letzteres mit »naziraios« (Ri 13,5.7; 16,17). Vieles spricht dafür, dass Matthäus mit »Nazōraios« ebenfalls auf den davidischen Spross hinweisen wollte (hebr. nēṣer, vgl. Jes 11,1), der in Betlehem, der Stadt Davids, geboren wurde, aber in Nazaret aufwuchs.[72]

Im Hintergrund dieser messianischen Interpretation steht auch die Prophetie Bileams, ein Stern werde sich aus Jakob erheben (Num 24,17; vgl. Gen 49,10). Sie gab später dem Messias-Anwärter Simon bar Kochba seinen Namen (»Sohn des Sterns« und nicht »Sohn der Lüge« [Kosiba]). Bringen die Sterndeuter aus dem Osten dem Neugeborenen Gold, Weihrauch und Myrrhe (Mt 2,11), erfüllen sie damit die Verheißung, Völker und Könige würden sich mit Geschenken zum Licht auf den Weg machen, das über Jerusalem aufgestiegen ist (Jes 60,1–3.6).[73] Dass die drei Magier nicht schon in Jerusalem am Ziel waren, sondern noch eine kleine Wegstrecke zurücklegen mussten, entspricht ebenfalls prophetischer Ankündigung: »Und du Betlehem bist keineswegs die geringste unter den Fürstenstädten Judas; denn aus dir wird ein Fürst hervorgehen, der mein Volk weiden wird« (Mt 2,6; vgl. Mi 5,1.3; 2 Sam 5,2 par. 1 Chr 11,2). Nach Lk 2,4 konnte hier ein Rückgriff auf die Schriften entfallen, da Josef aus dem Hause Davids war (vgl. Lk 1,27) und somit aus Betlehem stammte und wegen der Volkszählung sowieso in seine Heimatstadt zurückkehren musste.

Das in der christlichen Theologie am intensivsten rezipierte Erfüllungszitat findet sich in Mt 1,23, in welchem Jesu Geburt aus dem Schoß Marias als Einlösung der jesajanischen Zusage eines königlichen Prinzen an die Adresse Königs Ahas von Juda verstanden wird (Jes 7,14): »Siehe, die Jungfrau wird schwanger werden und einen Sohn gebären, und man wird ihm den

72   Ploch, Jesaja-Worte, 146–148.178.
73   Blenkinsopp, Opening the Sealed Book, 156 f.

Namen Immanuel geben. Das heißt: ›Gott mit uns‹.« Der griechische Ausdruck »parthenos« ist aus LXXJes 7,14 übernommen und bezeichnet in größerer Eindeutigkeit als das hebr. ᶜalmâ (MTJes 7,14) eine noch unberührte Jungfrau.[74] Aber nicht erst dieses Zitat macht Maria zur jungfräulichen Mutter, sondern die Abstammung des messianischen Thronnachfolgers von Gott selbst als dem wahren und ewigen König geht auf eine jüdische Tradition zurück, die bereits in LXXJes aus dem zweiten 2. Jh. v. Chr. ihren Niederschlag gefunden hatte (vgl. die Zeugung aus dem heiligen Geist in Mt 1,18.20; Lk 1,35). Der Evangelist Matthäus gebraucht das Jesaja-Zitat also nicht, um die Jungfrauengeburt zu verifizieren, sondern um die Kontinuität der göttlichen Zuwendung zu Israel in Jesus von Nazaret zu unterstreichen.[75] Sind die Begriffe für »junge Frau« (neanis) und »Jungfrau« (parthenos) auch nicht immer klar abzugrenzen (vgl. LXXDtn 22,19ff), so ist doch auffällig, dass »neanis« in den Schriftpropheten nie, »parthenos« dagegen häufig im *corpus propheticum* begegnet (u. a. Am 5,2; Jes 7,14; 37,22; 47,1; 62,5; Jer 2,32; 18,13; 26,11; 28,22; 38,4.13.21). Von Interesse ist auch die Tatsache, dass nach Mt 1,23 weder die Mutter (MTJes 7,14), noch der Vater (LXXJes 7,14) dem Kind den Namen »Immanuel« geben, sondern ein Kollektiv: »sie werden nennen« (kalesousin). Es ist die Gemeinde der Jesus Bekennenden (jeschua = Heil/Rettung), die in ihm den »Gott mit uns« am Werke sieht.

Der gemeinschaftliche Aspekt kommt auch im Erfüllungszitat von Mt 8,17 zum Tragen, mit dem der Evangelist die summarische Heilungsnotiz von psy-

---

74 Vgl. Ploch, Jesaja-Worte,139ff; siehe auch Beuken, Jesaja 1–12, 203–205.
75 Kampling, Jesajatraditionen im Neuen Testament, 232.

chischen und physischen Krankheiten mit dem Rückgriff auf Jes 53,4 beschließt: »So sollte in Erfüllung gehen, was durch den Propheten Jesaja gesagt ist: Er nahm unsere Schwachheit auf sich und trug unsere Krankheiten«. Gegenüber LXXJes 53,4, das vom Tragen der Sünden (hamartiai) spricht, betont die matthäische Deutung, dass der wundermächtige Jesus die tatsächlichen Krankheiten und Schwächen der Gemeinde wegträgt und so zum Immanuel (»Gott mit uns«) wird (Mt 1,23).[76]

Im Zeichen der Heilkraft Jesu steht auch das längste Erfüllungszitat in Mt 12,18–20, wo der Akzent auf seiner geheim zu haltenden Identität liegt, was angesichts von 12,15 und der dortigen Heilung aller (!) eine faktische Unmöglichkeit darstellt. Im Rückgriff auf das erste Gottesknechtslied in Jes 42,1–4 erreicht Matthäus ein Doppeltes: Zum einen zeigt er Jesus als den mit göttlicher Kraft und Autorität ausgestatteten Knecht, zum anderen verhindert er durch das Schweigegebot, dass dieser als publikumswirksamer Wundertäter missverstanden wird. Matthäus scheint sich hier am hebräischen Text von Jes 42,1ff. zu orientieren, wo der Knecht nicht mit Namen identifiziert ist, anders als in LXXJes 42,1, wo Jakob/Israel genannt ist. Das Paradox eines im kleinen Judäa wirkenden Messias, der dennoch bzw. genau so eine solche Wirkung entfaltet, dass die Völker auf seinen Namen hoffen (LXXJes 42,4), dient Matthäus zur Interpretation der Person und des Handelns Jesu. Wenn die Völkerwelt auf den Namen Jesu hofft, folgt Matthäus der LXX und nicht dem MT (vgl. Targum), der das Hoffen auf die Tora ansagt. Die heilvolle Gegenwart Gottes, die im Namen Jesu eine aus- und ansprechbare Gestalt annimmt (Mt 1,23), wird auf die

---

76   Ploch, Jesaja-Worte, 156f.

Völker erweitert (vgl. Mt 28,19), was ebenfalls im Jesajabuch eine Vorlage besitzt (vgl. Jes 2,2–4; 12; 40–55; 60–62; 66,18–23).

Zum Auftreten Jesu gehört auch seine Verkündigung in Gleichnissen, die für die Masse der Zuhörer unverständlich bleibt, durch die er aber seinen Jüngern die Geheimnisse des Himmelreichs eröffnet (Mt 13,14f.). Diese entzweiende Wirkung der Predigt Jesu hat ihr Vorbild ebenfalls in der Verkündigung Jesajas (Jes 6,9f.), wobei die Gleichnisreden Jesu das Unverständnis sogar direkt intendieren: »Darum (dia touto) rede ich in Gleichnissen zu ihnen, dass (ᶜoti) sie sehend nicht sehen und hörend nicht hören und nicht verstehen« (Mt 13,13). Wenn dieses Nicht-Verstehen durch die Predigt Jesu eingetreten ist, hat sich die Weissagung (propheteia) an den nicht Hörenden und nicht Sehenden erfüllt. Es ist das einzige Erfüllungszitat, das Jesus selbst spricht, was seine besondere Bedeutung unterstreicht (vgl. Mk 4,12; Lk 8,10). Möglicherweise hat bereits der historische Jesus seine zu Scheitern drohende Verkündigung im Licht des jesajanischen Wortes von der Verstockung der Menge und der Gefolgschaft seines Schülerkreises gedeutet. Diese Spaltung ist Gegenstand der Diskussion mit den aus Jerusalem kommenden Pharisäern und Schriftgelehrten, die ihm anlasten, seine Jünger würden die Überlieferung der Väter übertreten, was Jesus nach Mt 15,8f. mit einem Rückgriff auf LXXJes 29,13 beantwortet: »Ihr Heuchler! Wie zutreffend ist doch, was Jesaja über euch geweissagt hat: Dieses Volk ehrt mich mit den Lippen, ihr Herz aber hält sich fern von mir. Nichtig ist, wie sie mich verehren; was sie an Lehren vortragen, sind Satzungen von Menschen.«

In der johanneischen Brotrede wird ebenfalls auf Annahme und Ablehnung angespielt, wenn den Hörwilligen das Prophetenwort gilt (Joh 6,45): »Und alle werden Schüler Gottes sein« (Jes 54,13). In einem Erfüllungszitat (Jes 53,1) wird die Reaktion der Menge auf die Zeichen Jesu insgesamt negativ beurteilt: »So sollte sich das Wort erfüllen, das der Prophet Jesaja gesprochen hat: Herr, wer hat unserer Botschaft geglaubt? Und der Arm des Herrn – wem wurde seine Macht offenbar?« (Joh 12,38; vgl. Röm 10,16). Das Nicht-Glauben-Können (ouk ēdynanto pisteuein) wird als direkte Folge des Verstockungsauftrags in Jes 6,9f. gedeutet (Joh 12,39f.). Als dritter jesajanischer Bezug wird unmittelbar anschließend auf die Thronvision verwiesen: »Das hat Jesaja gesagt, weil er seine Herrlichkeit (tēn doxan autou) sah, und von ihm (peri autou) hat er geredet« (Joh 12,41). Die prophetische Schauung gilt nicht mehr der Herrlichkeit Gottes als Weltenkönig, sondern der Herrlichkeit Jesu, der als endzeitlicher Richter und Retter auftritt (Joh 12,44ff.). Der erste Teil des Johannesevangeliums (Kap. 1–12) endet so mit einem dreifachen Rückgriff auf Jesaja als Verkünder der Gottesbotschaft, die eine Entscheidung zwischen dem Glauben an den vom Vater Gesandten und der Ablehnung, d. h. dem Unglauben, erzwingt. Nur nach dieser Entscheidung können die Leser den Weg nach Jerusalem, d. h. den Weg des Leidens und der Verherrlichung, mitgehen (Joh 13,1).

Das letzte Erfüllungszitat im Mt-Ev. steht vor Jesu bejubeltem Einzug in Jerusalem (Mt 21,5), zu dem er in Betfage auf dem Ölberg eine Eselin mit ihrem Fohlen von zwei seiner Jünger requirieren lässt, »damit in Erfüllung gehe, was durch den Propheten gesagt ist: »Sagt der Tochter Zion [vgl. Jes 62,11]: Siehe, dein König kommt zu dir, sanftmütig und auf einer Eselin reitend, auf einem Fohlen, dem Jungen eines Lasttiers [vgl. Sach 9,9].« In diesem Mischzitat stammt die Ein-

leitung aus Jesaja, denn in keinem anderen Prophetenbuch steht Zion / Jerusalem derart im Mittelpunkt. Die
Stichworte »Tochter Zion« und »dein Heil / dein König
kommt (zu dir)« leiten zur Sacharja-Stelle über, die den
Einzug Jesu als sanftmütiger König in seine Stadt ankündigt. Der Jubel kommt nicht von den Bewohnern
Jerusalems, sondern von denen, die Jesus begleiten und
ihn als König (basileus) proklamieren (vgl. Sach 9,9; in
LXXJes 62,11 sōtēr »Retter«). Der Tempelstadt Jerusalem steht Jesus von Anfang an reserviert bis ablehnend
gegenüber. Das deutet sich schon in Mt 2,1–3 an, als
ganz Jerusalem mit Herodes ob der Nachricht vom neugeborenen König der Juden in Bestürzung gerät, und
bestätigt sich am Ende, als sich die *ganze* Stadt in Auf-
regung befindet und fragt, wer denn der Umjubelte
sei, der in die Stadt einzieht (Mt 21,10). Insgesamt ist
Jerusalem weit davon entfernt, Freudenbotin, Evangelistin der Rettungsmacht Jhwhs für die Städte Judas
und die Völkerwelt zu sein (Jes 62,10–12 nimmt Jes
40,9–11 explizit auf). Im Gegenteil, Jerusalem wird zum
Schauplatz der Ablehnung und des gewaltsamen Todes ihres Königs, wovon Jesus je länger desto stärker
überzeugt zu sein schien (vgl. Mt 16,21; 20,17f.).
Dass Matthäus zum Passionsbericht kein Erfüllungszitat mehr bietet, mag auf den ersten Blick erstaunen, deckt sich aber mit der Tatsache, dass auch die
anderen Evangelien dazu nur in geringem Maße auf
die Schriften Israels *zitierend* zurückgreifen. Ein we-
sentlicher Grund dafür liegt darin, dass ein getöteter
Messias nicht zur jüdischen Vorstellungswelt passte
und so auch in Qumran nicht belegt ist. Eines der we-
nigen alttestamentlichen Zitate zum Leiden Jesu findet sich in Lk 22,37, als dieser kurz vor seiner Fest-
nahme die Jünger darauf einschwört, sich auf die
nahende Entscheidung vorzubereiten: »Denn ich sage

euch: Dieses, was geschrieben steht, muss an mir erfüllt werden: ›Und zu den Gesetzlosen wurde er gerechnet‹ [Jes 53,12a]. Aber auch das, was mich betrifft [to peri emou], hat ein Ende [telos].« Ohne Angabe eines Zitats heißt es dann im Rückblick des Auferstandenen vor den Emmaus-Jüngern: »Musste nicht Christus dies leiden und in seine Herrlichkeit eingehen? Und von Mose und allen Propheten beginnend, erklärte er ihnen in allen Schriften, was ihn betraf [ta peri eautou]« (Lk 24,26f). Dies wiederholt der Auferstandene vor den Zwölf, wobei er dann neben Moses und den Propheten auch die Psalmen nennt. Alles, was in den drei Teilen der Schriften Israels über Jesus (ta peri emou »über mich«) geschrieben steht, musste sich erfüllen und hat sich an ihm erfüllt.[77]

In der Apostelgeschichte sind die Aufnahmen aus dem Jesajabuch auf zweierlei Weise eingesetzt. Zum einen dienen sie dazu, den Übergang der Heilsbotschaft von Israel zu den Heiden als schriftgemäß zu untermauern. So berufen sich Paulus und Barnabas auf Jes 49,6 und präsentieren sich und ihre Verkündigung im Auftrag Gottes als »Licht für die Völker« und als »Heil bis an das Ende der Erde« (Apg 13,47). Bereits zuvor hatte Philippus dem äthiopischen Eunuchen, der auf dem Rückweg von Jerusalem in Richtung Gaza die Schriftstelle Jes 53 las, den leidenden Knecht auf Jesus hin ausgelegt und ihn auf sein Bitten hin am Wegesrand getauft (Apg 8,26–40). Damit hatte sich die Prophetie Jesajas von der Ausweitung der Jhwh-Verehrung auf Menschen aus den Völkern, ja sogar auf

---

77 Die stärkste Aufnahme von Jes 53 findet sich in 1 Petr 2,22–25 (Ende 1. Jh.). Jesu Leiden wird dort nicht soteriologisch bzw. christologisch gedeutet, sondern paränetisch, als Vorbild für Sklaven, sich auch bösartigen Herren unterzuordnen!

Verschnittene, erfüllt (Jes 56,3–7). Zum anderen gebraucht Lukas in Apg 13,34 die göttliche Zusage der heiligen und zuverlässigen Gnadenerweise an David (LXXJes 55,3), um zusammen mit Ps 2,7; 16,10 die Sicherheit der Auferstehung Jesu darzulegen.

In Apg 28,26 f. beschließt Lukas seine Geschichtsschreibung, die von der Himmelfahrt Jesu bis zur Ankunft des Völkerapostels Paulus als Gefangener in Rom reicht, mit dem Verstockungszitat aus LXXJes 6,9 f. Einige der jüdischen Gemeindemitglieder hatten sich von der Schriftauslegung auf Christus überzeugen lassen, andere jedoch hatten Paulus keinen Glauben geschenkt (Apg 28,24). So wird der Gegensatz von Annahme und Ablehnung, der im Prinzip jeder Verkündigung innewohnt, zum entscheidenden Merkmal in der Verhältnisbestimmung zwischen Christen und Juden stilisiert. Das jesajanische Wort, das eine innerjüdische Spaltung zwischen den Hörern der prophetischen Predigt und ihren Ablehnern in einer bestimmten historischen Situation wiedergab, wird zum Schriftbeweis der Hörunwilligkeit Israels *in toto* und *in aeternum*. Dass diese Deutung, dieser »Pescher« richtig sei, unterstreicht Lukas mit dem ausdrücklichen Hinweis auf die Quelle aller Schriftauslegung: »Trefflich hat der heilige Geist durch Jesaja, den Propheten, zu *euren* Vätern geredet« (Apg 28,25). Die in den Handschriften gut bezeugte alternative Lesart »zu *unseren* Vätern« ist ein wohltuender Hinweis auf das Wissen um die *gemeinsame* Geschichte im Glauben. Das letzte Wort des lukanischen Paulus an seine jüdischen Zuhörer zementiert dagegen auf geradezu fatale Weise die Vorstellung von den Juden als verstockte Nicht-Hörer des Evangeliums: »So sei euch nun kundgetan, dass diese Rettung Gottes den Völkern gesandt ist: Sie werden hören!« (Apg 28,28). Gerade mit Blick auf den Beginn des Lukasevangeliums zeigt sich das Problem in aller Schärfe: »Dass das jüdische Volk das von seinen Anfängen in den lukanischen Kindheitserzählungen so hochkodiert gerade in jesajanischen Kategorien erzählte Heil nicht akzeptiert hat, bleibt am Ende ein Rätsel, das nur theologisch zu bearbeiten ist.«[78]

6.2. Paulus

Die Bedeutung Jesajas für die Schriftauslegung und Theologie bei Paulus ist nicht hoch genug einzuschätzen. Abgesehen von den Psalmen beruft sich der Völkerapostel auf keine alttestamentliche Schrift intensiver als auf das Buch dieses Propheten.[79] Aber nur im Römerbrief nennt er seine Referenzquelle Jesaja fünfmal ausdrücklich (Röm 9,27.29; 10,16.20; 15,12). Diese Belege beschließen große Sinneinheiten und die darin eingebetteten Zitatreihen (9,25–29; 10,16–21; 15,9–12). Wenn Paulus darin zwar auch Hosea (9,25) und Mose (10,19) nennt, sich aber am Höhepunkt der Argumentation jeweils auf Jesaja beruft, zeigt das, wie stark gerade dieser Prophet auf den Völkerapostel gewirkt hat.[80] Ein Vergleich mit seinen früheren Briefen legt nahe, dass Paulus das Jesajabuch erst schrittweise für sich und seine Verkündigung entdeckte. Während die Bezugnahmen in 1 Thess 1,10 (Jes 59,19f.), 4,16 (Jes 26,19), 5,8 (Jes 59,17) ganz dem Thema der Parusie gewidmet waren, nutzt Paulus in Gal 1,15 (Jes 49,1.5; 42,6), 1,16 (Jes 52,10) die jesajanische Prophetie zur Klärung seiner ureigenen Rolle als Verkünder für die

---

78   Von Bendemann, Geschichtskonzeption, 69.
79   Wilk, Bedeutung, 381, geht von 19 Zitaten und 28 Anspielungen aus.
80   Wilk, Paulus, 101f.

Völkerwelt. In 2 Kor 6,2 präsentiert er sich als prophetischer Künder, als Mitarbeiter Gottes in dieser Zeit der Gnade und Rettung (Jes 49,8). So liest er »den Jesajatext als prophetische Vorausdarstellung seiner Berufung zum Apostel Jesu Christi für die Weltvölker«[81].

Als Ausgangspunkt gilt für Paulus, dass Gottes Heil für Israel und die Völker in Jesus Christus Wirklichkeit geworden ist. In ihm erfüllen sich die Worte der Propheten, werden die Geheimnisse der Schrift offenbar. »Dabei stehen Christusglaube und Jesajaexegese in einer Wechselbeziehung: Einerseits wird für Paulus erst im Licht der Christusbotschaft der Sinn der Prophetenworte offenbar; andererseits macht erst das Jesajabuch etliche Aspekte dieser Botschaft verständlich. So ist das Jesajabuch in seinem Sinne zugleich Zeugnis und Interpretament des Heilshandelns Gottes in Christus.«[82]

Zu Beginn des Römerbriefes rekurriert Paulus als Beweis dafür, dass alle, Juden und Heiden, gleichermaßen unter dem Zorn Gottes stehen (Röm 1,18), zuerst auf Jes 52,5 (Röm 2,24). War das Gottesvolk einst wegen seiner Übertretungen in die babylonische Gefangenschaft geraten und wurde daher der Name Gottes gelästert, so bringt Israel durch seine Sünden den Namen Jhwhs erneut in Verruf. Doch die Heidenwelt steht nicht besser da, denn Juden wie Griechen leben unter der Herrschaft der Sünde (Röm 3,9): Alle sind schnell dabei, Blut zu vergießen, Verderben ist auf ihren Wegen, den Weg des Friedens kennen sie nicht (vgl. Jes 59,7f.). Aus eigener Gerechtigkeit kann niemand gerecht werden, denn nur Gott allein macht gerecht (Röm 8,33), was auf das dritte Gottesknechtslied (vgl.

---

81   Wilk, Paulus, 111.
82   Wilk, Paulus, 108.

50,8) verweist. Hatte sich Jhwh schützend vor seinen Knecht gestellt, so wird er das auch für seine Erwählten tun, die nichts von der Liebe Christi scheiden kann!

Wenn dem so ist, warum hat dann die Mehrheit Israels Jesus abgelehnt? Wie gehen die Treue Gottes zu Israel und die Ablehnung Jesu zusammen? Dies ist die Kernfrage des Römerbriefes und so findet sich in Röm 9–11 die dichteste Anzahl der Jesaja-Bezüge.[83] Am Ende des neunten Kapitels baut Paulus seine Argumentation fast vollständig aus Jesaja-Worten auf. Paulus stellt klar, dass sich die Heilsgeschichte schon seit jeher immer nur durch einen Rest fortsetzte. So habe Jesaja über Israel ausgerufen, wenn es auch so zahlreich wäre wie der Sand am Meer, nur ein Überrest werde gerettet (Röm 9,27; Jes 10,22 f.). Zur Bekräftigung zitiert Paulus unter Angabe Jesajas auch noch Jes 1,9. Scheidung und Entscheidung gehören untrennbar zur Geschichte der Offenbarung. Wie sich zu der Zeit Jesajas die Masse des Volkes an seiner Vertrauensforderung stieß, am Stein des Anstoßes, am Felsen des Ärgernisses, den Gott in Zion gelegt hatte (Jes 8,14; 28,16), so kommen nun viele an der Gerechtigkeit aus Glauben an Jesus Christus zu Fall (Röm 9,30–33). Stehen alle, Juden und Heiden, unter dem göttlichen Zorn, so besitzen auch alle die Chance, durch den Glauben an Christus gerettet zu werden (Röm 10,11). Doch haben sie überhaupt gehört, ist ihnen verkündet worden? Das bejaht Paulus mit dem Schriftzitat aus Jes 52,7 in Röm 10,15: »Wie willkommen sind die Füße der Freudenboten, die Gutes verkünden.« Dass es nicht an der Verkündigung mangelte, sondern an der Annahme der Botschaft, beweist er im direkten Anschluss mit Jes 53,1: »Herr, wer hat unserer Botschaft geglaubt?«

---

83   Watts, Isaiah in the New Testament, 224.

(Röm 10,16). Dass Annahme und Ablehnung die Grenze zwischen Juden und Heiden durchbricht, hatte schon Jesaja im Namen Gottes zu sagen gewagt (Röm 10,20): »Ich ließ mich finden von denen, die nicht nach mir suchten; ich offenbarte mich denen, die nicht nach mir fragten« (65,1). In dieser Hinwendung zur Völkerwelt bemüht sich Gott aber unablässig um sein Volk Israel (Röm 10,21; Jes 65,2): »In Christus wendet sich Gott den Weltvölkern zu, die ihn nicht gesucht haben; gerade dadurch aber streckt Gott sich beständig aus nach den Israeliten, die dem Evangelium widersprechen.«[84]

Wie bereits in Röm 9–10, so stehen auch in Röm 11 die Jesaja-Bezüge im Zentrum der paulinischen Argumentation. Das, was Israel anstrebt, hat nicht ganz Israel, sondern nur eine Auswahl (eklogē) erreicht, die übrigen sind verstockt worden (epōrōthēsan) (Röm 11,7). Das belegt u. a. der Schriftbeweis aus Jes 29,10 und 6,9f., Gott habe ihnen einen Geist der Betäubung gegeben, Augen, die nicht sehen, und Ohren, die nicht hören, bis zum heutigen Tag. Letzteres nimmt die Frage Jesajas aus Jes 6,11 auf, wie lange die Verstockung denn andauern solle. Israels Straucheln diene nicht dem Fall, sondern dazu, dass das Heil zu den Völkern gelange, was wiederum das Gottesvolk eifersüchtig mache. Sind die Völker durch Israels Verschulden reich beschenkt worden, welche strahlende Zukunft steht dann für alle Welt in Aussicht, wenn ganz Israel zum Glauben kommt (Röm 11,11f.)? Die Eröffnung des Glaubens für die Völker, die erst durch die partielle Verstockung Israels möglich wurde, ist das Geheimnis schlechthin (to mystērion touto) (Röm 11,25). Wenn die Völker in voller Zahl das Heil erlangt haben werden, wird auch Is-

---

84   Wilk, Paulus, 106.

rael gerettet, wozu Paulus erneut auf Jesaja (Jes 59,20 f.; 27,9) zurückgreift: »Der Retter wird aus Zion kommen, er wird alle Gottlosigkeit von Jakob entfernen. Das ist der Bund, den ich ihnen gewähre, wenn ich ihre Sünden wegnehme« (Röm 11,26 f.). Anders als im MT und in der LXX kommt hier nicht Jhwh zum Zion oder um Zions willen, sondern der Retter kommt *aus* Zion! Während nach MT Gott nur zu denen kommt, die sich von der Sünde in Jakob abwenden, kommt der Retter (= Christus) nach Paulus mit dem Ziel, die Verfehlungen von Jakob zu entfernen (wie LXX). Inhalt des Bundes ist nicht wie in MT und LXX die kontinuierliche prophetische Wortvermittlung nach mosaischem Vorbild, sondern die Wegnahme der Verfehlungen des Gottesvolkes, um so den Weg aller zum Heil zu ebnen. Die göttlichen Wege von Verstockung und Heil für Israel und die Völker sind ein Grund zum Lob seiner Weisheit, »denn wer hat die Gedanken des Herrn erkannt? Oder wer ist sein Ratgeber gewesen?« (Röm 11,34; Jes 40,13.28).

In den Ermahnungen des Römerbriefes arbeitet Paulus erst im Kap. 15 wieder mit starken Bezügen auf Jesaja (zuvor nur Röm 14,11 auf Jes 45,23). Das Israel der Beschneidung, dessen Diener Christus um der Wahrhaftigkeit Gottes willen ist, *und* das Lob der Heiden, die das Erbarmen Gottes rühmen, gehören zusammen (Röm 15,7–9). Zum weltweiten Lob zitiert Paulus das Wort aus Jes 11,10, der Spross aus der Wurzel Isais werde kommen und sich erheben, um über die Völker zu herrschen; auf ihn hofften die Völker. Paulus orientiert sich dabei erneut an der LXX, denn im Gegensatz zum MT, wo die Völker den Spross aufsuchen, spricht der griechische Text davon, dass der davidische Spross über die Völker herrscht und sie auf ihn hoffen. Das Stichwort »hoffen« (elpizō) nimmt der Völkerapostel gerne auf, um abschließend gleich zweimal von der »Hoffnung« (elpis) zu sprechen, die von Gott kommt und zu Gott führt (Röm 15,13).

Im Briefschluss betont Paulus nochmals seine Berufung für die Völker, einen Dienst, den er als priesterliche Aufgabe für das Evangelium Gottes versteht (Röm 15,16). Dabei ist es ihm nach eigenem Bekunden immer ein Anliegen gewesen, dort zu arbeiten, wo noch nicht verkündet worden war, wozu er zum letzten Mal im Römerbrief die Schrift, und zwar Jes 52,15 zitiert: »Denen nicht von ihm verkündigt wurde, die sollen sehen, und die nicht gehört haben, sollen verstehen« (Röm 15,21).

6.3 Offenbarung des Johannes

Das letzte Buch des christlichen Kanons bietet die größte Dichte an alttestamentlichen Bezügen, wobei das Jesajabuch mit ca. 50 Belegen zu Buche schlägt. Die am intensivsten aufgenommenen Texte stammen aus der Thronvision in Jes 6,1–4, der Gerichtansage gegen Edom (Jes 34,4.9–11.13–14), dem Heilsbild für Jerusalem (Jes 60,1–3.5.11.14.19) und der Vision eines neuen Himmels und einer neuen Erde (Jes 65,15–20a). Inhaltlich ergeben sich die folgenden Schwerpunkte:[85]

1. Der Seher der Offenbarung orientiert sich am Visionär Jesaja ben Amoz und dessen Thronvision von Jhwh als dem unbegrenzten Herrscher über Himmel und Erde (Offb 4,8; Jes 6,2f.). Keine Aufnahme finden die Reinigung des Propheten und der Verstockungsauftrag. Nur das Herrscherbild wird rezipiert, aber nicht mehr auf Gott bezogen, sondern auf Christus als

---

85   Nach Fekkes, Isaiah and Prophetic Traditions in the Book of Revelation, 280–282.

Pantokrator. Die Eigenschaft Gottes als Erster und Letzter (Jes 41,4; 44,6; 48,12) ist auf Christus als Alpha und Omega übergegangen (Offb 1,8.17; 21,6; 22,13). Diese Aussage rahmt das Buch der Offenbarung und stellt Christus als Welt und Geschichte umspannenden Herrscher dar. Ohne die Vision des Jesajabuches vom endgültigen Königtum Jhwhs wäre eine solche Übertragung auf Christus nicht möglich gewesen.

2. Auch im Buch der Offenbarung besitzt die christologische Deutung ein davidisch-messianisches Fundament. Jesus Christus ist die Wurzel Davids (Offb 5,5; 22,16; vgl. Jes 11,10), ihm sind die Schlüssel des königlichen Hauses gegeben (Offb 3,7; vgl. Jes 22,22). Er richtet gerecht, und zwar mit dem scharfen Schwert seines Mundes (Offb 19,11.15; vgl. Jes 11,4). Er ist das Amen, der treue und zuverlässige Zeuge (Offb 3,14; vgl. Jes 65,15 f.; 55,3).

3. Dieses heilvolle Ende setzt das eschatologische Gericht voraus, das allen Königen, Völkern und Mächtigen gilt, die sich Gott, Christus und seinem Wort widersetzen. Keiner von ihnen entkommt am Tag des Zornes (Offb 2,15 f.; vgl. Jes 2,10.19), wenn sich die Himmel wie eine Buchrolle zusammenrollen und die Früchte am Feigenbaum vergehen (Offb 6,13 f.; vgl. Jes 34,4). Der Held, der in Gerechtigkeit richtet und Krieg führt (Offb 19,11–15), ist mit einem blutgetränkten Gewand bekleidet (Jes 63,1), er herrscht mit eisernem Zepter (Ps 2,9) und tritt die Kelter des grimmigen Zornes (Jes 63,3). Einige der Völkersprüche des Jesajabuches, die Babel (Jes 13,21; 21,9; 47,7–9), Tyrus (23,8.17) und Edom gelten (34,9–14), werden vom Seher von Patmos auf die feindlichen Völker, besonders auf das gottlose Rom übertragen (Offb 14,8–11; 17,1–19,4). Wie im Jesajabuch der Fall Babels (Jes 47) das Signal für die Königsherrschaft Jhwhs über Israel und die Völker war, so

ist der Fall der großen Hure der letzte Schritt vor dem himmlischen Jubel (Offb 19,4ff.).

4. Die Inszenierung des eschatologischen Heils orientiert sich ebenfalls am Zukunftsbild Jerusalems im Buch Jesaja (Offb 19,7; Jes 61,10). Der neue Himmel und die neue Erde (Jes 65,17), die Präsenz Gottes, der alle Tränen trocknet (Jes 25,8) und so eine Situation ohne Not und Klage schafft (Jes 35,10), sind Motive, die allesamt aus dem Jesajabuch stammen (Offb 21,1–4). Das Bild der heiligen Stadt Jerusalem als Braut Gottes, mit kostbaren Edelsteinen geschmückt (Offb 21,10f.), nimmt Jes 60,1f. auf. Dazu kommen die Motive vom Licht, das in der Stadt nicht mehr untergeht (Offb 21,23; Jes 60,19f.), und von den unverschlossenen Toren, auf dass die Völker ihre reichen Gaben ohne Unterlass hereinbringen können (Jes 60,3.11). Demgegenüber wird nichts Unreines hineingelangen (Offb 21,27; vgl. Jes 35,8; 52,1). Anders als Jesaja (8,16) soll der Seher die Prophetien seines Buches nicht mehr versiegeln, denn die Zeit sei nahe (Offb 22,10), in der Gott mit seinem Lohn komme (Jes 40,10). Ähnlich dem Ende des Jesajabuches (66,24) haben auch zum Schluss der Offenbarung die Gottesgegner keinen Platz mehr in der Heiligen Stadt, sondern sind nach draußen verbannt (Offb 22,15).

7. Rabbinische Tradition

Nach Ansicht der Rabbinen stammte Jesaja aus der königlichen Linie Jerusalems. Sein Vater Amoz, der ebenfalls ein Prophet gewesen war, soll ein Bruder des Königs Amazja gewesen sein (vgl. 2 Kön 14,1ff.; Amoz als Kurzform des Namens »Jhwh ist stark«). Seine harsche Predigt macht Jesaja den Rabbinen nicht gerade sympathisch, denn mit Härte redet der Reiche (Spr 18,23), was zum Oberschichtsmilieu dieses Propheten passt (PesK XIV,4).[86] Die Vergleiche Jerusalems mit Sodom und Gomorra (Jes 1,9f.; 3,9) fanden ebenso wenig den ungeteilten Beifall der Rabbinen, wie die Angabe, Jesaja habe Jhwh gesehen (Jes 6,1), was der göttlichen Ankündigung an Mose widerspricht, niemand könne Gott schauen und am Leben bleiben (Ex 33,20). Dass sich dieser Prophet als Mann unreiner Lippen bezeichnete und sich so mit dem sündigen Volk auf eine Stufe stellte (Jes 6,5), wurde ebenfalls kritisch beäugt. Jesaja war der einzige Prophet, der bei den Königen Judas nach Belieben ein und ausging, was seine aristokratische Herkunft weiter unterstreicht. Er kann es sich erlauben, dem todkranken Hiskija vorzuwerfen, die göttliche Strafe habe ihn deshalb getroffen, weil er noch keine Söhne gezeugt und so den Schöpfungsauftrag, »Seid fruchtbar und vermehret euch!« (Gen 1,28), missachtet habe. Der König führt nach rabbinischer Deutung als Entschuldigung an, er habe doch vorhergesehen, einen missratenen Sohn zu zeugen: »Ich habe geschaut, daß ich einen frevelhaften Sohn erstehen lassen würde, deshalb habe ich nicht Söhne erstehen lassen. Er sagte zu ihm: nimm meine Tochter (zur Frau), vielleicht lassen meine Art und deine Art einen guten Sohn erstehen! Trotzdem ist nur ein schlechter Sohn (= Manasse) erstanden. Das ist es, was geschrieben steht: *Die Geräte des Arglistigen sind böse* (Jes 32,7)« (jSan 28b,75–28c,9).[87]

Das entscheidende Ereignis in der Biographie Jesajas ist für die rabbinische Tradition das Martyrium unter Manasse, der durch 2 Kön 21,16; 24,4 als grausamer

---

86   Porton, The Rabbis on the Prophet Isaiah, 695.
87   Übersetzung von Wewers, Talmud Yerushalmi Bd. IV/4, 270f.

Verfolger der Gerechten ausgewiesen war. Von einem Blutzeugnis Jesajas wissen die biblischen Schriften bekanntlich nichts zu berichten. Im Talmud wird diese Tradition, die eine große Wirkungsgeschichte haben sollte, breit entfaltet: »Als sich Manasse aufmachte (und) hinter Jesaja herlief, wollte er ihn töten, aber der floh vor ihm. Er floh zu einer Zeder, und die Zeder verschlang ihn mit Ausnahme der Schaufäden (Num 15,38–41; Dtn 22,12) seines Mantels. Man kam und sagte ihm (= Manasse) das. Er sagte zu ihnen: geht und zersägt die Zeder! Sie zersägten die Zeder, und man sah Blut fließen« (jSan 28 c,44 ff.).[88] Diese Motive der Flucht, vom Verschlungen-Werden durch einen Baum[89] und von der anschließenden Zersägung sind in der gesamten rabbinischen Tradition singulär. Nur in bSan 101a findet sich noch die Nachricht, Rabbi Isaak ben Joseph sei von einer Zeder verschlungen worden, diese sei aber auf wunderbare Weise geplatzt und habe ihn so wieder frei gegeben. Die Gründe für den tödlichen Hass Manasses auf Jesaja werden an zwei anderen Stellen erläutert. Im babylonischen Talmud Jevamot 49b wirft Manasse Jesaja vor, gegen das Wort des Mose von Ex 33,20 behauptet zu haben, er habe Gott mit eigenen Augen gesehen (Jes 6,5). Auch habe Jesaja Gottes rettende Präsenz in Misskredit gebracht, da er davon gesprochen habe, man solle Gott suchen, wenn er zu finden sei (Jes 55,6), wo doch Mose gesagt habe, Gott würde immer antworten, wenn man zu ihm rufe (Dtn 4,7). Der Prophet vermeidet es, mit Manasse zu diskutieren, um diesen nicht zu reizen, auf dass er nicht zum vorsätzlichen Mörder würde: »Da sprach er den Got-

---

88 Übersetzung von Wewers, Talmud Yerushalmi Bd. IV/4, 273 (vgl. bSan 103b).
89 Dazu Gaster; Heller, Baum, 32–52.

tesnamen und ward von einer Zeder verschlungen. Hierauf ließ jener die Zeder holen und zersägen, und als [die Säge] ihm an den Mund herankam, starb er. Dies, weil er gesagt hat: *und unter einem Volke unreiner Lippen weile ich*« (bJev 49b[90]; vgl. Jes 6,5).

Eine andere Sichtweise findet sich in PesR IV,3[91]: An dem Tag, als Manasse das Götzenbild in den Jerusalemer Tempel bringen ließ, trat ihm der Prophet mit der Anklage entgegen, er handle überheblich, da er am Heiligtum bauen wolle, wo doch Gott nicht in einem Haus zu fassen sei, denn der Himmel sei sein Thron und die Erde der Schemel seiner Füße (Jes 66,1). Außerdem werde Nebukadnezzar kommen und den Tempel zerstören und ihn deportieren. Daraufhin sei Manasse sehr wütend geworden und habe befohlen, Jesaja zu ergreifen. Als dieser floh, habe sich ein Johannisbrot-Baum geöffnet und den Propheten aufgenommen. Von Gebetsfäden, die sein Versteck im Baum anzeigten, ist keine Rede, sondern Manasse lässt sofort Zimmerleute rufen, die den Baum zersägen, so dass Blut fließt. Damit ist 2 Kön 21,16 eingelöst, Manasse habe Jerusalem von einem Ende bis zum anderen (peh lāpeh, wörtl. »von Mund zu Mund«) mit Blut erfüllt. Diese hebräische Wendung verweist auf Mose, mit dem Gott als einzigem von Mund zu Mund gesprochen hat (Num 12,8: peh ʼel-peh). So wird Jesaja hier von den Rabbinen in großer Nähe zu Mose gesehen.

Im »Martyrium Jesaja«, einer jüdischen Schrift aus dem letzten Drittel des 1. Jh.s n. Chr., die in die christliche Überlieferung der Himmelfahrt Jesajas aufgenommen worden ist, wird die Legende vom Blutzeug-

90   Der Babylonische Talmud, Bd. IV, Übers. L. Goldschmidt, Frankfurt 41996, 481.
91   Übers. Braude, Pesikta Rabbati, 88 f.

nis weiter entfaltet.[92] Um Jesajas Heldenhaftigkeit nicht zu trüben, wird von einer Flucht nichts mehr gesagt, ebenso wenig von einem Baum, der ihn verborgen hätte. Alle Aufmerksamkeit gilt dem Zersägen (vgl. Hebr 11,37).[93] Dies geschieht unter dem Spott der Widersacher und Lügenpropheten, wobei der Prophet allen Anfeindungen trotzte: »Und Jesaja schrie weder, noch weinte er, als er zersägt wurde, sondern sein Mund redete mit dem Heiligen Geist, bis er in zwei Teile zersägt war« (MartJes V,14).[94] Als Visionär hatte Jesaja dieses Ende von Anfang an vorhergesehen und es Hiskija im Beisein seines Sohnes Manasse lange zuvor angekündigt (MartJes I,7).

In der »Himmelfahrt Jesaja«, einer christlichen Schrift aus den ersten Jahrzehnten des 2. Jh.s (Kap. 6–11), welche die jüdische Tradition seines Martyriums (Kap. 1–5) fortsetzt, wird die visionäre Kraft besonders hervorgehoben. Nicht nur hatte Jesaja das Schicksal Hiskijas, Manasses und sein eigenes vorhergesehen und schriftlich festgehalten, sondern er besaß durch seine mystische Himmelfahrt auch Kenntnis vom Herabstieg und Aufstieg des Geliebten, d. h. des himmlischen Christus. So heißt es am Ende der Vision: »Und auch den Engel des Heiligen Geistes sah ich zur Linken sitzen. Und dieser Engel sprach zu mir: ›Jesaja, Sohn des Amoz, es ist genug für dich, denn das sind gewaltige Dinge, du hast ja geschaut, was kein Fleischgeborener sonst geschaut hat, und wirst in dein Kleid (= in die

---

92 Siehe zu Text und Kommentar Hammershaimb, Martyrium Jesajas.
93 In Schaller, Paralipomena Jeremiou, 754, Anm. 21b findet sich eine sehr ausführliche Liste frühjüdischer und frühchristlicher Belege, die von der Zersägung Jesajas berichten.
94 Übers. Hammershaimb, Martyrium Jesajas, 32.

irdische Körperlichkeit – U. B.) zurückkehren, bis deine Tage erfüllt sind; danach wirst du hierher kommen.‹ Dies habe ich gesehen« (AscJes XI,33–35).[95] Den biblischen Anhaltspunkt bot natürlich Jes 6,1.5, wo Jesaja berichtet, er habe den göttlichen König auf einem hohen und erhabenen Thron gesehen (vgl. Joh 12,41: »Das sagte Jesaja, weil er Jesu Herrlichkeit gesehen hatte; über ihn nämlich hat er gesprochen«).

In den »Paralipomena Jeremiou« (Hinterlassenschaft Jeremias), einer jüdischen Schrift mit christlichen Ergänzungen aus dem ersten Drittel des 2. Jh.s n. Chr. wird ebenfalls auf das Martyrium Jesajas Bezug genommen, und zwar im Zusammenhang des Blutzeugnisses des Jeremia. Wie Jesaja, so hatte auch dieser das Kommen Jesu geschaut, sowie die Sammlung der zwölf Apostel zur Verkündigung der frohen Botschaft unter den Völkern: »Als Jeremia dies über den Sohn sagte, daß er in die Welt kommt, da wurde das Volk zornig und sprach: ›Das sind erneut die von Jesaia, dem Sohn des Amos, gesprochenen Worte: ›Ich sah Gott und den Sohn Gottes‹. Kommt nun! Laßt uns ihn nicht töten, wie wir jenen getötet haben, sondern ihn mit Steinen steinigen‹« (ParJer IX,19–21).[96] Analog zu Jesaja, den ein Baum vor dem Zugriff seiner Todfeinde bewahrte, ist es nun ein Stein, der die Gestalt Jeremias annimmt, so dass jene den Stein steinigen, im Glauben, es sei der Prophet. Dadurch gewinnt er die notwendige Zeit, um alle seine Geheimnisse an Baruch und Abimelech weiterzugeben. Danach führt Jeremia seinen Auftrag zu Ende, tritt vor seine Gegner hin, so dass sie ihn steinigen (ParJer IX, 23–31).

---

95 Übers. Detlef; Müller, Himmelfahrt des Jesaja, 561.
96 Schaller, Paralipomena Jeremiou, 753–755.

8. Patristische Literatur

Nach der intensiven Rezeption im NT nimmt es nicht Wunder, dass sich diese starken Bezugnahmen auf die jesajanische Prophetie in der patristischen Literatur fortsetzen.[97] Angefangen bei Clemens von Rom (ca. 50–100) und Justin dem Märtyrer (ca. 100–160), über Irenäus von Lyon (ca. 130–200) und Clemens von Alexandrien (ca. 150–215) bis hin zu Origenes (ca. 185–254) und Hieronymus (347–419), um nur einige zu nennen, spielt Jesaja und seine Prophetie bei den Vätern eine überragende Rolle. Die messianischen Weissagungen (Jes 7; 9; 11; 61), die Texte vom Leiden und Tod des Gottesknechts (Jes 50,4ff.; 52,13ff.), die Öffnung des Heils auf die Völkerwelt (u. a. Jes 60; 62) und die Verstockung Israels (Jes 6,9f.) stellen einige der zentralen Rezeptionsmotive dar. Gerade das Verstockungsmotiv wird bei den Vätern stark aufgenommen und durch eine ganz Israel verurteilende Auslegung von Jes 1 zusätzlich verschärft. Die Resttheologie in Jes 1,9, die im NT nur von Paulus in Röm 9,29 aufgenommen wurde und die ein Nein Gottes zu seinem Volk *in toto* ausschließt, wird bei einigen Vätern durch eine israelfeindliche Auslegung von Jes 1,2–4 faktisch außer Kraft gesetzt (u. a. Just. 1 apol. 37f.; Iren. haer. I,19,1). Nach Hieronymus (comm. in Is. I,1,3) zeigt sich in der göttlichen Anklage gleich zu Beginn des Jesajabuches die Unfähigkeit der Juden, Christus aus ihren eigenen Schriften heraus zu erkennen. Im literarisch inszenierten Dialog mit dem Juden Tryphon appliziert Justin die Anklagen Jesajas gegen die Oberschicht Jerusalems aus dem letz-

---

97 Siehe dazu Jay, Jesaja, 794–821; Childs, Struggle to Understand Isaiah und bes. Wilken, Isaiah (mit einer Auswahl von Väterexegesen zu Texten des Jesajabuches).

ten Drittel des 8. Jh.s v. Chr. (Jes 3,9–11; 5,18–20) auf die Juden seiner Zeit (dial. 17,1; 133,4 f.; 136,2). So ist nicht nur das biblische Israel, sondern so sind die Juden für ihn das »widerspenstige Volk«, dem Christus zwar die Hände zur Heilung entgegenstreckte, von dem er aber nur Schmach und Leiden erfuhr (1 apol. 38; vgl. Jes 50,6–8; 65,2). Umso erstaunlicher ist, dass Justin das lange kollektive Klagegebet aus Jes 63,15–64,11 den Juden seiner Zeit als Anrufung des Erbarmens Gottes in den Mund legt (dial. 25,2–5).[98]

Eine breite Rezeption erfuhr die Thronvision (Jes 6,1–4) bei den Vätern, was sich danach auch in der Ikonographie mit den Majestas Domini-Darstellungen niederschlagen sollte (s. u.). Während sich im NT – mit Ausnahme von Offb 5,7; 15,8 (vgl. Joh 12,41) – die Bezüge zu Jes 6 auf das Verstockungsmotiv (V. 9 f.) beschränkten, werden nun die Motive der Herrlichkeit und Heiligkeit Gottes stark entfaltet. Bereits Clemens von Rom legte das Trishagion in Jes 6,3 trinitarisch aus (1Clem 34,6), dem viele andere folgten. Von den neun Homilien des Origenes, die in einer lateinischen Übersetzung des Hieronymus erhalten geblieben sind, beziehen sich gleich fünf auf die Vision des Propheten in Jes 6.[99] Die beiden Seraphim sind als Christus und Heiliger Geist ausgelegt:

»Diese Seraphim aber, die Gott umgeben und im Akt reinen Erkennens sagen: ›Heilig, heilig, heilig!‹, bewahren deswegen das Geheimnis der Trinität, weil auch sie selbst heilig sind; in allem, was ist, gibt es nämlich nichts Heiligeres. Und sie sagen nicht einfach zueinander: ›Heilig, heilig, heilig!‹, sondern verkünden

98 So Jay, Jesaja, 800.
99 Übersetzung und ausführliche Einleitung von Fürst; Hengstermann, Origenes.

mit lautem Rufen ein Bekenntnis, das allen zum Heil dient. Wer sind diese beiden Seraphim? Mein Herr Jesus und der Heilige Geist« (Or. hom. in Is. 1,2).[100] Dieser Auslegung tritt Hieronymus resolut entgegen. In einem Brief, wohl aus dem Jahr 380, getitelt an Damasus, Bischof von Rom (366–384), betont er, dass sich die Frage »wer wird für *uns* gehen?« (Jes 6,8) – ähnlich Gen 1,26 – nur auf die göttliche Dreifaltigkeit beziehen kann: »Auf wen anders aber ist dieses ›für uns‹ zu beziehen, wenn nicht auf den Vater und den Sohn und den Heiligen Geist, für die jeder geht, der ihrem Willen gehorcht? Darin nämlich, dass als Sprecher eine einzige Person auftritt, liegt die Einheit der Gottheit, darin aber, das ›für uns‹ gesagt wird, zeigt sich die Verschiedenheit der Personen« (Hier. ep. XVIII B,4).[101] In einem Traktat des Theophilus von Alexandrien, um 400 auf Griechisch verfasst und in einer lateinischen Übersetzung des Hieronymus überliefert, die in zwei Handschriften aus dem 11. und 12. Jh. erst im Jahre 1901 in der Bibliothek des Benediktinerklosters Monte Cassino entdeckt wurden, geht auch er vehement gegen die Interpretation des Origenes vor, um der Gefahr der Geschöpflichkeit von Sohn und Geist zu begegnen: »So wollen also auch wir Origenes, der mit seinem Allegoriengewölk (»allegoriae nubilo universa«) alles in Verwirrung stürzt, sagen: Fort mit deiner Weissagerei, fort damit!« (Theophilus tract. c. Or. 1).[102] Gegen Ende seines Traktates gegen Origenes' Vision Jesajas fasst Theophilus seine Ablehnung nochmals in klare Worte: »Doch Gott bewahre, dass wir so etwas vom Sohn und vom Heiligen Geist denken oder uns zu solchem Irr-

---

100 Übers. Fürst; Hengstermann, Origenes, 199.
101 Übers. Fürst; Hengstermann, Origenes, 327–329.
102 Übers. Fürst; Hengstermann, Origenes, 333.

sinn hinreißen lassen, das wir mit Origenes albernes Zeug (»deliramenta Origenis«) faseln und behaupten, die zwei Seraphim seien der Sohn und der Heilige Geist!« (tract. c. Or. 5).[103]

Einen weiteren Schwerpunkt in der Väterrezeption bilden die jesajanischen Weissagungen über die Geburt des Immanuel (Jes 7,14; 9,5), den Zweig aus der Wurzel Isais (Jes 11,1.10) und die Salbung und Beauftragung des Messias (Jes 61,1–3). Nachdem das NT durch das erste Jesaja-Zitat in Mt 1,23 die Ansage des königlichen Nachkommens aus Jes 7,14 als Geburt aus jungfräulichem Schoß festschrieb, wird diese Auslegung zur Grundlage heftiger antijüdischer Polemik. So wirft Justin den Juden vor, sie wären von der Wiedergabe der LXX »parthenos« (Jungfrau) zu der von »neanis« (junge Frau) durch die drei jüngeren Übersetzungen von Aquila, Symmachus und Theodotion abgewichen (Iust. dial. 84,3). Auch Irenäus polemisiert gegen die, die den ursprünglichen Text verändern (Iren. haer. III,21,5). Ein oft wiederkehrendes Argument lautet: Wenn es nicht um eine wirkliche Jungfrau gegangen wäre, wäre es ja gar kein Zeichen gewesen (vgl. Johannes Chrysostomus comm. in Is. VII,5). Hieronymus geht dazu noch auf die Philologie der hebräischen Termini ᶜalmâ und bᵉṯûlâ ein und lehnt die jüdische Auslegung der Frau als königliche Gattin des Ahas und die des Kindes als dessen Sohn Hiskija entschieden ab (Hier. comm. in Is. III,7,14).[104] Auch Origenes hatte an der christologischen Auslegung keinen Zweifel gelassen: »Das in Aussicht gestellte Zeichen ist mein Herr Jesus

---

103 Übers. Fürst; Hengstermann, Origenes, 363.
104 So nach Jay, Jesaja, 814. In contra Celsum 1,34 zitiert Origenes zur Unterscheidung beider Termini ausführlich Dtn 22,23–26, wo ᶜalma aber gar nicht vorkommt!

Christus. Dieser ist nämlich das Zeichen, das er in der Tiefe oder in der Höhe für sich zu erbitten aufgefordert wird. In der Tiefe einerseits, weil er selbst es ist, der herabsteigt, in der Höhe andererseits, weil er selbst es ist, der über alle Himmel emporsteigt«[105] (Or. hom. in Is. II,1). Diese christliche Lesart richtet sich dann gegen das zuerst von Gott erwählte Volk, das wie Ahas kein Zeichen erbitte und so seinen Unglauben dokumentiere: »Das Volk aber erbittet bis heute kein Zeichen, hat ihn (sc. Christus) deswegen nicht bei sich und macht dem Herrn Mühe – das Volk, das meinen Herrn Jesus Christus nicht annimmt«[106] (Or. hom. in Is. II,1).

Die Geburt des göttlichen Kindes und seine Thronnamen (Jes 9,5f.) werden von den Kirchenvätern in Weiterführung von Jes 7,14 (und mitunter 8,3f.) ebenfalls durchgehend christologisch gedeutet. Wenn dieses Kind »Bote des großen Rates« genannt ist, dann zeigt dies nach Eusebius von Cäsarea (ca. 260–340), wie Christus alle menschliche Natur übertreffe, aber auch wie er über allen Engeln stehe. Denn sein Name sei größer als die Namen der Engel (Hebr 1,4) und er führe den Plan seines Vaters aus (Eus. comm. in Is. zu 9,5). Dass dieses Königskind die Herrschaft auf seiner Schulter trägt – also keine Krone auf dem Haupt, kein Zepter in der Hand oder ein besonderes Gewand – kann sich nach Tertullian (ca. 150–230) nur auf das Kreuz Christi beziehen (Tert. Marc. III,19,1–3 [SC 399, 164–167]). Demgegenüber deutet Eusebius die große Herrschaft und den endlosen Frieden auf die weltweite Ausdehnung der Kirche, wobei er u. a. Eph 1,19–21 und Ps 72,7 zitiert (Eus. comm. in Is. zu 9,6).

---

105 Übers. Fürst; Hengstermann, Origenes, 209.
106 Übers. Fürst; Hengstermann, Origenes, 211.

Nach Jes 7,14 und Jes 9,5f. wird bei den Vätern auch Jes 11,1f.10 ausführlich auf Christus als Messias aus der Wurzel Isais ausgelegt (u.a. Iust. 1 apol. 32). Nach Hieronymus ist die gesamte Vision Jesajas bis zum Fall Babels (in Jes 13), also Jes 1–12, eine einzige prophetische Ankündigung Jesu Christi. Anders als die Juden, die den blühenden Trieb aus der Wurzel Isias auf den Herrn, also auf den Messias bezögen, will er ihn auf Maria gedeutet wissen, wobei lat. »virga« (Zweig/Stab) auf das lat. »virgo« (Jungfrau) hinweise (Hier. comm. in Is. zu 11,1–3 [CChr.SL 73, 147–149]). Die sechsfachen Geistesgaben von Jes 11,2 (nach MT), die in der LXX durch die Übersetzung und Hinzunahme von V. 3a auf sieben erweitert wurden (ebenso Vulgata), finden ebenfalls eine Deutung auf Christus, der sie bei seiner Taufe im Jordan erhalten habe (vgl. Mt 3,16). Zudem geht die Geistbegabung durch die Kirche auf alle Welt über, denn der Geist sei der Tröster aus der Höhe für die ganze Menschheit (Iren. haer. III,17,1–3 [SC 211, 328–338]). Origenes verbindet die sieben Frauen, die sich an *einen* Mann klammern, damit er ihre Schmach wegnehme (Jes 4,1) mit den sieben Gaben des Geistes: »Begreife also, wie die Weisheit dieser Welt und der Fürsten dieser Welt die Weisheit verhöhnen; und deshalb wird ein Mann gesucht, der mit diesen sieben geistigen Frauen zusammen sein soll, um ihre Schmach von ihnen zu nehmen. Eigentlich gibt es nur einen einzigen Menschen, der ihre Schmach von ihnen nehmen kann. Wer ist dieser Mensch? Jesus, der dem Fleische nach aus der Wurzel Jesse hervorging« (Or. hom. in Is. III,1).[107] Zudem zeichne Christus als Träger des göttlichen Geistes aus, dass dieser nicht nur momentan auf ihn gekommen sei – wie auf Mose, Josua oder auf

---

107 Übers. Fürst; Hengstermann, Origenes, 221.

einzelne Propheten wie Jesaja und Jeremia –, sondern dauernd auf ihm geblieben sei (Or. Jes. hom. III,2).

Das Motiv der Geistbegabung führt von Jes 11 zu Jes 61, was in der Schriftauslegung der Väter ebenfalls stark betont wird, und zwar erneut in Verbindung mit der Taufe Jesu. Das legt sich nahe, da die Geistmitteilung in Form einer Taube (Joh 1,32) und das öffentliche Auftreten in der Heimatsynagoge von Nazaret (Lk 4,16–22) nach der Auslegung des Hieronymus unmittelbar aufeinander folgten (Hier. comm. in Is. zu Jes 61,1). Durch die Gabe in Christus gewöhnte sich der Geist daran, in der menschlichen Natur zu wohnen und nur deshalb könne es in Mt 10,20 heißen, die verfolgten Jünger Jesu redeten nicht aus sich heraus vor ihren Gegnern, sondern der Geist Gottes spreche für sie (Iren. haer. III,17,1f. [SC 211, 328–335]).

Die Gottesknechtslieder und besonders das vierte Lied sind von den Vätern intensiv auf das Leiden und den Tod Jesu hin gelesen worden.[108] Keine andere Passage des AT haben die Autoren der ersten christlichen Jahrhunderte häufiger kommentiert als Jes 53. Doch ausgehend vom NT ist der Begriff »Knecht« (pais) – anders als »Christus«, »Herr« (kyrios) oder »Sohn Gottes« (huios tou theou) – nie zu einem christologischen Titel aufgestiegen.

Bereits das erste Lied fand bei den Vätern viel Beachtung, hatte ja schon Matthäus bei der Taufe im Jordan Jesus als Knecht (Jes 42,1) zum geliebten Sohn des Vaters erklärt (Mt 3,17). Zur Deutung seiner Tätigkeit als Wunderheiler zitiert Matthäus Jes 42,1–4 in vollem Umfang (Mt 12,18–21). Die Bildworte vom geknickten Rohr, das der Knecht nicht zerbricht und vom glim-

---

108 Aus der Fülle an Literatur, Wolff, Jesaja 53; Janowski; Stuhlmacher (Hg.), Der leidende Gottesknecht.

menden Docht, den dieser nicht auslöscht, bezieht Eusebius auf die Milde Jesu, der den Armen und Unterdrückten kein Joch auflud und den Hohen und Mächtigen nicht schmeichelte, sondern zu allen gütig und von Herzen demütig war (Mt 11,29; Eus. comm. in Is. zu 42,1–4). Wenn es in Jes 42,5b heißt, Gott habe den Menschen auf der Erde Atem (pnoē) verliehen und Geist (pneuma) denen, die auf ihr gehen, dann bezieht sich der erste Begriff auf den Atem in jedem Menschen, der zweite dagegen auf den Geist, der nur denen gegeben ist, die ihre irdischen Gelüste niederhalten (Iren. haer. V,12,1f. [SC 153, 140–151]).

Aus dem zweiten Gottesknechtslied hatte bereits Lukas in Apg 13,47 die Eröffnung der Heidenmission durch Paulus und Barnabas mit Jes 49,6 (»Ich habe dich zum Licht der Völker gemacht«) begründet. Origenes verbindet diese Stelle mit den johanneischen Worten von Jesus Christus als dem Licht der Welt (Joh 1,4f.9; 8,12; 9,5; Or. comm. in Is. I,158f. [SC 120, 138]). Den »auserlesenen Pfeil« in LXXJes 49,2 (belos eklekton) deutet der Alexandriner mit einigen anderen Vätern auf Jesus, der den auf ewig verwundet, der nach der Erkenntnis Gottes verlangt, so wie in Hld 2,5 die Braut spricht: »Ich bin von Liebe verwundet« (Or. comm. in Ct. III,8,13–15 [SC 376, 575–577]).

Das dritte Lied ist im Passionsbericht wegen des Motivs vom schmählichen Bespucken aufgenommen (Mt 26,67; Jes 50,6) und Paulus bezieht sich in Röm 8,33 auf Jes 50,8, auf die Zusage, dass Gott alle gerecht spricht, die wegen ihres Bekenntnisses zu Jesus unter Anfeindungen zu leiden haben. Einer kollektiven Deutung stimmt auch Cyrill von Alexandrien zu, wenn er die Verheißung vom Erwecken von Ohr und Zunge (Jes 50,4f.) auf den Chor der Apostel bezieht bzw. auf alle, die auf Jesus Christus ihr Vertrauen setzen und vom Heiligen Geist unterrichtet sind. Diejenigen, welche die Tiefen der Schrift ergründen, bekennen voll Dankbarkeit, dass ihnen eine Zunge der Belehrung gegeben wurde und dass sie ein Ohr haben, welches das Gesetz auf geistliche Art zu verstehen im Stande ist (Cyr. comm. in Is. zu Jes 50,4 f. [PG 70, 1089–1092]). Nach Origenes bestätigt der Passionsbericht in Mt 26,67 f., der vom Bespucken und Schlagen Jesu spricht, dass er es ist, von dem das dritte Gottesknechtslied handelt (vgl. Jes 50,6). Seine Erniedrigung komme auch in Phil 2,8 zum Ausdruck und er sei von Gott nicht nur erhöht worden, weil er für uns gestorben, sondern eben auch, weil er für uns geschlagen und bespuckt worden ist (Or. comm. in Mat. z. St.).

Das vierte Gottesknechtslied hat erwartungsgemäß eine breite Aufnahme bei den Vätern gefunden.[109] Im Vergleich zum Johannes-Prolog, der noch viel häufiger kommentiert worden ist, entspricht die Verwendung von Jes 53 aber eher der »oberen Mittelklasse«[110]. Von den zwanzig Vätern, die diesen Jesaja-Text aufnehmen, treten Clemens von Rom, Justin und Irenäus besonders hervor, wobei Justin in Bezug auf Häufigkeit und Ausführlichkeit klar an der Spitze steht.[111] Nach Ansicht von Christoph Markschies lassen sich bei der Väter-Rezeption von Jes 53 ein »exemplarisches« und ein »christologisches« Modell unterscheiden.[112] Für ersteres steht u. a. das 16. Kapitel des 1. Clemensbriefes (um 96 n. Chr.), wo das vierte Gottesknechtslied ab Jes 53,1 in

---

109 Dazu u. a. Wolff, Jesaja 53, 108–151 und Haag, Gottesknecht, 78–88.
110 So Markschies, Jes 53 in der patristischen Literatur, 198 (ca. 580 Belege – noch ohne Athanasius, Cyrill, Johannes Chrysostomos gegenüber ca. 1450 Belegen zum Johannesprolog).
111 Markschies, Jes 53 in der patristischen Literatur, 199.
112 Markschies, Jes 53 in der patristischen Literatur, 200.

voller Länge zitiert ist, was gegenüber dem NT eine Neuerung darstellt. Von Seiten der römischen Gemeinde wird die Kirche in Korinth aufgefordert, ihre Streitigkeiten und Spaltungen im Blick auf die Demut Jesu Christi, wie sie in Jes 53 deutlich werde, zu überwinden: »Seht, liebe Männer, wer das Beispiel ist, das uns gegeben wurde! Denn wenn der Herr sich so demütig verhielt, was sollen wir dann machen, die wir durch ihn unter das Joch seiner Gnade gekommen sind?« (1Clem 16,17).[113] Jesus Christus ist aber nicht das einzige nachahmenswerte Beispiel, sondern er eröffnet eine ganze Reihe von alttestamentlichen Heiligen und Propheten wie Elija, Elischa, Ezechiel, Abraham, Ijob, Mose und David (1Clem 17f.).[114] Die Nachahmung Christi schließt das Martyrium in voller Hingabe ein, wie es nach Eusebius (h. e. V,1,23) bei Sanktus, einem der »Lugdunensischen Märtyrer« (177/178), der mit glühenden Metallplatten gefoltert wurde, der Fall war: »Der Körper allerdings war Zeuge dessen, was Sanktus widerfahren war; denn er war *eine* Wunde und *eine* Strieme, er war zusammengeschrumpft und hatte das menschliche Aussehen verloren. In ihm litt Christus, in ihm wirkte er Großes und Herrliches; er machte den Widersacher zunichte und zeigte zur Belehrung der Übrigen, daß da, wo die Liebe des Vaters wirkt, nichts zu fürchten und daß nichts schmerzlich ist, wo sich Christi Herrlichkeit entfaltet.«[115]

Die exemplarische Deutung von Jes 53 konnte aber keine weiterführende Kraft entfalten, weil sie angesichts der immer stärker werdenden christologischen

---

113 Übers. Markschies, Jes 53 in der patristischen Literatur, 204.
114 Vgl. Wolff, Jesaja 53, 109.
115 Aus Markschies, Jes 53 in der patristischen Literatur, 208 (GCS Eusebius II/I 410,13–19; übersetzt von Schwartz).

Interpretation im Verdacht Gefahr stand, »die Exklusivität Christi aufzulösen«[116].

Als Hauptvertreter dieser dann prägend gewordenen Sichtweise tat sich Justin sowohl in seiner ersten Apologie (ca. 150/155) als auch in seinem Dialog mit Tryphon hervor (ca. 155/160). Menschwerdung und Passion gehörten untrennbar zusammen (1 apol. 50) und der ersten Parusie werde eine zweite des in Herrlichkeit wiederkehrenden Christus folgen. Im Dialog (13,2–9) zitiert Justin den Jesaja-Text sogar über das vierte Gottesknechtslied hinaus (Jes 52,10–54,6). Keiner hätte sich einen leidenden und sterbenden Messias vorstellen können, der die Sünden vernichtet, wenn nicht Jes 53 davon gesprochen hätte: »›Wenn Christus nicht hätte leiden müssen‹, sagte ich ihm, ›und nicht die Propheten vorhergesagt hätten, daß er, von den Ungesetzlichkeiten des Volkes in den Tod geführt und beschimpft und gegeißelt und unter die Gesetzeslosen gerechnet und wie ein Schaf zur Schlachtbank geführt werden wird, der dessen Geschlecht keiner erzählt‹, sagt der Prophet, dann hätte man schön etwas zu wundern [dial. 89,3].«[117] Das Leiden und der schändliche Tod Jesu werden bei Justin noch als Provokation wahrgenommen, die nur vom jesajanischen Text her bewältigt werden kann: »Dieser Typus der Auslegung des vierten Gottesknechtsliedes ist noch vollkommen geprägt von den Erfordernisse des jüdisch-christlichen Dialoges; eine ›Hellenisierung‹ des Kerygmas hat (bei allem, was man positiv oder negativ zur Hellenisierung des Christentums bei Justin sagen kann) an diesem Punkte *noch nicht* stattgefunden.«[118]

---

116 Markschies, Jes 53 in der patristischen Literatur, 209.
117 Aus Markschies, Jes 53 in der patristischen Literatur, 218.
118 Markschies, Jes 53 in der patristischen Literatur, 219.

Origenes geht im fingierten Dialog mit seinem Opponenten Celsus ebenfalls auf Jes 53 ein und wehrt dabei zuerst die jüdische kollektive Deutung ab, mit dem Schmerzensmann sei das Gottesvolk Israel im Exil gemeint. Das könne gar nicht der Fall sein, denn so mache Jes 53,8 keinen Sinn, der Leidende sei um der Verfehlungen seines Volkes so hart getroffen worden. Diese Gestalt müsse also vom Volk insgesamt deutlich getrennt sein (Cels. I,55). Die Ansicht, aus dem Zur-Schlachtbank-Geführt-Werden (V. 7) sei abzuleiten, dass Christus nicht freiwillig gelitten habe, was der Souveränität als Sohn Gottes widerspräche, lässt der Alexandriner auch nicht gelten, denn Hilflosigkeit habe Jesus nur in unwichtigen, leiblichen Dingen gezeigt (Cels. II,59). Das philosophische Gottesbild mit seinem zentralen Apathie-Axiom spielt dabei eine wichtige Rolle. Damit ist aber die Tür geöffnet, Jesu Todesangst als einen für den göttlichen Logos unwesentlichen Aspekt der Leiblichkeit des Gekreuzigten wegzuerklären.[119] Eusebius, der Bischof von Cäsarea, geht in seinem Jesaja-Kommentar diesen Weg konsequent weiter und sieht das Leiden in Jes 53 ganz aus der Perspektive der Logostheologie, wonach nur der subordinierte göttliche Logos Fleisch angenommen hatte (vgl. Phil. 2,7) und nur dieser dem Leiden unterworfen war (comm. in Is. II,42).[120]

---

119 Markschies, Jes 53 in der patristischen Literatur, 232 f.
120 Markschies, Jes 53 in der patristischen Literatur, 236.

9. BILDENDE KUNST UND MUSIK

Die nachfolgenden Ausführungen beschränken sich auf ausgewählte Beispiele aus den Bereichen der darstellenden Kunst und der Musik.[121] Im Hintergrund steht die Frage, ob sich Rezeptionslinien feststellen lassen, die bestimmte Aspekte der biblischen Gestalt des Propheten und des nach ihm benannten Buches aufnehmen.

9.1. Bildende Kunst

Die Aufnahmen von Motiven aus dem Jesajabuch in der Kunst sind bis in die moderne Zeit so vielfältig (z. B. »Schwerter zu Pflugscharen« in der Skulptur, gestiftet von der ehemaligen UdSSR vor der UNO in New York), so dass eine Eingrenzung auf die Darstellung der Person Jesajas selbst unausweichlich ist.[122]

Dem allgemeinen Prophetenbild entsprechend wird Jesaja meist als alter Mann mit Bart und langen Gewändern dargestellt, so im Flachrelief am Portal der Abteikirche in Souillac (1130–40) [Abb. 1] oder auch am Mosesbrunnen von Claus Sluter in der Chartreuse de Champmol (Dijon, 1395–1405) [Abb. 2]. Links neben dem Propheten mit Spruchband und Buch steht Daniel, rechts Mose. Eine bekannte Ausnahme stellt der Jesaja des Michelangelo im Deckengemälde der Sixtinischen Kapelle dar, der dort bartlos und in voller

---

121 Eine Rezeption des Propheten Jesajas in der deutschsprachigen Literatur liegt m. W. nicht vor; zu jesajanischen Aufnahmen in der englischsprachigen Literatur siehe Sawyer, Fifth Gospel, 158–170.

122 Dazu Holländer, Isaias, 354–359; Réau, Iconographie, 365–369; Wetzel, Bibel in der bildenden Kunst, 182–189.

Abb. 1: Jesaja im Flachrelief am Portal von Sainte-Marie
in Souillac (1120–1135)

Manneskraft, ebenfalls mit Buch dargestellt ist (Rom,
1508–1512) [Abb. 3].

Die Verbindung des Propheten mit dem verschrifteten Wort Gottes ist in der Kunst konstitutiv. So hält
Jeremia im Mosaik des Presbyteriums in San Vitale in
Ravenna (6. Jh.) eine geöffnete Schriftrolle in Händen,
Jesaja eine geschlossene [Abb. 4]. Eine große Rolle spielen die Schriftbänder der Propheten mit den aus christlicher Sicht wichtigsten Bibelstellen. Nach dem Aufkommen der Buchdruckerkunst werden die Propheten

dann oft mit Büchern gemalt. So stehen auf dem Öl-
gemälde des Verkündigungsaltars von Aix (um 1445)
links Jesaja und rechts Jeremia, wobei letzterer (s)ein
Buch aufgeschlagen hält, während über beiden ein
Bücher-Stillleben angeordnet ist [Abb. 5]. Sowohl bei
den Büchern als auch bei den Bändern stehen die drei
messianischen Schriftbelege im Mittelpunkt, die nach
christlicher Deutung die Geburt Jesu aus der Jungfrau
Maria ankündigten (Jes 7,14 »ecce virgo concipiet et
pariet filium«; 9,6 »filius datus est nobis«; 11,1 »egre-

Abb. 3: Jesaja auf dem Deckenfresko der Sixtinischen Kapelle
(Rom, 1508–1512)

dietur virga de radice Iesse et flos de radice eius ascen-
det«). Auf der zweiten Schauseite des Isenheimers Al-
tars von Matthias Grünewald, angefertigt zwischen
1505 und 1516 [Abb. 6], empfängt Maria nicht in einem
Privathaus oder im Schlafgemach die Ankündigung
des Erzengels Gabriel, sondern in einer gotischen Kirche: Vor ihr liegt die Heilige Schrift mit der messianischen Weissagung in Jes 7,14 und seitlich über ihr steht
im Zwickel des Gewölbes der Prophet Jesaja, der sein

Abb. 4: Jesaja, aus: Jeremia und Jesaja im Presbyterium
von San Vitale (Ravenna, 6. Jh.)

Buch an dieser Stelle geöffnet hält. Er steht auf einer
Wurzel, die sich bis ins weitere Kirchengewölbe er-
streckt und die Wurzel Isais darstellt (Jes 11,1).

Das Bildprogramm des Ahnenbaumes, des Baumes
Isais, besitzt seine Anfänge im 11. Jh. und ist zwischen
1140 und 1240 massiv entfaltet worden.[123] Ein gutes
Beispiel findet sich im Ingeborg-Psalter, der um 1200 in

---

123 Dazu bes. Schiller, Ikonographie, 26–33.

Abb. 5: Jesaja und Jeremia auf dem Verkündigungsaltar der Kirche
Sainte-Marie-Madeleine (Aix-en-Provence, um 1445)

Abb. 6: Verkündigungsszene mit dem Propheten Jesaja auf dem
Isenheimer Altar (Colmar, 16. Jh.)

216

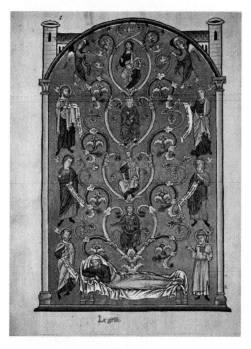

Abb. 7: Darstellung der Wurzel Jesse im Ingeborg-Psalter
(Nordfrankreich, um 1200)

Nordfrankreich für die Königin von Dänemark angefertigt wurde [Abb. 7]. Am Boden schlafend liegt Isai,
der Vater Davids, was an den Traum Jakobs erinnert.
Aus ihm heraus rankt sich der Stammbaum in Form eines Weinstocks bis zu Jesus Christus als Pantokrator in
die Höhe, der mit einer Hand das Buch des göttlichen
Wortes hält und mit der anderen segnet. Sieben Tauben
umgeben ihn, welche die sieben Geistesgaben symbo-
lisieren (Jes 11,2–3a nach LXX und Vg), die zudem die
Figuren an den Seiten inspirieren. Über Isai ist David
mit einem Streichinstrument, sein Sohn Salomo mit
einer Harfe dargestellt, bevor das Bild zu Maria in

217

Abb. 8: Die Wurzel des Jesse im Scherenberg-Psalter
(Straßburg, um 1260)

dritter Position emporsteigt. Links oben steht Jesaja
mit Spruchband, ihm gegenüber die Sybille von Kyme,
ebenfalls mit einem Spruchband, denn auch aus der
paganen Welt ist die Geburt Christi vorhergesagt worden (vgl. vierte Ekloge Vergils: »Schon kehrt wieder
die Jungfrau, kehrn wieder saturnische Reiche, schon
wird neu ein Sprößling entsandt aus himmlischen Höhen«). Unter Jesaja stehen Daniel und Ezechiel, unten
rechts ist Aaron im Priestergewand zu sehen, mit dem
blühenden Prophetenstab.

Im Baum Isais im Scherenberg-Psalter (um 1260) ist
erneut der Vater Davids auf dem Boden ruhend darge-

Abb. 9: Die Wurzel Jesse mit Jesaja im Dom zu Limburg (17. Jh.)

stellt [Abb. 8]. Die Wurzel, die aus ihm emporsteigt, trägt das entsprechende Bibelzitat aus Jes 11,1. Darüber sitzt im Zentrum Maria mit dem Kind, das seinen linken Arm liebevoll um den Hals der Mutter legt. Die Propheten halten ihre Spruchbänder in den Händen: Jesaja zur Linken (»ecce virgo concipiet«), Jeremia zur Rechten (»femina circumdabit virum« [Jer 31,22: »die Frau wird den Mann umgeben«]), ergänzt durch David und Salomo darüber, die ebenfalls als prophetische Männer galten. Am Ende der Ranken sind in den Medaillons oben vier Tauben dargestellt, sowie eine fünfte in der Mitte, und noch zwei an den Seiten von Maria

Abb. 10: Jesaja mit sieben Tauben im Figurenprogramm des Portail
Peint der Kathedrale von Lausanne (1230–1235)

und dem Kind. Ohne die Tauben, aber mit einem im
Schlaf sitzenden Isai und ihm zur Linken mit dem
Spruchband des »egredietur virga de radice Iesse« ist
Jesaja im Wandgemälde der Ahnenreihe Jesu im Lim-
burger Dom aus der ersten Hälfte des 17. Jh.s zu sehen
[Abb. 9]. Die zwölf Monarchen aus dem Gottesvolk,
welche die Ahnenreihe bilden, zeigen die hohe Ab-
stammung des Kindes, das seine königliche Mutter mit
Krone und Zepter auf dem Arm trägt.

Eine sehr bekannte Darstellung des Baumes Isais ist
die im Glasfenster an der Westfassade der Kathedrale von Chartres (ca. 1150). Die sieben Tauben als Symbole für die sieben Geistesgaben sind fest mit Jesaja

Abb. 11: Jesaja und Maria mit Kind auf einem Fresko in der
Priscilla-Katakombe (Rom, 3. Jh.)

verbunden wie es u.a. im »Portail Peint« (1230–1235)
[Abb. 10] an der Südseite der Kathedrale von Lausanne
zu sehen ist, wo der Prophet links und David rechts neben ihm steht. Es ist die einzige Darstellung als Skulptur, in der Jesaja die Scheibe mit den sieben Tauben
hält.

Durch die Geburtsweissagung ergibt sich für Jesaja
eine große Nähe zur Darstellung Marias mit dem Kind,
wie es aus der ältesten Mariendarstellung in der Priscilla-Katakombe in Rom ersichtlich ist (3. Jh. n. Chr.)
[Abb. 11]. Es bleibt aber umstritten, ob es sich nicht
doch um Bileam und den aufgehenden Stern aus Num
24,17 handelt.

Abb. 12: Apsismosaik in San Clemente
(Rom, 12. Jh.)

Eine weitere wichtige Rezeption betrifft die Thronvision des Propheten, was u. a. durch Spruchbänder mit dem entsprechenden Schriftzitat untermauert ist. So hält der Prophet Jesaja im Apsismosaik (12. Jh.) [Abb. 12] der Basilika San Clemente in Rom ein Band mit Jes 6,1 in Händen: »vidi dominum sendentem sup. Solium« (»ich sah den Herrn sitzend auf einem Thron«). Damit gibt er zugleich eine Schriftbegründung für die Klimax des Apsismosaiks mit Jesus Christus als Pantokrator (»Allherscher«), was implizit auch Jes 66,1 aufnimmt (vgl. Majestas Domini).

Raffael (Raffaelo Santi) lässt seinen Jesaja in der römischen Kirche Sant' Agostino, den er im Jahre 1513 schuf [Abb. 13], den hebräischen Schriftzug aus Jes 26,2–3a halten: »Öffnet die Tore, dass ein gerechtes Volk einzieht, das die Treue bewahrt, bewährten Sinn bewahrst du.« Möglicherweise ist hier eine antijüdi-

Abb. 13: Jesaja von Raffael in San Agostino (Rom, 1513)

Abb. 14: »The Prophets« (Jesaja 2. v. l.),
Fries von John Singer Sergant (Boston, 1894 –1895)

Abb. 15: Das Martyrium des Jesaja im »Spiegel menschlicher gesuntheit« (Mittelrhein, 1420–1430)

sche Polemik mitzuhören, die den Juden abspricht, das Volk zu sein, das Jhwh die Treue bewahrt.

Wenn mehrere Propheten zusammen abgebildet sind, ist Jesaja bis in die moderne Zeit fast immer dabei (vgl. das Prophetenprogramm des nordamerikanischen Malers John Singer Sergant, 1856–1925, im Fries in der Boston Public Library [Abb. 14]), meistens mit Jeremia als Gegenüber (wie in San Clemente in Rom oder in San Vitale in Ravenna). Dies ist auch bei der Menora

Abb. 16: Das Martyrium des Jesaja (Flandern, 15. Jh.)

(siebenarmiger Leuchter) von Benno Elkan der Fall, die er 1956 anfertigte und die seit 1966 gegenüber der Knesset in Jerusalem steht. Im oberen linken Relief des äußeren Arms des Leuchters ist die Friedensszene aus Jes 11,1–10 dargestellt, im entsprechenden Teil des rechten Armes Jeremia, der den Untergang Jerusalems beklagt.[124]

Ein für die Jesaja-Rezeption wichtiges Motiv ist das der Säge und des Zersägens, was die Legende des Martyriums unter König Manasse aufnimmt. Dabei lösen sich die bildlichen Darstellungen je länger desto deutlicher von der Texttradition ab, nach der sich dieser auf wunderbare Weise in einen Baum flüchtete, den die Verfolger samt Prophet zersägten. Der Baum tritt immer stärker in den Hintergrund bis er ganz aus dem Bildprogramm verschwindet. Im »Spiegel menschlicher gesuntheit« (ca. 1420–1430) [Abb. 15] wird u. a. auch das Martyrium Jesajas dargestellt. Der Prophet steht nicht mehr in einem Baum, sondern hängt kopf-

---

124 Dazu sehr informativ Brumlik; Kriener (Hg.), Menora, 23 ff.

Abb. 17: Jesaja mit Säge und Schriftband in einer Bibelillustration
aus Peter Weigels »Biblia ectypa« (1695)

über gefesselt von diesem herab, hat die Hände zum
Gebet gefaltet und wird von zwei Schächern vom
Schritt abwärts mit einer großen Säge zersägt.

In einer Darstellung aus Flandern (15. Jh.) [Abb. 16]
ist der Baum ganz verschwunden und Jesaja wird in einem Gemäuer erneut kopfüber vom Schritt an zersägt,
wobei hier die Hände nicht gefaltet sind. Zudem steht
links eine Person, die dem Martyrium zusieht, was auf
Manasse hindeutet. Rechts daneben opfert in einer weiteren Todesszene König Mescha seinen Sohn der Gottheit Kemosch (vgl. 2 Kön 3). Auf das Zersägen wird im-

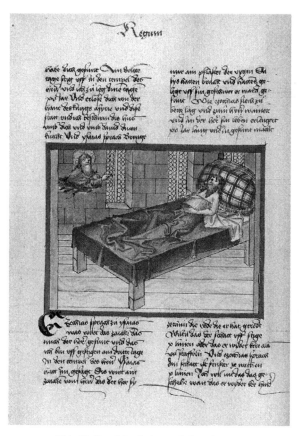

Abb. 18: Ezechias Leben wird verlängert
(vermutlich Stuttgart, 1477)

mer mehr Bezug genommen[125] und der Prophet kann
auch mit der Säge allein dargestellt werden wie in der
Bilderbibel von Peter Weigel aus dem Jahre 1695 (mit
Schriftband) [Abb. 17] oder von Johann Piscator im
Theatrum Biblicum von 1650 (mit Buch).

---

125   Dazu Bernheimer, Martyrdom, 19–34.

Abb. 19: Die »Hiskija-Platte« in der Reichskrone
(vermutlich Niederrhein, 2. Hälfte des 10. Jh.s)

Eine Aufnahme hat auch das Heilungswunder des
Propheten an König Hiskija gefunden (2 Kön 20,1–11;
Jes 38), wie in einer Buchmalerei aus der schwäbischen
Werkstatt des Ludwig Henfflin aus dem Jahre 1477
[Abb. 18]. Der König liegt krank im Bett, das schräg ins
Bild gestellt ist. Jesaja ist nicht abgebildet, wohl aber
Gott Vater in der linken oberen Ecke, der nach der bi-
blischen Tradition dem König weitere 15 Jahre Lebens-
und damit Regierungsjahre schenkt. In der Reichskrone
aus der zweiten Hälfte des 10. Jh.s [Abb. 19] ist diese
Zusage in der Hiskijaplatte (neben David-, Salomo-
und Christusplatte) festgehalten. Dem rechts thronen-
den König steht Jesaja gegenüber und trägt ein blaues

Abb. 20: Jesajas Tempelvision im Bamberger Jesaja-Kommentar
(Bamberg, um 1000)

Spruchband mit der Aufschrift: ECCE ADICIAM SU-
PER DIES TUOS XV ANNOS.

Die Thronvision in Jes 6 ist in der bildenden Kunst
ebenfalls stark rezipiert, wobei die Majestät des göttlichen Allherschers und die Entsühnung des Propheten
besonders ausgestaltet werden. Im Bamberger Jesaja-
Kommentar (um 1000) [Abb. 20] sind beide Szenen in
einer ganzseitigen Miniatur dargestellt. Von der thro-
nenden Gottheit in einer Gloriole, die von sechs Seraphim mit jeweils drei Flügelpaaren umgeben ist, gehen neun Strahlenbündel aus. Sie durchbrechen als
Blitze den oberen Kreis, der den himmlischen Raum
symbolisiert, während der untere Kreis die irdische

Abb. 21: Die Lippenreinigung des Jesaja in der Minoritenkirche
Mariä Geburt in Jägersdorf (um 1766)

Abb. 22: Jesaja zwischen Nyx und Orthos im Pariser-Psalter
(Paris, 10. Jh.)

Abb. 23: Die Weissagung des Propheten Jesaja von Jan Brueghel
d. Ä. (1568–1625) zusammen mit Hendrick van Balen
(um 1609)

Sphäre anzeigt, in die Gottes Beine und Füße hineinreichen. Das verdeutlicht seine Größe, die nach Jes 66,1
kein irdischer Tempel begrenzen kann (vgl. 6,3). Der
Tempel mit Altar ist darunter platziert, von wo einer
der Seraphim die Kohle zur Lippenreinigung Jesajas

231

mit einer Zange greift. Die Lippenreinigung kann auch separat dargestellt sein wie in der Deckenmalerei der Minoritenkirche Mariä Geburt in Jägerndorf, in einem Visionenzyklus verschiedener Propheten und Heiliger (um 1766) [Abb. 21].

Um einen anderen Aspekt der Vision geht es in einer ganzseitigen Miniatur aus dem Pariser Psalter (10. Jh.) [Abb. 22], wo Jesaja der aus der Höhe kommenden göttlichen Hand entgegenschaut. Zu seiner Linken steht die graublaue Gestalt der personifizierten Nacht mit einem Kopftuch voll silberner Sterne und einer gesenkten Fackel in der linken Hand. Zur Rechten ist die Morgenröte (orthros) als junger Knabe mit erhobener Fackel abgebildet. Der Baum in unmittelbarer Nähe zur Morgenröte und die Blumen können auf die Wurzel Isais hindeuten, denn in der östlichen Kunst weist der Baum im Kontext der Geburtsdarstellungen auf die Weissagung aus Jes 11,1 hin. Wenn dies der Fall ist, könnte hier eine messianische Interpretation des Wächterspruches von Jes 21,12 vorliegen, wie lange die Nacht noch dauere und wann der Morgen endlich komme.

In einem gemeinsamen Historienbild haben Jan Brueghel der Ältere, und Hendrick von Balen (um 1609) Jesajas Vision vom endzeitlichen Frieden dargestellt [Abb. 23], und zwar auf dem zeitgeschichtlichen Hintergrund des zwölfjährigen Waffenstillstands im achtzigjährigen Krieg zwischen den nördlichen und südlichen Landesteilen der Niederlande. In der Bildmitte steht der Prophet mit einer steinernen Tafel, wobei er mit dem Daumen auf den Beginn der Weissagung auf der steinernen Tafel verweist und mit dem Zeigefinger auf die vor ihm liegenden Waffen. Der lateinische Text aus Jes 2,4 verweist auf das Umschmieden der Schwerter und Lanzen in Pflüge und Winzermesser (»iudicabit gentes et arguet populos multos et conflabunt gladios suos in vomeres et lanceas suas in falces«). Dieses Umschmieden ist links davon im Hintergrund darstellt, während im Vordergrund ein Genius in der rechten Hand einen Helm, in der linken einen Ölzweig als Zeichen des Friedens hält. Drei allegorische Frauenfiguren vervollständigen die Szene: Es sind Abundantia (Überfluss) mit Füllhorn und Ähren, Pietas (Frömmigkeit) mit dem Kreuz und Felicitas (Glück) mit dem Merkurstab für Handel und Wohlstand. Die düstere Atmosphäre, der kerzenlose Kronleuchter und die Waage an der Gewölbedecke, geben der Unsicherheit Ausdruck, ob sich der Frieden wirklich durchsetzen werde.

9.2. Musik

Die Person Jesajas hat in der Musik – anders als in der bildenden Kunst – kaum direkte Rezeptionen erfahren, wie das z. B. bei den Oratorien zu Elias oder Paulus von Felix Mendelssohn Bartholdy der Fall gewesen ist. Auch wo Jesaja in musikalischen Titeln genannt ist, geht es nicht um die künstlerische Inszenierung seiner Person, sondern um die Worttradition, die von ihm und seinem Buch ausgegangen ist. So sind es vor allem jesajanische Verse und Motive, die in vielen Kirchenliedern (u. a. Es ist ein Ros entsprungen; O Heiland, reiß die Himmel auf)[126] und zahlreichen Motetten musikalisch verarbeitet worden sind; so z. B. die Motette »Fürwahr er trug unsre Krankheit« (1636) nach Jes 53,4f. von Melchior Franck (1580–1639) oder die für fünfstimmigen Chor »Zion spricht: Der Herr hat mich verlassen« (Jes 49,14–16) von Thomas Selle (1599–1663).

---

126   Siehe Auel; Gieseke, Bibel im Kirchenlied.

Die wohl größte Rezeption in der Musikgeschichte hat das Jesajabuch im Oratorium »Der Messias« von Georg Friedrich Händel (1685–1759) erfahren.[127] Im Jahre 1741 war der Komponist aus Halle a. d. Saale an solch einem Tiefpunkt in seiner Londoner Wahlheimat angekommen, dass er die Britischen Inseln fast verlassen hätte. Als er vom Lord Lieutenant Irlands nach Dublin eingeladen wurde und zugleich das Libretto des Oratoriums von Charles Jennens zur Vertonung angetragen bekam, vollzog sich die glückliche Wende. In nur drei Wochen, zwischen dem 22. August und 12. September 1741, komponierte Händel die Musik zum Messias, in der die Bewegung von Bedrängnis zur Befreiung, von Trauer zum Trost, von Tränen zum Jubel mit seiner eigenen Lebensgeschichte aufs engste verknüpft ist. Die Erstaufführung im Jahre 1742 in Dublin fand als Dank für einen karitativen Zweck statt, die Aufführung von 1750 in der Kapelle des Findlingshospitals, dem auch weitere Erlöse des Oratoriums zu Gute kommen sollten. Nach dem symphonischen Beginn hat der Trostaufruf des Tenors aus Jes 40,1ff. für das gesamte Stück programmatischen Charakter. Im ersten Teil, der dem Thema der Ankunft des Messias gewidmet ist, stehen neben dieser Trostbotschaft die Geburtsansage von Jes 7,14, die Heilsankündigung an Zion (Jes 52,7ff.) und die Schicksalswende für die Blinden, Tauben und Lahmen (Jes 35,5f.) im Mittelpunkt. Der zweite Teil, dessen Hauptakzent auf dem Leiden des Messias liegt, ist von Versen aus dem dritten (Jes 50,4ff.) und vierten Gottesknechtslied (Jes 53) durchzogen und wird vom berühmten Halleluja beschlossen. Der dritte Teil, der die Hoffnung auf die Auferstehung und den endgültigen Sieg über Tod und

---

127   Vgl. Sawyer, Fifth Gospel, 171 ff.

Leiden zur Sprache bringt, lebt von Texten aus dem Buch Ijob (u. a. Ijob 19,25 »Ich weiß, dass mein Erlöser lebt«), dem Römerbrief und der Offenbarung des Johannes. Anders als in den Oratorien von Johann Sebastian Bach (1685–1750) dominieren beim jahrgangsgleichen Händel nicht die Belege aus dem Neuen, sondern die aus dem Alten Testament (vgl. auch die nachfolgenden Oratorien »Samson« [1743], »Belshazzar« [1745], »Susanna« [1749]). Der Verweischarakter der alttestamentlichen Prophetien ist somit unterstrichen und ihre Erfüllung in Jesus Christus steht für Händel unzweifelhaft fest. Damit bezog Händel in der Zeit des Deismus, der u. a. die prophetischen Weissagungen als zeitgebundene Orakel ausgelegt wissen wollte, eine deutliche Gegenposition.

Der venezianische Zeitgenosse Antonio Caldara (1670–1736) brachte 1729 das Oratorium »le profezie evangeliche d'Isaia« heraus (Libretto von Apostolo Zeno 1668/69–1750), in dem Jesaja, Manasse, Hefzi-Bah (= »mein Gefallen an ihr«, Manasses Mutter in 2 Kön 21,1, aber auch der Name Jerusalems in Jes 62,4), Eljakim, Schebna und ein Levitenchor im großen Hof des Palastes in Jerusalem auftreten. Im ersten Teil sind jesajanische Texte zum sündigen Jerusalem (Jes 1,2–7.12–20) und zur Belagerung durch Sanherib aufgenommen (aus Jes 37–38), im zweiten zum Leiden (Jes 50,6; 53,1–6.8.12) der Messiasgestalt (7,14; 9,6) und zur eschatologischen Erfüllung (Jes 25,8; Weish 3,1 ff.).

Im »Elias« von Felix Mendelssohn Bartholdy (1846) beschließen Texte aus dem Jesajabuch das gesamte Werk. Auf den Chor, der die Begegnung des Propheten am Horeb mit Gott in Szene setzt, der sich nicht in Gewalten, sondern in einem sanften Säuseln offenbart (1 Kön 19), folgt das Trishagion der Seraphim aus Jes 6. Nicht nur diese Begegnung Elijas mit dem Göttlichen wird in jesajanisches Licht getaucht, sondern das ganze prophetische Auftreten erhält von hier seine Deutung wie es der Chor vor dem Schluss proklamiert. Elija ist der erwählte Knecht, an dem Gott sein Wohlgefallen hat (Jes 42,1), auf dem seine Geistesgaben ruhen (Jes 11,2). Zu diesem Gott auf dem Zion (vgl. den Beginn des Oratoriums: »Will denn der Herr nicht mehr Gott sein in Zion?«) sind alle Dürstenden eingeladen (Jes 55,1). Der Schlusschor führt dies mit einem Zitat aus Jes 58,8 weiter aus: »Alsdann wird euer Licht hervorbrechen wie die Morgenröte, und eure Besserung wird schnell wachsen.«

Im »Deutschen Requiem« von Johannes Brahms (1833–1897), das in seiner Gesamtgestalt am 18. Februar 1869 im Leipziger Gewandhaus uraufgeführt wurde, stehen ebenfalls Texte aus dem Jesajabuch an prominenter Stelle. Im Gegensatz zur üblichen Trauerkantate zielt dieses Requiem nicht auf das Schicksal der Verstorbenen ab, sondern will den Hinterbliebenen Trost spenden und ihnen bewusst machen, dass der Tod unabwendbarer Teil des Lebens ist (1856 war sein Freund und Förderer Robert Schumann gestorben, 1865 seine Mutter). Der zweite Satz setzt mit dem Chor ein, alles Fleisch sei wie Gras und alle Herrlichkeit des Menschen wie des Grases Blumen (Jes 40,6–8; 1 Petr 1,24), gefolgt von der Mahnung zur Geduld auf die Zukunft des Herrn (Jak 5,7) und gerahmt durch Jes 40,8 (vgl. 1 Petr 1,25), das Wort Gottes bleibe in Ewigkeit. Beendet wird der zweite Satz mit der Freude, die Erlösten würden wiederkommen, sie würden mit Jauchzen zum Zion ziehen und Schmerz und Seufzen gehörten endgültig der Vergangenheit an (Jes 35,10). Der fünfte Satz bietet wieder Jesajanisches. Er ist ganz dem Thema des Trostes mit Textaufnahmen aus Joh 16,22 und Jes 51,3–5 gewidmet und wird durch Jes 66,13 beschlossen: »Ich will euch trösten, wie einen seine Mutter tröstet.«

Ein eigenes musikalisches Werk zu Jesaja hat der Schweizer Komponist Willy Burkhard (1900–1955) geschaffen, das den Titel »Das Gesicht Jesajas« trägt. Dieses Oratorium für Sopran, Tenor, Bass, gemischten Chor, Orgel und Orchester entstand von Sommer 1934 bis 1935 und wurde im Februar 1936 von Paul Sacher mit dem Basler Kammerorchester und Kammerchor uraufgeführt. Unter Volkmar Andreae folgte im November 1937 eine umjubelte Aufführung in der Zürcher Tonhalle. Wie Burkhard, der von 1942 bis zu seinem Tod am 18. Juni 1955 als Kompositionslehrer am Konservatorium Zürich tätig war, das Buch Jesaja als Oratoriumsstoff entdeckte, beschreibt er selbst so:

»Schon seit Jahren war ich, halb bewusst, halb unbewusst, auf der Suche nach einem Text für ein größeres Chorwerk. Ich wandte mich vorerst der neueren Dichtkunst zu, konnte aber kein Werk finden, das meinen Wünschen entsprochen hätte. Die meisten Dichtungen schienen für ein Chorwerk zuwenig ein Ganzes zu erfassen: Sie waren teilweise zu sehr nach einer gewissen Richtung hin spezialisiert, wieder andere waren formal so ›endgültig‹ gefasst, dass mir zur Vertonung die nötige Bewegungsfreiheit gefehlt hätte.

Da kam die große Überraschung: Ich las im Propheten Jesaja und fand plötzlich den Weg zur Erfüllung meiner Wünsche vorgezeichnet. Die Hauptideen des Jesaja: Untergang und Verderben des Ungesunden, Unwahren; Hoffnung auf Abklärung des gegenwärtigen chaotischen Zustandes; Ahnung einer neuen Weltordnung; Friede, Erlösung, Befreiung, Überwindung, jene religiösen Kräfte, die dem geistigen Leben trotz Enttäuschungen und Rückschlägen zu jeder Zeit einen mächtigen Impuls gegeben haben – diese Hauptideen, bilden sie nicht einen Querschnitt durch unsere Zeit, durch unser geistiges Leben? Vielleicht nicht in unsern Worten ausgedrückt, aber in welch wahrhaft plastischer Sprache, aus der die Wahrheiten mit fast greifbarer Gegenständlichkeit hervortreten. Mein Entschluss war bald gefasst: Diese großartigen Visionen des Jesaja mussten die Grundlage bilden zu dem geplanten Chorwerk. Und sie ließen mich nicht mehr los, sondern packten mich mehr und mehr, und immer erfasste ich diese vor Jahrtausenden gesprochenen Worte als unmittelbare Gegenwartsäußerung, so dass ich heute das Gefühl habe, mit dem fertigen Werk mitten in unserer Zeit zu stehen und ihr auf meine Art Ausdruck verschafft zu haben.«[128]

Das Oratorium gliedert sich in sieben Teile mit insgesamt 25 Nummern, in denen der Komponist zwanzig Textstellen frei, also ohne der Anordnung im Jesajabuch zu folgen, zusammenstellt. Im ersten Teil, der als Prolog fungiert, sind Titelvers (1,1) und Höraufruf (1,2a) mit dem Visionsbericht über die Macht und Heiligkeit Gottes (6,1–4) verbunden. Nur bei diesem ersten Teil fehlt ein Choralschluss, was den narrativen Auftaktcharakter unterstreicht. Die Teile II–IV lassen sich unter dem Aspekt des Gerichts zusammenfassen, die Teile V–VII unter dem der göttlichen Gnade. Der zweite Teil wird von Wehe-Rufen gekennzeichnet, die das Gericht gegen Israel zwar als unausweichlich ankündigen, aber zugleich auch Zions Feinden das Ende ansagen. So setzt der Chor ein: »Weh Ariel! Wie ein Nachtgesicht im Traum, so soll sein die Menge aller Heiden, die wider Ariel streiten« (vgl. Jes 29,1.7), gefolgt von Bass- und Tenor-Soli, die das Wehe gegen das sündige Volk aus Jes 1,4ff. und die Gerichtsankündi-

---

128   Text unter http://www.sinfonietta-archiv.ch/PPL/Saison94/S2

gung gegen die stolzen und Luxus liebenden Frauen Zions zu Gehör bringen (Jes 3,16 ff.). Der Chor bringt ein erneutes Wehe gegen die hervor, die das Unrecht mit Stricken der Lüge und die Sünde mit Wagenseilen herbeiziehen (Jes 5,18). Mit dem Choral nach den Worten Martin Luthers »Ach Gott vom Himmel sieh darein und lass dich des erbarmen« endet der dunkle zweite Teil, während der dritte mit der zaghaften Bitte um Erbarmen einsetzt, unterstützt vom Sopran-Solo, der die Kraft Gottes denen zuspricht, die auf Gott harren, dass sie empor flögen wie Adler (vgl. Jes 40,31). Das Motiv des Vogels nehmen Chor und Soli auf, indem sie Jes 31,5 aufgreifen, wo Jhwh wie ein Raubvogel Jerusalem zu beschützen und beschirmen gedenkt. In der gleichen Nr. 9 schließt sich die Zusage der göttlichen Sündenvergebung unmittelbar an: »Ich vertilge deine Missetaten wie eine Wolke, und deine Sünde wie den Nebel. Kehre dich zu mir: Denn ich erlöse dich« (Jes 44,22). Damit ist der Weg für den Choral geebnet: »Verleih uns Frieden gnädiglich, Herr Gott, zu unsern Zeiten!« Der vierte Teil kehrt mit der Androhung des Weltgerichts zur harten Sprache des zweiten Teils zurück, wobei die Verse Jes 24,1.5.8.16b.19 in einer dramatischen Kollage aufgenommen sind. Die Choräle, »Aus tiefer Not schrei ich zu dir, Herr Gott, erhör mein Rufen« und nach einem Instrumentalzwischenspiel »Es ist allhier ein Jammertal, Angst, Not und Trübsal überall« (Johann Leon, gest. 1597) setzen am Ende dieses Teils die düstere Stimmung fort. Auf diesem dunklen Hintergrund erstrahlt im fünften Teil das helle Licht der Erlösung durch die Geburt des Kindes (7,14). Für das Volk, das im Finstern wandelt (9,1), ist dieser Sohn geboren, auf dessen Schulter die Herrschaft Gottes ruht (9,5 f.). Die Inklusion um die dunkle Mitte des vierten Teils ist auch daran ersichtlich, dass sich der fünfte Teil mit Jes 44,23 dem Ende zuneigt (Jauchzen von Himmel und Erde, weil Gott sich seiner Elenden erbarmt hat), so wie der dritte an gleicher Stelle – ebenfalls mit dem Chor – auf Jes 44,22 rekurrierte. Der triumphale Lobpreis des Chorals »Sei Lob und Ehr dem höchsten Gut« (Johann Jacob Schütz, 1640–1690) setzt den Durchbruch zum Heil gebührend in Szene. Der sechste Teil drängt zum Bekenntnis, Gott habe den Tod verschlungen, er werde die Tränen von jedem Gesicht abwischen (Jes 25,8), seine Toten würden leben und seine Leichen auferstehen (Jes 26,19a). Der siebte Teil setzt mit einem Frauenchor ein, der Zion Heil und Frieden ankündigt, da Gott wieder als König präsent ist (Jes 52,7). Das anschließende Sopran-Solo meditiert über den Preis dieser Errettung, über das Leiden dessen, der wie ein Reis aus dürrem Erdreich emporschoss, unsere Krankheiten trug und durch dessen Sühne wir geheilt sind (Jes 53,2–5). Im Bass-Solo präsentiert sich danach der Knecht mit seinem Auftrag, zerbrochene Herzen zu heilen und den Gefangenen die Befreiung zu verkünden (Jes 61,1). Soli und Chor (mit Choral) beschließen den siebten Teil und damit das Gesamtwerk mit der göttlichen Ankündigung, den Frieden wie einen Strom auszubreiten (Jes 66,12) und der Zusage eines neuen Himmels und einer neuen Erde (Jes 65,17–18a). Der Choral »Allein Gott in der Höh sei Ehr und Dank für seine Gnade« (Nikolaus Decius, gest. 1529) sowie ein kurzes »Amen« bilden den Schlusspunkt des Oratoriums.[129]

---

129 Weitere Oratorien zu diesem Propheten sind u. a.: Isaiah (1948) von Jacob Weinberg (1879–1956); Isaïe le prophète (1950) von Alexandre Tansman (1897–1986) und die Kompositionen von Bohuslav Martinů (1890–1959) »Die Prophezeihung des Jesaja« (1959) und Promesse de Dieu (1971/72) von Darius Milhaud (1892–1974) mit Texten aus Jesaja und Ezechiel.

LITERATURVERZEICHNIS

ALBANI, M., Der eine Gott und die himmlischen Heerscharen. Zur Begründung des Monotheismus bei Deuterojesaja im Horizont der Astralisierung des Gottesverständnisses im Alten Orient (ABG 1), Leipzig 2000.

ALBERTZ, R., Die Exilszeit. 6. Jahrhundert v. Chr. (BE 7), Stuttgart 2001.

AUEL, H.-H. / GIESEKE, B., Bibel im Kirchenlied. Eine Konkordanz zum Evangelischen Gesangbuch, Göttingen 2001.

BALTZER, K., Deutero-Jesaja (KAT X/2), Gütersloh 1999.

BARTH, H., Die Jesaja-Worte in der Josiazeit. Israel und Assur als Thema einer produktiven Neuinterpretation der Jesajaüberlieferung (WMANT 48), Neukirchen-Vluyn 1977.

BECKER, J., Isaias – der Prophet und sein Buch (SBS 30), Stuttgart 1968.

BERNHEIMER, R., The Martyrdom of Isaiah, The Art Bulletin 34 (1952) 19–34.

BERGES, U., Das Buch Jesaja. Komposition und Endgestalt (HBS 16), Freiburg i. Br. 1998.

BERGES, U., Klagelieder (HThKAT), Freiburg i. Br. 2002.

BERGES, U., Jesaja 40–48 (HThKAT), Freiburg i. Br. 2008.

BERGES, U. (mit Hoppe, R.), Arm und reich (NEB. Themen 10), Würzburg 2009.

BERGES, U., Farewell to Deutero-Isaiah or Prophecy without a Prophet, in: A. Lemaire (Hg.), Congress Volume Ljubljana 2007 (VTS 133), Leiden 2010, 575–595.

BERGES, U., Hören und Sehen. Das anthropologische Rüstzeug für den Gottesknecht im Jesajabuch, in: C. Frevel (Hg.), Biblische Anthropologie. Neue Einsichten aus dem Alten Testament (QD 237), Freiburg 2010, 256–278.

BEUKEN, W. A. M., Jesaja 1–12 (HThKAT), Freiburg i. Br. 2003.

BEUKEN, W. A. M., Jesaja 13–27 (HThKAT), Freiburg i. Br. 2007.

BEUKEN, W. A. M., Jesaja 28–39 (HThKAT), Freiburg i. Br. 2010.

BLENKINSOPP, J., Opening the Sealed Book. Interpretations of the Book of Isaiah in Late Antiquity, Grand Rapids 2006.

---

130 Die Abkürzungen richten sich nach S. Schwertner, Abkürzungsverzeichnis zur Theologischen Realenzyklopädie (TRE).

BRAUDE, W. G., Pesikta Rabbati. Discourses for Feasts, Fasts, and Special Sabbaths, Bd. 1, New Haven 1968.

BROOKE, G. J., Isaiah in the Pesharim and Other Qumran Texts, in: C. C. Broyles / C. A. Evans (Hg.), Writing and Reading the Scroll of Isaiah. Studies of an Interpretive Tradition (VTS 70/2), Leiden 1997, 609–632.

BRUMLIK, M. / KRIENER, K. (u. a. Hg.), Die Menora. Ein Gang durch die Geschichte Israels. Eine Medienmappe für Schule und Gemeinde (Erev-Rav-Hefte. Israelitisch denken lernen Nr. 5), Wittingen 1999.

CASPARI, W., Lieder und Gottessprüche der Rückwanderer (Jesaja 40–55) (BZAW 65), Gießen 1934.

CHILDS, B. S., The Struggle to Understand Isaiah as Christian Scripture, Grand Rapids 2004.

CLEMENTZ, H., Des Flavius Josephus Jüdische Altertümer, Wiesbaden ⁶1985.

DE JONG, M., Isaiah among the Ancient Near Eastern Prophets. A Comparative Study of the Earliest Stages of the Isaiah Tradition and the Neo-Assyrian Prophecies (VTS 117), Leiden 2007.

DETLEF, C. / MÜLLER, G., Die Himmelfahrt des Jesaja, in: W. Schneemelcher (Hg.), Neutestamentliche Apokryphen in deutscher Übersetzung, Bd. II. Apokalypsen und Verwandtes, Tübingen 1997, 547–562.

DUHM, B., Das Buch Jesaia (HK III/1), Göttingen ⁴1922.

EVANS, C. A., From Gospel to Gospel. The Function of Isaiah in the New Testament, in: C. C. Broyles / C. A. Evans (Hg.), Writing and Reading the Scroll of Isaiah. Studies of an Interpretive Tradition (VTS 70/2), Leiden 1997, 651–691.

FABRY, H.-J., Der Messias (AT), in: H.-J. Fabry / K. Scholtissek, Der Messias. Perspektiven des Alten und Neuen Testaments (NEB. Themen 5), Würzburg 2002.

FABRY, H.-J., Die Jesaja-Rolle in Qumran. Älteste Handschriften und andere spannende Entdeckungen, BiKi 61 (2006) 227–230.

FEKKES, J., Isaiah and Prophetic Traditions in the Book of Revelation. Visionary Antecedents and their Development (JSNTS 93), Sheffield 1994.

FELDMAN, L.H., Josephus' Portrait of Isaiah, in: C. C. Broyles / C. A. Evans (Hg.), Writing and Reading the Scroll of Isaiah. Studies of an Interpretive Tradition (VTS 70/2), Leiden 1997, 583–608.

FEUERSTEIN, R., »Weshalb gibt es ›Deuterojesaja?‹«, in: F. Diedrich / B. Willmes (Hg.), Ich bewirke das Heil und erschaffe das Unheil (Jesaja 45,7). Studien zur Botschaft der Propheten (FS L. Ruppert), Würzburg 1998, 93–134.

FISCHER, I., Tora für Israel – Tora für die Völker. Das Konzept des Jesajabuches (SBS 164), Stuttgart 1995.

FÜRST, A. / HENGSTERMANN, C., Origenes. Die Homilien zum Buch Jesaja. Im Anhang: Fragmente und Zeugnisse des Jesajakommentars und: Theophilus von Alexandria Traktat gegen Origenes über die Vision Jesajas, in: A. Fürst / C. Markschies (Hg.), Origenes. Werke mit deutscher Übersetzung, Bd. 10, Berlin 2009.

GALLING, K. (Hg.), Textbuch zur Geschichte Israels, Tübingen ³1979.

GASTER, M. / HELLER, B., Beiträge zur vergleichenden Sagen- und Märchenkunde, Nr. 7 Der Prophet Jesajah und der Baum, Monatszeitschrift für Geschichte und Wissenschaft des Judentums 80 (1936) 32–52.

GIELEN, M., Der erste Petrusbrief, in: M. Ebner / S. Schreiber (Hg.), Einleitung in das Neue Testament (KStTh 6), Stuttgart 2008, 511–521.

GOLDSCHMIDT, L., Der Babylonische Talmud, Bd. IV, Frankfurt ⁴1996.

HAAG, H., Der Gottesknecht bei Deuterojesaja (EdF 233), Darmstadt ²1993.

HAARMANN, V., JHWH-Verehrer der Völker. Die Hinwendung von Nichtisraeliten zum Gott Israels in alttestamentlichen Überlieferungen (AThANT 91), Zürich 2008.

HÄGGLUND, F., Isaiah 53 in the Light of Homecoming after Exile (FAT II/31), Tübingen 2008.

HAMMERSHAIMB, E., Das Martyrium Jesajas (JSHRZ II/1), Gütersloh ²1977.

HARDMEIER, C., Prophetie im Streit vor dem Untergang Judas. Erzählkommunikative Studien zur Entstehungssituation der Jesaja- und Jeremiaerzählungen in II Reg 18–20 und Jer 37–40 (BZAW 187), Berlin 1990.

HOLLÄNDER, H., Isaias, in: E. Kirschbaum (Hg.), Lexikon der christlichen Ikonographie, Bd. II, Rom 1970, 354–359.

HOPPE, R. (mit Berges, U.), Arm und reich (NEB. Themen 10), Würzburg 2009.

JANOWSKI, B. / STUHLMACHER P. (Hg.), Der leidende Gottesknecht. Jes 53 und seine Wirkungsgeschichte mit einer Bibliographie zu Jes 53 (FAT 14), Tübingen 1996.

JAY, P., Jesaja, RAC 17 (1996) 764–821.

Kampling, R., »... von wem redet der Prophet solches?« Jesajatraditionen im Neuen Testament, BiKi 61 (2006) 231–234.

KEEL, O., Die Geschichte Jerusalems und die Entstehung des Monotheismus (OLB 4), Göttingen 2007.

KRATZ, R.G., Kyros im Deuterojesaja-Buch. Redaktionsgeschichtliche Untersuchungen zur Entstehung und Theologie von Jes 40–55 (FAT 1), Tübingen 1991.

KRAUS, W. / KARRER, M. (Hg.), Septuaginta Deutsch. Das griechische Alte Testament in deutscher Übersetzung, Stuttgart 2009.

KUSTÁR, Z., »Durch seine Wunden sind wir geheilt«. Eine Untersuchung zur Metaphorik von Israels Krankheit und Heilung im Jesajabuch (BWANT 154), Stuttgart 2002.

LABOW, D., Flavius Josephus. Contra Apionem, Buch I. Einleitung, Text, Textkritischer Apparat, Übersetzung und Kommentar (BWANT 167), Stuttgart 2005.

LØLAND, H., Silent or Salient Gender? The Interpretation of Gendered God-Language in the Hebrew Bible, Exemplified in Isaiah 42, 46 and 49 (FAT II/32), Tübingen 2008.

MARKSCHIES, C., Der Mensch Jesus Christus im Angesicht Gottes. Zwei Modelle des Verständnisses von Jesaja 52,13–53,12 in der patristischen Literatur und deren Entwicklung, in: Janowski, B. / Stuhlmacher P. (Hg.), Der leidende Gottesknecht. Jes 53 und seine Wirkungsgeschichte mit einer Bibliographie zu Jes 53 (FAT 14), Tübingen 1996, 197–248.

MAYER, W., Politik und Kriegskunst der Assyrer (ALASP 9), Münster 1995.

METZENTHIN, C., Jesaja-Auslegung in Qumran (AThANT 98), Zürich 2010.

MOYISE, S. / MENKEN, M.J.J. (Hg.), Isaiah in the New Testament, London 2005.

OTTO, E., Krieg und Frieden in der Hebräischen Bibel und im Alten Orient. Aspekte für eine Friedensordnung in der Moderne (ThFr 18), Stuttgart 1999.

PLOCH, W., Jesaja-Worte in der synoptischen Evangelientradition (Dissertationen Theologische Reihe 64), St. Ottilien 1993.

PORTON, G.A., Isaiah and the Kings: The Rabbis on the Prophet Isaiah, in: C.C. Broyles / C.A. Evans (Hg.), Writing and Reading the Scroll of Isaiah. Studies of an Interpretive Tradition (VTS 70/2), Leiden 1997, 693–716.

Réau, L., Iconographie de l'art chrétien, Bd. II, Paris 1956.

Renz, J. / Röllig, W., Handbuch der althebräischen Epigraphik II/2, Darmstadt 2003.

Reventlow, H. Graf, Epochen der Bibelauslegung, Bd. II. Von der Spätantike bis zum ausgehenden Mittelalter, München 1994.

Sawyer, J. F. A., The Fifth Gospel. Isaiah in the History of Christianity, Cambridge 1996.

Schaller, B., Paralipomena Jeremiou (JSHRZ I/8), Gütersloh 1998.

Schiller, G., Ikonographie in der christlichen Kunst, Bd. I, Gütersloh 1966.

Schmid, K. (Hg.), Prophetische Heils- und Herrschererwartungen (SBS 194), Stuttgart 2005.

Schwemer, A. M., Vitae Prophetarum (JSHRZ I/7), Gütersloh 1997.

Spieckermann, H., Juda unter Assur in der Sargonidenzeit (FRLANT 129), Göttingen 1982.

Steck, O. H., Gottesknecht und Zion. Gesammelte Aufsätze zu Deuterojesaja (FAT 4), Tübingen 1992.

Steck, O. H., Der Gottesknecht als »Bund« und »Licht«. Beobachtungen im Zweiten Jesaja, ZThK 90 (1993) 117–134.

Ulrich, E., Book of Isaiah, EncDSS I (2000) 384–388.

Van der Kooij, A., Die erste Übersetzung des Jesajabuches. Das Buch Jesaja in der Septuaginta, BiKi 61 (2006) 223–226.

Van der Kooij, A., Isaiah in the Septuagint, in: C.C. Broyles / C. A. Evans (Hg.), Writing and Reading the Scroll of Isaiah. Studies of an Interpretive Tradition (VTS 70/2), Leiden 1997, 513–529.

Van der Toorn, K., Scribal Culture and the Making of the Hebrew Bible, Cambridge 2007.

Van Wieringen, A., Jesaja (Belichting van het bijbelboek), 's-Hertogenbosch 2009.

Veenhof, K. R., Geschichte des Alten Orients bis zur Zeit Alexanders des Großen (GAT 11), Göttingen 2001.

Von Bendemann, R., »Trefflich hat der heilige Geist durch Jesaja, den Propheten, gesprochen ...« (Apg 28,25). Zur Bedeutung von Jesaja 6,9 f. für die Geschichtskonzeption des lukanischen Doppelwerkes, in: N. C. Baumgart / G. Ringshausen (Hg.), Das Echo des Propheten Jesaja. Beiträge zu seiner vielfältigen Rezeption (Lüneburger theologische Beiträge 1), Münster 2004, 45–73.

WATTS, R. E., Isaiah in the New Testament, in: D. G. Firth / H. G. M. Williamson (Hg.), Interpreting Isaiah. Issues and Approaches, Nottingham 2009, 213–233.

WETZEL, C., Die Bibel in der bildenden Kunst (Reclam Universal-Bibliothek 18571), Stuttgart 2009.

WEWERS, G. A., Übersetzung des Talmud Yerushalmi, Bd. IV/4, Tübingen 1981.

WILK, F., Die Bedeutung des Jesajabuches für Paulus (FRLANT 179), Göttingen 1998.

WILK, F., Paulus als Nutzer, Interpret und Leser des Jesajabuches, in: S. Alkier / R. B. Hays (Hg.), Die Bibel im Dialog der Schriften. Konzepte intertextueller Bibellektüre (Neutestamentliche Entwürfe zur Theologie 10), Tübingen 2005, 93–116.

WILKEN, R. L., Isaiah. Interpreted by Early Christian and Medieval Commentators, Grand Rapids 2007.

WILLIAMSON, H. G. M., The Book Called Isaiah. Deutero-Isaiah's Role in Composition and Redaction, Oxford 1994.

WOLFF, H. W., Jesaja 53 im Urchristentum. Mit einer Einführung von Peter Stuhlmacher, Gießen [4]1984.

ABBILDUNGSNACHWEIS

Abb. 1: Jesaja im Flachrelief am Portal von Sainte-Marie in Souillac. E. Kirschbaum (Hg.), Lexikon der christlichen Ikonographie Bd. 2: Allgem. Ikonographie: Fabelwesen – Kynokephalen, Rom u. a. 2004, 355.

Abb. 2: Jesaja auf dem Mosesbrunnen in der Chartreuse de Champmol. S. Poeschel, Handbuch der Ikonographie. Sakrale und profane Themen der bildenden Kunst, Darmstadt 2005, 102.

Abb. 3: Jesaja auf dem Deckenfresko der Sixtinischen Kapelle, M. Bussagli (Hg.), Rom: Kunst & Architektur, Köln 1999, 446.

Abb. 4: Jeremia und Jesaja im Presbyterium von San Vitale. F. W. Deichmann, Frühchristliche Bauten und Mosaiken von Ravenna, Mit 405 Tafeln nach unveröffentl. Aufnahmen von Franz Bartl. Unter Mitarbeit von Julie Boehringer, Baden-Baden 1958, 320.321; 312.314.

Abb. 5: Jesaja und Jeremia auf dem Verkündigungsaltar der Kirche Sainte-Marie-Madeleine. J. de Maere (Hg.), S. von Bruckenthal (Sammler): Bruegel, Memling, Van Eyck ..., Paris 2009, 120.

Abb. 6: Verkündigungsszene mit dem Propheten Jesaja auf dem Isenheimer Altar. C. Limentani Virdis; M. Pietrogiovanna, Flügelaltäre. Bemalte Polyptychen der Gotik und Renaissance, München 2002, 227.

Abb. 7: Darstellung der Wurzel Jesse im Ingeborg-Psalter. G. Duchet-Suchaux; M. Pastoureau, Lexikon der Bibel und der Heiligen, Paris 2005, 164.

Abb. 8: Scherenberg-Psalter Pergamenthandschrift, 198 Blatt, Straßburg, Badische Landesbibliothek, Signatur Hs. St. Peter perg. 139 (Blatt 7v: Wurzel Jesse, aus der Maria und das Kind entsprossen sind). http://en.wikipedia.org/wiki/File:Cod_St_Peter_perg_139_Scherenberg-Psalter_7v_.jpg (Stand 02. 08. 2010).

Abb. 9: Die Wurzel Jesse mit Jesaja im Dom zu Limburg. http://de.wikipedia.org/w/index.php?title=Datei:Ahnenreihe_Jesu_im_Limburger_Dom.jpg&filetimestamp=20060426163823 (Stand 02. 08. 2010).

Abb. 10: Jesaja mit sieben Tauben im Figurenprogramm des Portail Peint der Kathedrale von Lausanne. P. Kurmann; M. Rohde (Hg.), Die Kathedrale von Lausanne und ihr Marienportal im Kontext der europäischen Gotik (Scrinium Friburgense 13), Berlin / New York 2004, 165.

Abb. 11: Jesaja und Maria mit Kind auf einem Fresko in der Priscilla-Katakombe (Rom, 3. Jh.). http://www.pictokon. net/bilder/2006-08/christentum-geschichte-um-1926-11-maria-kind-isais-priscilla-katakombe-2-jahrhundert.html (Stand 02. 08. 2010).

Abb. 12: Apsismosaik in San Clemente. M. Andaloro, Die Kirchen Roms: Ein Rundgang in Bildern; Mittelalterliche Malereien in Rom 312–1431, Mainz 2008, 169.

Abb. 13: Jesaja von Raffael in San Agostino. F. X. Zimmermann, Die Kirchen Roms, München 1935, Nr. 135 im Bilderteil.

Abb. 14: »The Prophets« (Jesaja 2. v. l.), Fries von John Singer Sergant (Boston, 1894–1895). http://jssgallery.org/paintings/BPL/Prophets_Joshua_Jeremiah_Jonah_Isaiah_Habakkuk.htm (Stand 02. 08. 2010).

Abb. 15: Das Martyrium des Jesaja, »Spiegel menschlicher gesuntheit«, Cod. Pal. germ. 432, Mittelrhein, 1420–1430, Seite: 30r.   http://diglit.ub.uni-heidelberg.de/diglit/ cpg432/0067 (Stand 02. 08. 2010).

Abb. 16: Das Martyrium des Jesaja (Flandern, 15. Jh.), Bridgeman Art Library Ltd. Berlin, Ms 139/1363 fol. 24r »The execution of Isaiah and Mesha, King of Moab, sacrificing his son« from »Le Miroir de l'Humaine Salvation« (vellum), Image ID: CND 237964.

Abb. 17: Jesaja mit Säge und Schriftband in einer Bibelillustration aus Peter Weigels Biblia ectypa. http://www. pitts.emory.edu/woodcuts/1695Bibl/00006119.jpg (Stand 02. 08. 2010).

Abb. 18: Ezechias Leben wird verlängert. Cod. Pal. germ. 17, Bibel AT, dt. (2): Könige, Paralipomenon I und II, Esra, Tobias, Judith, Esther, Hiob, Stuttgart (?) – Werkstatt Ludwig Henfflin, 1477, Seite: 132v. http://diglit.ub.uni-heidelberg.de/diglit/cpg17/0272 (Stand 02. 08. 2010).

Abb. 19: Die »Hiskija-Platte« in der Reichskrone (vermutlich Niederrhein, 2. Hälfte des 10. Jh.s). http://de.wikipedia. org/w/index.php?title=Datei:Weltliche_Schatzkam-

mer_Wien_(196).JPG&filetimestamp=20071126220055
(Stand 02. 08. 2010).

Abb. 20: Jesajas Tempelvision im Bamberger Jesaja-Kommentar. H. Wolf, Deutsche Buchmalerei des Frühmittelalters, Berlin 1989, 34 (Nr. 18).

Abb. 21: Die Lippenreinigung des Jesaja in der Minoritenkirche Mariä Geburt in Jägerndorf (um 1766). http://www.zi.fotothek.org/obj/obj19051664/001/8450_0003/Einzelbild (Stand 02. 08. 2010).

Abb. 22: Jesaja zwischen Nyx und Orthos im Pariser-Psalter. http://upload.wikimedia.org/wikipedia/commons/2/23/Paris_psaulter_gr139_fol435v.png (Stand 02. 08. 2010).

Abb. 23: Die Weissagung des Propheten Jesaja von Jan Brueghel d. Ä. und Hendrick van Balen. C. Wetzel, Die Bibel in der bildenden Kunst, Stuttgart 2009, 183.

Matthias Albani

Daniel

Traumdeuter und
Endzeitprophet

*Biblische Gestalten,
Band 21*

320 Seiten, Paperback
ISBN 978-3-374-02717-0
EUR 19,80 [D]

Daniel ist eine der bekanntesten Gestalten der
Bibel, ein unerschütterlicher Glaubensheld, der
sich an heidnischen Königshöfen trotz aller
Anfechtung treu zu seinem Gott bekennt. Durch
Weisheit und die göttliche Gabe der Traumdeu-
tung gilt der standhafte Märtyrer seit jeher als
Vorbild des Glaubens.

Die literarische Besonderheit des Buches liegt in
der Beschreibung der apokalyptischen Visionen
des Propheten, in denen sich eine für heutige
Leser oft rätselhafte und bizarre Gedanken- und
Bilderwelt auftut. Der Band gibt eine allge-
meinverständliche Einführung in die theologische und literarische Eigenart des biblischen
Danielbuches, wobei besonders die religionsge-
schichtlichen Hintergründe der biblischen Texte
beleuchtet werden.

 EVANGELISCHE VERLAGSANSTALT
Leipzig

www.eva-leipzig.de

Rainer Albertz

Elia

Ein feuriger Kämpfer für Gott

*Biblische Gestalten,
Band 13*

232 Seiten, Paperback
ISBN 978-3-374-02351-6
EUR 16,80 [D]

Nur sechs Kapitel des Alten Testaments berichten vom Propheten Elia, dennoch stieg er im frühen Juden- und Christentum zum wichtigsten aller Propheten auf. Neben dem Gesetzgeber Mose repräsentiert er nunmehr die gesamte Prophetie Israels. Der Band spürt die Gründe für diese beispiellose Wirkungsgeschichte auf und zeichnet deren Stadien nach.

Die Erwartung, dass der Prophet, den Gott zu sich entrückte, am Ende der Zeiten wiederkommen würde, hatte auf Johannes den Täufer und auch auf Jesus von Nazareth einen prägenden Einfluss. So ist von Elia im Neuen Testament häufiger die Rede als von allen anderen Propheten.

EVANGELISCHE VERLAGSANSTALT
Leipzig

www.eva-leipzig.de

Rainer Kessler

Samuel

Priester und Richter,
Königsmacher und Prophet

*Biblische Gestalten,
Band 18*

272 Seiten, Paperback
ISBN 978-3-374-02578-7
EUR 14,80 [D]

Vor rund 3000 Jahren entsteht im alten Israel
ein Staat mit den ersten Königen Saul und David. Beide werden nach der biblischen Überlieferung von Samuel gesalbt. Dieser Samuel steht
im Mittelpunkt des Bandes aus der Reihe »Biblische Gestalten«. Das Alte Testament erzählt
uns sein Leben in einem weiten Bogen, das von
seiner Geburt bis zu seiner Erscheinung aus
der Unterwelt nach seinem Tod reicht. Dabei
wird uns Samuel als eine der vielschichtigsten
Gestalten des Alten Testaments vorgestellt: Er
ist zugleich Priester und Richter, Königsmacher und Prophet. Wegen seiner Rolle bei der
Staatswerdung reicht seine Wirkung bis in die
Staatstheorien der Neuzeit, die sich in ihrer
Argumentation für Monarchie und Aristokratie,
Republik und Absolutismus auf ihn berufen.

EVANGELISCHE VERLAGSANSTALT
Leipzig

www.eva-leipzig.de

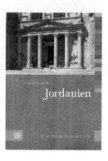